短史记

Historical Reflection

谌旭彬
杨津涛
著

上海文艺出版社
Shanghai Literature & Art Publishing House

图书在版编目（CIP）数据

短史记 / 谌旭彬，杨津涛著．-- 上海 ：上海文艺出版社，2021
ISBN 978-7-5321-8124-7

Ⅰ．①短… Ⅱ．①谌… ②杨… Ⅲ．①中国历史－通俗读物 Ⅳ．①K209

中国版本图书馆 CIP 数据核字（2021）第 190787 号

出 版 人：毕　胜
策划编辑：刘连生
责任编辑：冯　凌
营销编辑：李　恒
装帧设计：樱　瑄

书　　名：短史记
作　　者：谌旭彬　杨津涛
出　　版：上海世纪出版集团 上海文艺出版社
地　　址：上海市绍兴路 7 号 200020
发　　行：天津华文天下图书有限公司
印　　刷：三河市中晟雅豪印务有限公司
开　　本：700mm×970mm　1/16
印　　张：24.5
字　　数：330 千字
印　　次：2021 年 10 月第 1 版　2021 年 10 月第 1 次印刷
I S B N：978-7-5321-8124-7 / K·441
定　　价：49.80 元

序言

2021年，是“短史记”栏目的第八个年头。

互联网是个流动性极高的行当。一个小栏目能做如此之久，算是个不大不小的异数。

网络历史编辑的日常之一，是判断各类文章的可信度，亦即辨别真伪。这也是“短史记”栏目创设的主因。中文知识界流传着不少与史实存在颇多差距的“历史常识”。这些“伪常识”，或来自传播过程中的信息变异，或始于好事者的刻意编造，或基于对不可靠史料的轻信，或引自猎奇类作品，或缘于缺乏史料依据的“我愿意相信”。

长期而频繁地与这些伪常识打交道，促使我们决定做一个“揭破伪历史之短”的栏目。于是，就有了“短史记”。我们相信，唯有真实的历史才能给人以有益的启发，唯有去伪存真才能鉴往知来。

去伪存真是件难事，毕竟史料浩瀚难以遍览。但多少也还有一些较为基础的路径可循。短史记栏目运营至今的经验，大体可以总结为三条：

1. 回归常识，是窥破谎言的核心诀窍。

2. 区分“事实陈述”与“观点表达”，是对史料进行脱水的核心手段。

3. 解读史料时保持克制，是考据史实的必要心态。

回归常识

前辈史家吕思勉先生对此有一段很精辟的阐释。他说：

> 研究历史，有一件最紧要的事情，便是根据现代的事情，去推想古代事实的真相（根据历史上较为明白、近情的事情，去推想糊涂、荒诞的事情的真相）。这么一来，自然见得社会上古今的现象，其中都有一个共通之点。得了这种原则公例，就好拿来应用，拿来应付现在的事情了。所谓“藏往以知来”。历史的用处，就在这里。倘使承认了历史上有一种异乎寻常的人物，譬如后世只有操、莽，在古代，却有禅让的尧、舜……那就人的性质，无从捉摸；历史上的事实，再无公例可求；历史可以不必研究了。

吕先生所谓的“原则公例”，便是一种常识。这种常识，或基于对人性的体察，或基于对现实的认知。既可以用于判断大问题与大是非，也可用于考据细节史实的真伪。

试举一例。因史籍里留存有“能得甲首一者，赏爵一级，益田一顷，益宅九亩，除庶子一人”这样的记载，许多人相信秦国经过商鞅变法之后，底层民众可以通过军功来改变自己的命运，秦军士兵只要在前线努力砍杀斩获敌首，便能得到爵位与田宅。但常识提醒我们，这种论断必然存在问题。一者，秦军常年征战，在对东方六国的战争中共计斩首百万以上，若每个斩首者都能获得爵位与田宅的赏赐，则秦王须拿出百万顷以上的耕地与百万亩以上的田宅。这批获赏者将形成一个庞大的军功阶层。但在以出土秦简为主的史料中，我们见不到这个庞大军功阶层的存在。再者，众所周知，自商鞅变法开始至嬴政用李斯韩非之策施政，秦国实施的一直是贫民弱民之政，很难想象秦王会是一位常年搞“爵位田宅大派送”的大慈善家。由常识而生疑虑，再怀着疑虑去审视史料，以求得到证实或者证伪，便往往能有一些新的发现。关于秦国军功升爵制度所暗藏的玄机，详见本书《秦民很难靠军功改命》一文。

区分“事实陈述”与“观点表达”

无论是传统史书，还是近当代人的日记、回忆录，这些史料均普遍存在“事实陈述”与“观点表达”混杂的现象（也是所有历史写作的必然现象）。“事实陈述”需要辨别真伪，“观点表达”需要体察写作者或口述者的角度与立场。这个过程，便是给史料脱水的过程。

也试举一例。中文知识界曾长期流传“鲁迅拒绝诺贝尔文学奖”之说。当事人之一魏建功，曾就此事在《文艺报》上留下了这样一段回忆文字：

> 刘半农托付（台）静农（向斯文·赫定推荐鲁迅为诺贝尔文学奖候选人）这件事，我还在场。这一件事情的发动是由于瑞典人斯文·赫定的关系。……这斯文·赫定是用阴谋手腕的老手，拿瑞典诺贝尔奖金的华冕来取悦中国学者是一份现成的人情，刘半农向（鲁迅）先生动议就是斯文·赫定给他谈后的事。

在这段回忆文字里，“斯文·赫定是用阴谋手腕的老手”一句，便是典型的观点表达，是魏建功个人的观感、评价与理解。观点表达可以认同，也可以不认同。对考据而言，真正重要的是“拿瑞典诺贝尔奖金的华冕来取悦中国学者”这一句，因为它属于“事实陈述”，是需要考据者翻查史料，来证实或证伪的对象。而翻查史料得到的发现是：（1）斯文·赫定欲推荐的中国作家是梁启超、徐志摩与胡适等人，未提及鲁迅。（2）刘半农欲向斯文·赫定推举鲁迅为诺奖候选人。（3）斯文·赫定在1927年春天，曾与以刘半农为代表的北京学术界就西北考察问题展开过一次谈判。刘半农托台静农去询问鲁迅是否愿意成为诺奖候选人（但被鲁迅拒绝），则是谈判结束五个月之后的事情。

解读史料时保持克制

许多谣言产生的原因，是信息在传播过程中出现了变异。发生这种信息变异的一个重要原因，便在于许多人在解读史料时，没有保持克制。

也举一个例子。中文知识界常以“西南联大聘任只有小学学历的沈从文”一事为例（史料），来赞美“西南联大聘任教授只重学问不重学历”（结论）。沈从文确实只有小学学历，也确实被西南联大聘任，史料的叙述是准确的。但这并不意味着“西南联大聘任教授只重学问不重学历”这个结论是恰当的。

原因藏在更细节的史料里：（1）朱自清与罗常培当年推荐沈从文进入西南联大担任讲师或者助教，依循的是西南联大《本校教师资格标准》。该《标准》规定，“于专门职业有特殊经验者”可以做讲师，沈从文当时已是成名作家，也有在中国公学、武汉大学任教的经验，他符合西南联大的讲师标准。（2）即便符合标准，沈从文的入职也仍因学历不够而遭到了很大的挑战。他最终获聘的身份是“本校师范学院国文学系副教授”，而非在联大中文系任职。该师范学院是1939年西南联大与云南省教育厅合办，为的是帮云南解决中学师资问题，地位较低，不属于西南联大“正统”。

个人的视野有限，而历史演进的链条无尽。许多时候，我们自以为把握住了某个历史事件发展演变的全部链条，认为自己掌握了它的全貌，其实很可能未必，很可能极重要的一环已被忽略。这便是解读史料时须保持克制之心的缘故。尽力做到史料停在哪里，论述便停在哪里，尤其是做推论时须千万当心，不可脑补。

以上，是一点粗浅的经验之谈。

最后，要感谢所有一直关注“短史记”的朋友。是后台那些“感谢考证”“刚刚看到这个事，你们就辟谣了”“希望短史记不要追求10W+，不要转向情绪化写作”之类的留言，支撑着我们将这份看起来没啥前途的事情一直坚持做下去。这当中印象最深的，是有好几位朋友长期在后台留言，义务为我们指正错别字。见到这些指正，我们是既开心又惭愧。开心的是有朋友在认真阅读，惭愧的是能力不足一直未能解决错别字这个痼疾。

谢谢你们。

让我们更感惭愧的，是栏目经营多年始终未曾结集出版。每每在后台见到“什么时候能出书”这类留言，都只能很心虚地回复“正在努力”——倒也不是敷衍，确实努力过几次，只是很遗憾没有结果。

希望这本小集子能够让朋友们满意，也希望后续可以有更多的文章结集出版。

时代白云苍狗，历史风流云散，我们想要留下一点东西，一点趋近于“真”的东西。

目录

CONTENTS

第一编　去伪存真

第二编

鉴往知来

第一编

去伪存真

武王伐纣血流漂杵

“武王伐纣”是一个中国人很熟悉的历史典故。该典故的基本情节是这样的：

> 商纣王腐败残暴，耗尽国力对外征伐，同时修筑豪华宫殿，对百姓征收繁重的赋税，还施用酷刑残害人民。于是周武王联合其他诸侯，恭行天罚，与商军在牧野决战。商军痛恨纣王，阵前倒戈，周军兵不血刃灭了商朝。①

这个带有强烈道德说教色彩的故事，主要取材于《史记》。但甲骨文及先秦史籍所记载的商周鼎革，并不是这种面貌。

一、商、周冲突已久

《史记·殷本纪》里记录了一个传说：商朝国君武乙，曾亵渎周人信奉的天神。后来，武乙在黄河与渭水之间打猎，被天雷给劈死了。黄河与渭水之间，是周人统治的核心地区，武乙被雷劈死在这里，意味着他受到周人所奉天神的惩罚。

传说情节未必是史实，但传说的存在可以传递出某些信息。在日本学者白川静看来，周人有一种“对天的信仰”，武乙在周地被雷劈死的传说，“可视为其宗教纠纷的表现”，透露出周人和商人之间曾因宗教问题发生过激烈的冲突[2]。先秦史学者许倬云则认为，在这个传说里，武乙跑到周人的地盘上打猎，“多少有以兵威震慑周人”的用意，他被雷劈死的结局太过古怪，有可能是为了掩盖他的真正死因[3]。

不管真实情形如何，“武乙在周地被天雷劈死”这个传说，至少可以说明商、周之间早已存在矛盾。

另据古本《竹书纪年》，商君武乙统治期间，周王季历在位。季历率领周人，不断对外开疆拓土。先是奉商的命令，去征讨西北的鬼方，归来后得到了商君的赏赐，“赐地三十里、玉十瑴、马八疋”。之后又率军征讨戎狄，因功被新任商君文丁（武乙之子）封为“牧师”，也就是诸侯之长。文丁七年，季历率军“伐始呼之戎”，胜利而归；文丁十一年，又率军“伐翳徒之戎”，俘虏了敌方的三名重要官员。周人的不断扩张，让商人倍感威胁。文丁遂设法囚禁了季历，然后又杀死了他。

季历死后，长子姬昌即位，也就是后世通称的周文王。姬昌继续扩张周的势力，且在商君帝乙二年，发动过一次意在复仇的伐商战争。帝乙选择与姬昌联姻作为安抚手段，化解了这场冲突。帝乙死后，纣王即位，封姬昌为“西伯”，即西部诸侯首领。再后来，姬昌触怒商王，一度被囚禁在了羑里。脱离囚禁回国后，姬昌继续维持对商的表面臣服，同时积极扩张，先后灭了密、黎、邘、崇等诸侯。[4]

二、替天行道不如解决饥荒可信

按照《史记》的描述，周武王率军伐纣是在替天行道。

为凸显“天道在周”，太史公记录下了“孟津观兵”这样一个故事。其基本情节是：周武王与各路诸侯率军在孟津相聚，其他诸侯都说“纣可伐矣”，是时候讨伐商纣了，周武王却回应说天命未到，“未可也”。直至两年后，商纣杀害比干、囚禁箕子等一系列恶行传来，周武王才遍告诸侯，说“殷有重罪”，已到了不能不讨伐的地步，继而打出了“恭行天罚”的旗号。

这段故事，在事理上有许多不可理喻之处。一者，“孟津观兵”本就是为了伐纣，即便只是“军事演习”，也仍形同对商的武力挑衅。二者，周及诸侯之军群集孟津并不是一件易事，且不论局势瞬息万变，此刻的盟友一年后、两年后未必还是盟友，单就人力物力的消耗而言，也不会是一个小数目。周武王率性擅自解散联军，既等于放任敌人充分备战，也等于无故消耗盟友国力，几与“烽火戏诸侯”不相上下。鉴于“孟津观兵”一事在《史记》之前不见于典籍，事理逻辑又如此不通，其真实性可以说相当可疑。

如果替天行道、恭行天罚之说不成立，武王伐纣的真实原因又是什么？

《左传·僖公十九年》中，记录了一个很重要的史实：“昔周饥，克殷而年丰。”

民国历史学者张荫麟，据此在其《中国史纲》一书中推测认为，牧野之战很可能是一场“周人掠夺粮食、竞争生存之战”[5]。

考古发现证实，商末气候恶化，确曾发生过干旱。比如，殷墟文化二至四期已发掘的墓葬和水井，呈不断加深的倾向，这说明地下水位在持续下降[6]。在甲骨文中的卜辞里，也能见到：自商君文丁开始，商人祭祀用的牲畜，最多只有“三牢”或“五牢”；在此之前，商人一次祭祀所使用的牲畜，往往会有数十乃至数百头。牲畜的减少，或许正与气候干旱水草退化有关。古本《竹书纪年》里的“洹水一日三绝”，《国语》里的“河竭而商亡”等记录，似也与上述气候变化相吻合。

长期研究西北历史环境的学者王晖与黄春长认为，干旱迫使商人向东南发展，也迫使周人不得不一再向水资源较充足的地方迁徙。资源短缺带来的竞争，最后引发了商周之间的牧野决战：“周人克商的牧野大战发生在大旱之年，其直接导火索是为了解决因旱灾发生饥荒的生存危机，是周人为了寻找生存出路而作出的举动。”[7]

“解决饥荒”之说，虽不是百分百的定论，但它有史料和考古佐证，也符合事理逻辑，显然要比用道德说教构筑起来的“恭行天罚”之说更为可信。

三、兵不血刃只是幻象

为了凸显“天道在周”，《史记·周本纪》里还记录了一则“商军倒戈”的故事，说联军来到牧野时，商军全都没有战斗的欲望，反希望周武王赶紧入城灭了商纣。这些人“皆倒兵以战，以开武王”，纷纷调转兵器的方向，去给灭商联军带路。

民国史家吕思勉认为，商君倒戈的内容并非史实，而是太史公为了对后世的统治者做道德说教，自己加上去的。他更相信《逸周书·克殷》里对牧野之战过程的记述[8]。那里面说：“周车三百五十乘，陈于牧野。王既誓，以虎贲戎车驰商师，商师大崩。”

周人与商人竞争交恶，已有至少四代人的历史。商人不会对周人掉以轻心，周人也不会幻想商人会拥戴周武王。相较之下，《尚书·武成》说牧野之战“血流漂杵”，《春秋文耀》说“牧野之战鬼哭”，这些与《史记》大相径庭的记载，显然要更合情理。

先秦知识界否认牧野之战“血流漂杵”，大约始于孟子。因为渲染武王伐纣兵不血刃，有助于佐证孟子一派“仁者无敌”的政治理念[9]。

其实，孟子否定牧野之战血流漂杵的理由，可谓简单粗暴。他在《尽心下》篇里说“尽信书不如无书”，完全相信《尚书》，那就还不如没有《尚书》，对《尚书·武成》篇里的记载，我只信其中的两三块竹简。最不信的，就是里面说牧野之战血流漂杵：“仁人无敌于天下，以至仁伐至不仁，而何其血之流杵也？”

孟子的用意是好的。他想要用“仁人无敌”这样的说辞，来诱使自己所处时代的君王们都来做仁者，不要做暴君。但他的论证却毫无逻辑可言——“仁人无敌”是一个需要被证明是否成立的结论，并不能直接拿来做论据，进而否定牧野之战的血流漂杵。孟子玩了一种典型的循环论证：“牧野之战周武王兵不血刃”证明了“仁人无敌”；“仁人无敌”证明了“牧野之战血流漂杵是不可能的”。

鉴于古今中外的历史上，有太多仁者被残暴者击败的案例（当然，这并不是说纣王是仁者），梁启超在《中国历史研究法》里，尖锐批评过孟子的上述论断。他直言，“孟子理想中的仁义之师，本为历史上不能发生之事实”。较之道德说教构筑的兵不血刃幻象，梁启超更愿意相信《逸周书》里所记载的“武王残暴之状”。

因为后者更合事理逻辑，在历史上更常发生。

参考资料

①中国历史七年级上册 [M]. 北京 : 人民教育出版社 ,2016:20.

②白川静 . 西周史略 [M]. 西安 : 三秦出版社 ,1992:15.

③许倬云 . 西周史 [M]. 上海 : 三联书店 ,1994:86.

④白光琦 . 先秦年代续探 [M]. 北京 : 首都师范大学出版社 ,2016:60.

⑤张萌麟 . 中国史纲 [M]. 上海 : 上海古籍出版社 ,2011 :16.

⑥李鹏为 . 武王伐纣的历史情境复原 [J]. 大众考古 ,2016,(9).

⑦王晖 , 黄春长 . 商末黄河中游气候环境的变化与社会变迁 [J]. 史学月刊 ,2002,(1).

⑧吕思勉 . 读史札记 (上)[M]. 南京 : 译林出版社 ,2016:11-12.

⑨苏德荣 . 武王伐纣研究 [M]. 北京 : 中国古籍出版社 ,1999:61-72.

秦民很难靠军功改命

有一种说法称，“秦国经过商鞅变法之后，虽然对民众非常严苛，但这种严苛相对公平，底层民众也可以通过军功，来改变自己的命运。这难道不好吗？”

如果“底层民众可以通过军功来改变自己的命运”是一个事实，那秦政的严苛究竟好不好，尚可见仁见智。

遗憾的是，它不是事实，只是后人脑补出来的一种错误印象。

秦国（朝）确实实施了军功授爵制度，该制度也确实将“耕战”列为秦民上升的通道。但这条通道非常窄小，上升的程度也非常有限，而且极容易发生阶层坠落。

秦国（朝）军功爵制的大体情形，见于《商君书·境内》。主要包括三项内容。

第一项，是明确以耕战为授爵的唯一标准，杜绝秦民在耕战之外另有取得富贵的渠道。即所谓的“有功者显荣，无功者虽富无所芬华”，哪怕是宗室子弟，若无军功也“不得为属籍”。

第二项，是将爵位分为二十个等级。自下而上，也就是从第一级到第二十级，依次是：公士、上造、簪袅、不更、大夫、公大夫、官大夫、公乘、五大夫、左庶长、右庶长、左更、中更、右更、少良造、大良造、驷车庶长、大庶长、关内侯、彻侯。不同等级享受不同的待遇。

第三项，是对如何获取爵位，作出具体规定。这一块的内容最多，被误解也最严重。比如其中一条规定是："能得甲首一者，赏爵一级，益田一顷，益宅九亩，除庶子一人"，即被许多人误解为秦军士兵在前线砍下一颗敌军的头颅，回去后就能得到一级爵位的赏赐，可以从无爵位的"士伍"跃升为"公士"，可以从"公士"跃升为"造"，还可以得到朝廷赐予的田宅和"庶子"（指由政府分配无爵位的普通秦民来侍奉有爵位者）。只要不断在战场上砍下六国士兵的头颅，爵位就可以不断提升，功名富贵也全部收入囊中。

进而，许多人认为秦国（朝）存在着一个庞大的"军功地主阶层"。有人甚至据此推算得出这样一组数据：

> 秦军在144年兼并战中累积斩首总数可能达到297.2万。根据军功爵制的规定，这就需要赐予立功将士田297.2万顷、宅2674.8万亩、代耕劳役297.2万人。……几乎需要把全国可耕地的75%用于赏赐有功将士，而全国男丁的75%需要成为军功地主的劳役。①

这种推算方法是错误的。不但严重低估了一个普通秦军士兵获取爵位的难度，还相当于将商鞅与秦王想象成了搞"爵位大派送"的慈善家。殊不知，他们信奉的是治国之道，乃是"制天下者必先制其民"。

出现这种错误的根源，是对"甲首"一词的理解出现了严重偏差。《商君书·境内》其余各处均写作"得一首"之类字样，唯独此处写成"能得甲首一者"，是因为"甲首"并非"敌军士兵的头颅"之意，而是指"敌国披甲之士的头颅"。意思是：秦军士兵唯有在战场上了杀了敌军身穿甲胄有头盔者（这类人物自然多属军官），将脑袋与头盔一并带回，才能得到爵位与田宅。（有些版本将"甲首"写作"爵首"，不准确。因仅凭带回的头颅是无法确认死者爵位的，但若带回的头颅附有头盔，则基本可以判断死者是敌军中的骨干成员。）

关于“甲首”到底是什么，《左传》中有一段记载，可供参考。书中说：鲁国的军队与齐国的军队交战，“师获甲首八十，齐人不能师”，鲁军拿下了齐军的八十个“甲首”，齐军就乱套了，然后不得不在傍晚的时候悄然遁走。显而易见，“甲首”绝不是普通士兵，而是关乎军队运转和士气高低的重要人物。

也就是说，秦军可以在一场战争杀死成千上万的敌军士兵，但能从这场战争中获得爵位、也就是得到“甲首”者，却必然是寥寥无几。

此条之外，关于如何在战争中获取爵位，《商君书·境内》还有如下规定[②]：

（1）每五人编为一伍，其中一个人负责背负箭羽等军用物资，其他四人则轻装疾斗，若有人在战斗中“得一首”（这里没有“甲首”字样，指普通敌军的脑袋），可以免除该伍士兵的赋税徭役。

（2）五十人设一个屯长，一百人设一个百将。屯长和百将不允许参与斩首（主要是防止他们利用权势侵吞首级，损害下属秦军战斗积极性）。他们的部队在战斗中斩获三十三颗敌军首级，才算达到朝廷规定的标准，屯长和百将的爵位可以提升一级。

（3）围攻敌国的城池，斩首八千颗以上，才算达到朝廷的标准；与敌军野战，斩首两千颗以上，才算达到朝廷的标准。也就是必须取得战役性质的大胜，领军大将才可以给军中的军佚、士兵与官吏上报申请奖励。原爵位是公士的，可以升一级成为上造，原爵位是上造的，可以晋升为簪袅。无爵位者若能斩获敌军“甲首”，也可以成为最低等级的“公士”。

这些规定意味着，普通秦军士兵一般只能在战斗中获得免除赋税徭役（并非终身）的奖励。要想实现阶层跃升，只能拼上性命去敌军阵中夺取“甲首”。

而且，即便有幸夺取“甲首”进入了有爵位阶层，他的上升通道也很有限。《商君书·境内》规定，军队取得了战役性质的大胜后，公士升上造，上造升簪袅，簪袅升不更，不更升大夫，但到了大夫这里，却分成了两种情况：爵位是大夫而担任县尉者，赏奴隶六人，赐钱五千六百；爵位是大夫而在朝廷任职者，则升为官大夫。再往后，又是依次类推，官大夫升公大夫，公大夫升公乘……这意味着：普通秦军士兵，历经九死一生夺了“甲首”后，又非常幸运地随部队参与了多次大战役，且每次战役的斩首数目都达到了朝廷的标准（这显然是很小概率的事情），他也只能升到大夫这个爵位（也就是第五等）；再往上，体制的大门就对他们关闭了；军功再多，也只能获得奴隶与金钱的赏赐，政治地位却是无法再进一步。

也就是说，秦国（朝）从制度设计上，将军功授爵搞成了一件门槛非常高的事情，即通常所说的“秦人重爵，除吏复家，故不轻赐爵”，普通人很难得到爵位。

作为一种社会激励制度，“军功授爵”的难度如此之大，又该如何保证它的激励效果呢？毕竟，在正常情况下，如果某个东西特别难以得到，为了得到它要付出的代价很大，人们就会觉得不值当，就会选择放弃。这是人之常情，秦人也不例外。

所以，为了对抗这种人之常情，驱使秦人为了获取爵位而“努力奋斗”，秦国（朝）另有一套制度设计，那就是：将爵位的“特殊待遇”，与严酷的秦法，牢固地结合在一起。犯了同样的法，没爵位的人会很惨；有爵位者受到的惩罚，远小于无爵位者；高爵位者受到的惩罚，又远小于低爵位者。

比如，睡虎地秦墓竹简《秦律十八种》中的“司空律”里，有一条规定：获得公士爵位者，可以用劳役来赎刑、赎死；他们在服劳役时，虽与普通犯人（也就是“城旦舂”）住在一起，但不必穿囚服、不必戴木枷，不必戴黑索，也不用戴脚镣。秦时的“城旦舂”死亡率很高，有爵位者可以在服刑期间免受各种酷刑，相当于大大提高了他们的存活率。

再如，睡虎地秦墓竹简里还有一项法律规定：若有人帮助秦人逃离秦国（秦民逃往六国才是当时的常态，而非《大秦赋》里渲染的六国百姓向往秦国，见后文《“愿成秦人”是假的》），惩罚是“削籍，上造以上为鬼薪，公士以下刑为城旦”，也就是剥夺他们的自由民（其实这自由也有限）身份，爵位为上造及更高者，要服三年劳役徒刑，爵位低一点的公士，则要服四年劳役徒刑。该律条虽未提及无爵位的普通人，但既然不同爵位者犯法所受到的惩罚尚且存在高低，可想而知，无爵位者所受惩罚，必然是最重的那一级。

秦律之所以这样搞，其目的，正如长期研究军功爵制度的朱绍侯所总结的那般：“两者的待遇相差竟是如此悬殊，不能不令人感到惊异。其理由只有一个，即秦政府有意突出军功爵制的价值，以达到军人为获得爵位而卖命疆场的目的。”③

要理解这种驱动，还须加上另一重背景：秦律追求凡事“皆有法式”。用《盐铁论》中的话说，则是“秦法繁于秋荼，而网密于凝脂”，无论秦民干什么说什么，总有一款秦法适合他。

睡虎地秦简的出土，证明了《盐铁论》的总结是准确的。刘邦入咸阳，之所以要与关中秦民“约法三章”，将法律极限简化，只保留“杀人者死、伤人及盗抵罪”三条，也是旨在迎合民心——秦民长期深陷在动辄触犯法律的困境之中，迫切希望废除那“繁于秋荼、密于凝脂”的秦法。

综上，秦国（朝）的“军功爵制度”，其真实运作逻辑是这样的：

（1）普通秦民很难通过战场斩首获得爵位，即便获得了，阶层跃升的空间也很有限；

（2）军功爵上捆绑着一系列的特殊待遇，这些特殊待遇既包括赐予奴隶和田宅，更包括在触犯秦法时可以获得比一般秦民更高的存活机会；

（3）秦法细密又无约束，在秦民的一生中，触犯法网是大概率事件，为了给自己的人生多一点保险，即便明知军功爵很难到手，秦民也只能拼命耕战（不达标则会沦为奴隶），来冀求获取爵位，以便在将来触犯法网时，可用爵位抵罪，使自己的人生不至于坠入深渊。

所谓“秦民可以通过军功来改变自己的命运”，其实只是幻象。

参考资料

①王太林 . 千古兴亡：破译君主社会朝代更迭的密码 [M]. 北京 : 东方出版社 ,2012:270.

②刘敏 .《商君书 · 境内篇》会注会疏考译 [J]. 秦汉研究 ,2017,(1).

③朱绍侯 . 军功爵制研究 [M]. 北京 : 商务印书馆 ,2017:70-71.

“愿成秦人”是假的

偶然看了一眼号称“历史正剧”的《大秦赋》。2020 年 12 月 1 日首播时，该剧的豆瓣评分一度高达 8.9 分。然后就被雷到了。比如，为了彰显秦国对楚国发动战争的正义性，该剧虚构了一段楚国百姓不堪压榨集体逃亡秦国的剧情——剧中，一群逃至秦楚边境的楚国百姓，被楚军追上后，发出了“回楚国，我们没有活路啊”“我不要当楚民，愿成秦人”的呼喊。

战国时代的百姓们，确实干过这种“用脚投票”的事情。但他们的选择，并不是纷纷投奔秦国，而是纷纷远离秦国。

这方面的材料很多。比如，公元前 259 年冬天（这一年嬴政出生），苏代去见秦相范雎，就当面对范说出过“天下不乐为秦民之日久矣”这样的话。

当时，秦军正由名将白起指挥，兵分两路，进攻韩国的皮牢和赵国的太原。苏代此来，是受了韩、赵两国的委托，旨在鼓动范雎去劝说秦昭王退兵。

据《史记》所载，苏代是这样给范雎剖析利害的：“白起已为秦国攻取了七十余座城池，南定鄢、郢、汉中，北败赵括，其功劳可比肩周公、召公和吕望。若再灭了赵国，白起必然要升为三公，你范雎能接受自己的地位被白起压制吗？但你不接受也不行，白起若灭了赵国，一定会成为三公。”

然后，苏代给范雎提供了一项瓜分白起之功的主意：

秦尝攻韩，围邢丘，困上党，上党之民皆反为赵，天下不乐为秦民之日久。今亡赵，北地入燕，东地入齐，南地入韩、魏，则君之所得民无几何人矣。故不如因而割之，无以为武安君功也。——《史记·白起王翦列传》

大意是：秦国之前进攻过韩国，围困了邢丘和上党，结果上党的民众全跑去了赵国，天下之人不想做秦国的百姓已经很久了。假如现在灭了赵国，那么，北边的赵国人定会跑去燕国，东边的赵国人定会逃往齐国，南边的赵国人则会迁往韩、魏，秦国能得到多少赵国百姓，想必你心里也有数。所以，与其让武安君白起立下灭赵的大功，不如由你去劝说秦王退兵、接受两国割地的提议。割地讲和对秦王有好处，他不但可以得到土地，还可以得到百姓；对韩、赵两国也有好处，他们可以继续苟延残喘；对你范雎同样有好处，你的政治地位不会遭到白起的挑战。实可谓一举三得。

苏代口中的“上党之民皆反为赵”，指的是公元前262年，也就是苏代游说范雎的三年之前，秦军进攻韩国的上党，且切断上党与韩国之间的联系。眼见陷落已是定局，韩国也有意将上党割给秦国，上党郡守冯亭遂派人前往赵国求助。他们用来打动赵王的理由之一，便是上党百姓“皆不欲为秦，而愿为赵”，上党的百姓撤到韩国是不可能了，但他们也不愿做秦国的百姓，相比之下更愿被赵王统治。①

再如，公元前257年，也就是苏代见范雎之后两年，又有齐国人鲁仲连发出了“义不帝秦”的誓言。当时，秦军围困赵国首都邯郸，魏国派人去见赵平原君，劝赵尊秦昭王为帝。客游赵国的鲁仲连站出来反对说，秦国乃弃礼仪之地，“权使其士，虏使其民”，专以权术驱策士人、以虏囚对待民众，若秦国一统天下，“则连有赴东海而死耳，吾不忍为之民也！”（《战国策·赵策》）我鲁仲连宁愿跳东海而死，也不愿做秦国的百姓。

苏代、鲁仲连的话，或许会因立场不同，多多少少难免对秦国带有敌意和偏见。但《商君书》里的“徕民篇”，不会存在这种问题。

“徕民”，顾名思义就是招徕流民。“徕民篇”是一篇写给秦王阅读的政论文章，核心主旨是劝说秦王改变政策，对民众好一点，不要控制和汲取得太狠，以吸引六国百姓投奔秦国，增加秦国的人力资源。因为这篇文章被收录在《商君书》里，以往有一种错误的判断，以为这篇文章是商鞅所写，进而认定商鞅变法期间，就已开始实行种种比东方六国更好的惠民政策。

其实，只要细读一下这篇文章，就可以知道，它的写作者绝对不可能是商鞅，而是后世之人在编纂《商君书》时，误收了其他秦人的作品。因为文章中提到了“长平之胜”，此时商鞅已死了七八十年。文章的诉说对象是秦王，因作者多次自称“臣”，可知是某位秦臣写给秦王的政论。这位秦王，可能是范雎所侍奉的秦昭王，也可能是之后的某位秦王。至于这位秦臣是谁，有学者猜测是吕不韦，也有学者猜测是尉缭，但都难以定论[②]。

知道了文章写作的大概时代，再来看文章的内容，就可以知道，苏代与鲁仲连们的说法，绝非夸张。

文章里，这位不知名姓的秦臣说：秦国如今幅员辽阔，“地方千里者五”，有五个方圆一千里的领土，但是却人口不足。反观相邻三晋之地的韩、魏等国，“土狭而民众”，领土狭小却人口众多。民众有一种天然的性情，是希望拥有自己的田宅。三晋各国的田宅不够分配是确凿的事实，秦国的田宅大量多余也是确凿的事实。在这样两个确凿的事实面前，民众却不愿西来，是因为在秦国做“士”非常惨、在秦国做“民”非常苦。

“徕民篇”的原话是：“意民之情，其所欲者田宅也，而晋之无有也信，秦之有余也必。如此而民不西者，秦士戚而民苦也。”

这位秦臣，还批评了当时秦国流行的治国方针。他说，秦王的官员们一致认为，三晋各国之所以弱，是因为那里的政府放任民众追求快乐，且动不动就免租免役赐给民众爵位（其民务乐而复爵轻也），秦国之所以强，是因为这里的政府强迫民众吃苦耐劳，且很少免租免役和赐予爵位（其民务苦而复爵重也）。

该秦臣认为，这种苛政，正是其他国家的百姓不愿流入秦国的主要原因。他对秦王说：大王的官员成天把“爱爵”——吝啬爵位、“重复”——不轻易减免赋税劳役挂在嘴上，将之说成秦国强大的诀窍，我觉得不是这么回事。兵法上说，敌人弱了，就等于我们强了。三晋各国打不过秦国，已是长达四代人之久的事情。从魏襄王那时候开始，他们野战打不过我们，守城也一定会被我们攻克，大大小小的战争，三晋各国败在秦国手下，已不知多少次了，但为什么我们还灭不掉他们？

该秦臣给出的答案是“若此而不服，秦能取其地，而不能夺其民也”——到了这种地步，他们还不屈服，是因为我们秦国只能夺走他们的土地，无法夺走他们的民众。之所以不能夺走他们的民众，也不是因为他们的政策对百姓有多好，只是因为我们的政策对百姓实在太坏。

“徕民篇”提供给秦王的策略，是以诏令的形式颁布优惠政策，凡自其他诸侯国前来归附的百姓，免除三代人的徭役赋税，不征发他们参加战争，开垦岭坡、洼地上的土地，十年不收赋税，并将之写入法律。如此，“足以造作夫百万”，必可招来大量的百姓入秦。

若以“徕民篇”里提到的长平之战为该文写作的最早时间（公元前260年），此时距离秦国统一六国，已只有约四十年的时间了。在这段历史时期里，没有材料能证明秦王采纳并落实了上述建议。

其实，在战国时代，无论身处哪个国家，百姓皆不过是任人蹂躏的刍狗。比如韩、魏两国遭到秦军攻击，两国“百姓不聊生，族类离散，流亡为臣妾，满海内矣”（《战国策·秦策四》）。“民不聊生”这个成语即由此而来。所以流民是战国时代极常见的问题。各国也都深感本国可供驱使的人力资源不足。孟子见魏（梁）惠王，后者即向他抱怨自己施政已经很用心，为何“邻国之民不加少，寡人之民不加多”（《孟子·梁惠王上》）。吴起去楚国变法，也曾对楚悼王说，楚国“所有余者地也，所不足者民也”（《吕氏春秋·贵卒》）。但是，迄今为止，无论是传世的文字资料，还是出土的简牍，只有六国百姓不愿做秦民，而绝无六国百姓纷纷逃入秦国的记载。

回到《大秦赋》里的“我不要当楚民，愿成秦人”。

东方六国之中，魏、韩两国均曾实施过“类商鞅式变法”，故在被秦军吞并后，原魏、韩两国的百姓对秦政的忍受能力略高一些。赵、齐、燕三国百姓则普遍有“秦法重”的怨言。对秦法最感苦不堪言者，则是楚国。正如陈苏镇教授所言：“根据秦末战乱中各地反秦之激烈程度的差异和《语书》透露的信息，我们说秦之‘法律令’与关东文化存在距离，特别是与楚‘俗’之间存在较大距离，当无大错。因此我们可以断言，由文化差异与冲突引起的楚人对秦政的反感，及齐、赵等地人民对楚人反秦战争的同情，是导致秦朝灭亡的重要原因之一。”[③]

这也是为什么秦军占领江汉平原后，大量人口选择东迁；三晋地区的百姓，面对秦军的进攻，选择的也是东迁。

出土的岳麓秦简《为狱等状四种》里，也载有多例南郡（秦地，原属楚国）百姓，越境逃往楚地的案例。

比如，其中有一个案子，是一伙共计 14 人的群盗被秦国地方政府捕获，审问之后得知，其中有 4 人原本是秦人，之前逃亡到了楚地。另外 10 人则是原楚国之人。这 14 人在秦军占领南郡之后，再次向更东边的楚地逃亡。后来又想着要回家乡“归义”（很可能是因为在异地生存很艰难），然后走到半路，又选择做了匪盗（很有可能是知晓秦律对逃亡者是要严惩的，所以干脆就落草了）。

另一个案例，是一名叫作“多”的男子，在秦军攻打“荆庐溪”这个地方时被捕获了。这个地方大约位于今天的洞庭湖附近或岳阳一带。经审问后发现，这个“多”是十年前跟着他的母亲一起，从已被秦军占领的南郡，逃亡到更东南边的楚地来的。那时候“多”只有 12 岁。[④]

这些出土简牍反映的史实，与《大秦赋》里“我不要当楚民，愿成秦人”的情节，可谓截然相反。故此，最好不要将《大秦赋》当成“历史正剧”来看。

参考资料

①杨宽 . 战国史料编年辑证（下）[M]. 上海 : 上海人民出版社 ,2016: 1055-1059.

②仝卫敏 .《商君书 · 徕民篇》成书新探 [J]. 史学史研究 ,2008,(3).

③陈苏镇 . 汉代政治与《春秋》学 [M]. 北京 : 中国广播电视出版社 ,2001:35.

④琴载元 . 秦代南郡编户民的秦、楚身份认同问题 [J]. 简帛研究 ,2015, 秋冬卷 .

陈胜吴广的真实身份

陈胜吴广起义，陈胜是否如司马迁所写的那样，是个底层百姓？陈胜等人因为大雨耽误了抵达前线的日期，是否真的会“失期，法皆斩”？

对这两个问题，笔者的结论是：一、陈胜不是底层百姓，也不属于秦帝国的统治阶层；二、大雨耽误了部队的抵达日期，陈胜吴广被斩杀的可能性很高。

先说第一个问题。

关于陈胜的身份，以往的说法是“农民”“布衣”等等。主要依据是司马迁在《史记·陈涉世家》里说“陈涉少时尝与人佣耕”，年轻时曾给人做过雇农。不过，这只能说明陈胜青年时代的身份，不能据此认为，大泽乡起事时的陈胜仍是一个底层农民。

真正能够说明陈胜身份的，是司马迁的另一句记载：“二世元年七月，发闾左適戍渔阳，九百人屯大泽乡。陈胜、吴广皆次当行，为屯长。”

这里有两个与身份相关的名词——闾左和屯长。

“闾左”是秦朝“官定优先级炮灰”里的最高一等。按“七科谪”制度，秦汉时代的“官定优先级炮灰”包括七种，依征发的先后顺序，分别是：（1）吏有罪者（2）赘婿（3）商人（4）做过商人者（5）祖父母做过商人者（6）父母做过商人者（7）闾左。具体操作上，大体来说是：优先抓（1）（2）（3）；抓完了还不够，便抓（4）（5）

（6）；若还不够，便要征发“闾左”了。

所谓“闾左”，大体可以理解为里中平民，与之对应者是里中豪右（“里”是当时的基层行政单位）①。大规模征发“闾左”，便是大规模征发平民。这意味着，秦王朝对人力的汲取已经到了一种非常残暴的境地。

以往有许多学术著作，将“少时尝与人佣耕”与“闾左”这两处记载结合起来，将陈胜认定为贫苦农民。这其实是有问题的。因为司马迁后面明确说了，陈胜虽然与这批“闾左”一同被征发去前线，但他和吴广的身份是“屯长”。

按照秦制，“屯长”不可能来自“闾左”。

睡虎地秦简里的秦律《内史杂》里说得很清楚，“除佐必当壮以上，毋除士五(伍)新传”。意即：任命军吏必须用壮者，用老兵，不能用没有爵位的新兵蛋子。秦制，底层秦军士兵获取爵位的唯一办法，便是在战场上斩获“甲首”（带有头盔的首级，多属军官），每斩获一颗，便可“赏爵一级”。秦军中每五十人设一屯长，每一百人设一百将。陈胜被任命为屯长，显示他已通过斩获“甲首”得到了爵位。

至于这个爵位是什么，只能做一点有限的推测：

（1）秦的二十级军功爵制度里，最底层的五个等级是：公士、上造、簪袅、不更、大夫。再往上的爵位，便不再对普通秦民开放，只有秦帝国的统治阶层（也就是那些“爵大夫而为国治”者）可以获得。陈胜的爵位，也只能局限于最低的这五个等级。

（2）按照汉代的情况，屯长是“比二百石”的官职。《韩非子·定法篇》里说，商鞅当年的办法是，公士为官五十石，上造为官一百石，官与爵相称，依次类推。如果陈胜的“屯长”算二百石，那么他对应的爵位，大概会是倒数第四的不更，或者倒数第五的大夫。

（3）但需要注意的是，韩非子其实是在批评商鞅的办法有问题。他的看法是，官吏需要智能，斩首纯靠武力，这是两码事。考虑到韩非子的理念曾得到秦始皇的激赏，或许可以推测：到了陈胜的时代，只要是强壮并拥有爵位的老兵，且被认为拥有一定的管理能力和小部队的指挥能力，便有可能被任命为军吏，担任屯长或者百将。

总之，大泽乡起事时的陈胜，已不是底层百姓，他是一位秦军老兵，官职是屯长，也拥有爵位。但他并不是统治集团的一分子，他的爵位最高不过是“不更”或者“大夫”，只比普通秦民的境况好一点点。这种好一点点，主要是指陈胜如果不小心触犯了“密如凝脂”的秦法，他可以“享受”比普通人略轻的惩罚，比如睡虎地秦简里的《秦律杂抄》规定，被罚戍边时，普通军人要累死累活干满两年，屯长则只需要干一年。少干一年，生还的几率自然也就大了至少一倍。[②]

再来说第二个问题。

据《史记·陈涉世家》，陈胜在动员九百名戍卒起事时，说了这样一段话：“公等遇雨，皆已失期，失期当斩。”

后世学者依据出土的秦简，对陈胜这段话的真实性产生了怀疑。

比如有人认为，秦律里根本就没有“失期皆斩”的规定。睡虎地秦简《法律问答》里写的是，征发徭役时如不报到，处罚是笞打；一年内被捕获，则以游荡罪再行笞打。另一份秦简《徭役》的规定是：服徭役迟到三五天者“谇”，骂一顿；迟到六天至一旬的“赀一盾”，罚向朝廷缴纳一面盾；迟到超过十天“赀一甲”，罚向朝廷缴纳一副战甲；逃避服徭役的“赀二甲”，罚向朝廷缴纳两副战甲。如果遇上大雨，不但不会惩罚迟到者，徭役本身也会取消。

据此，有人认为，陈胜是在故意误导这些戍卒，绑架他们跟随自己一起造反。还有人推断称，这是汉代人在故意夸大秦法的严酷程度。[③]

然而，需要注意的是，徭役与兵役是两码事。

陈胜吴广所赴的是兵役。他们所在的这支 900 人的队伍里，有戍卒、有屯长（陈胜吴广只是其中之二），还有两名将尉（这二人可能是郡尉，也可能是县尉），实际上已是一支成型的部队。当陈胜吴广发现任务无法按期完成，想要通过起事搏命时，便须用鱼腹得书、狐鸣篝火之类的迷信手段，影响戍卒和同级的其他屯长，让他们将目光聚焦到陈胜身上，还须设计诛杀两名将尉。相比之下，没有完成押送徭役任务的泗水亭长刘邦，逃避惩罚的手段就要简单多了，他的队伍里没有屯长，也没有将尉，刘邦只需将剩下的百姓释放，然后一起藏匿至草莽便可。④

用秦简中与"徭役"相关的内容，来对照陈胜、吴广的情况，显然是不合适的。

其实，在战国秦汉时代，"失期当斩"是军中一种很常见的情况。

比如：《史记·司马穰苴列传》中记载，齐国将领司马穰苴，曾诛杀齐景公的宠臣庄贾，理由是"军法期而后至者当斩"。《史记·魏豹彭越列传》里也记载，彭越被百余人推举为起兵领袖时，与众人约定日出时集合，"后期者斩"，结果有十余人迟到，彭越于是宣布："今期而多后，不可尽诛，诛最后者一人"——迟到的人太多，全杀了部队就没战斗力，所以诛杀来得最晚的那个人。《史记·卫将军骠骑列传》里也记载，张骞的军旅生涯曾"失期当斩"，不得不出钱向朝廷赎买性命，沦为庶民。⑤

总之，一支部队没有如期到达指定地点参与戍守，必然有人要受到惩罚。具体而言便是被砍掉脑袋。

难以说清的，是这惩罚的范围有多大，究竟是只惩罚那两名"将尉"和包括陈胜吴广在内的"屯长"，还是全员皆斩？《陈涉世家》里有一句"失期法皆斩"。但关于这一点，陈胜与吴广也没有确定的答案。所以，动员戍卒们起事时，陈胜还说了另一句话："藉第令毋斩，而戍死者固十六七。"

即便没被斩杀，我们中的十之六七，也要死于戍守。

或许，可以将"失期皆斩"，视为陈胜与吴广们所能预想到的最坏结果。一者，秦律虽然一条一条写在那里，但秦律的执行缺乏监督，秦吏们有大量为所欲为的空间。二者，秦二世胡亥上台后，为了控制官吏集团和普通民众，制定了大批更酷烈的新法律。汉初学者贾谊说，这批新法律造成的后果，是“繁刑严诛，吏治刻深，……蒙罪者众，刑僇相望于道，而天下苦之。自群卿以下，至于众庶，人怀自危之心”——执法者一味追求严苛，因新法律被杀者遍地皆是，上至朝中公卿，下至普通百姓，全都没有了安全感。

秦二世元年，当部队因雨滞留在大泽乡时，陈胜与吴广，这两位曾奋勇斩获“甲首”、获得过低端爵位的秦军老兵，非常清晰地意识到自己的人生，已没有了安全感。

参考资料

①臧知非．战国秦汉行政、兵制与边防[M]. 苏州：苏州大学出版社,2017:34-47.

②张天社．陈胜出身及有关问题的考辨[J]. 唐都学刊,2012,(3).

于敬民,丛鲁江．陈胜与秦代的官爵秩[J]. 管子学刊,1997,(3).

③王子今．《史记》“失期，法皆斩”辨疑——关于陈胜暴动起因的史学史考察[J]. 兰州大学学报(社会科学版),2020,(4).

于敬民．“失期，法皆斩”质疑[J]. 中国史研究,1989,(1).

④王学理．秦俑专题研究[M]. 西安：三秦出版社,1994:170.

⑤庄小霞．“失期当斩”再探：兼论秦律与三代以来法律传统的渊源[J]. 中国古代法律文献研究,2017,(1).

《史记》二人密谈的可信度

《史记》中有不少“二人密谈”式的细节描写。许多人对此深感怀疑，“看《史记》有个重大问题，就是很多两个人密谋怎么泄露出来。”“感觉《史记》很像小说，很多细节描写司马迁根本不可能知道，只能是脑补出来的。”

这些二人密谈真是脑补出来的吗？

《史记》一书所依据的资料，主要有三大块：（1）先秦及汉初典籍；（2）汉朝所藏国家文献档案；（3）亲身游历访谈所得。这三大块资料，为《史记》提供了诸多难得的细节。

比如，《淮阴侯列传》中载有“项羽派武涉游说韩信背叛刘邦”“蒯彻游说韩信起兵自立”两事，核心内容是武涉与韩信的二人密谈、蒯彻与韩信的二人密谈。

司马迁之所以知道这两场“二人密谈”的具体内容，既非自行脑补，也非他穿越回了密谈现场，而是有汉初典籍为史料依据：

（1）韩信给武涉的答复，见于汉初成书的《楚汉春秋》，该书已失传，只有部分佚文留存至今，其中即有韩信拒绝武涉游说一节，与《史记》文字基本相同——此外，项羽抓了刘邦之父欲烹，刘邦回复“吾与项王约为兄弟，吾翁即汝翁，若烹汝翁，则幸分我一杯羹”一节，也见于该书。

（2）蒯彻本人著有《蒯子》，收入有“说徐公”“说韩信”等内容，该书今已亡佚，但《汉书·艺文志》载有《蒯子》五篇，司马迁显然是读过的。

同样是《淮阴侯列传》，其中还记载有“韩信忍胯下之辱”与“漂母饭韩信”两则故事。内中有诸多生动的细节。这些细节材料的来源，司马迁也有很直接的交代：“吾如淮阴，淮阴人为余言，韩信虽为布衣时，志其与众异。”

亦即，司马迁亲自游历到了淮阴，淮阴民众向他提供了当地流传的韩信未成名之前的各种故事。

事实上，游历战国及秦末汉初重要历史人物的故地，是司马迁为撰写《史记》所做的一项极重要的准备工作。

比如，他曾前往“故大梁之墟”访求信陵君的遗迹与旧事，前往薛地寻找孟尝君留下的痕迹，前往“春申君故城”寻找楚国的昔日繁华；还曾亲身走了一趟秦国所修“直道”，体察秦王开山填谷工程的浩大与对“百姓力”的摧残；也曾前往“丰沛”，询问当地遗老关于汉代建国元勋萧何、曹参、樊哙等人的往事与风评。

国家文献档案也为《史记》提供了诸多可靠的细节描述。汉代制度，“天下计书，先上太史公，副上丞相”，这让司马迁父子有机会接触到诸多未被染色的原始档案。清代史学家赵翼说，《史记》叙述汉初功臣的军功，攻克郡县多少、擒斩大将与裨将多少，“纤悉不遗”，全都具体到个位数。这种“纤悉不遗”，显然是因为司马迁父子能够接触到朝廷所藏功劳簿这种第一手资料。①

值得一提的是，《史记》中最出彩的细节描写（往往也是许多人觉得不可信的部分），大多来自司马迁父子的“口述访谈”。

比如，《刺客列传》中载有“荆轲刺秦王”一段，将刺杀的细节描述得活灵活现，仿佛作者就在现场。且看：

> 轲既取图奏之，秦王发图，图穷而匕首见，因左手把秦王之袖，而右手持匕首揕之。未至身，秦王惊，自引而起，袖绝；拔剑，剑长，操其室；时惶急，剑坚，故不可立拔。荆轲

逐秦王，秦王环柱而走。群臣皆愕，卒起不意，尽失其度。……

太史公父子当然不在现场。但上述细节描写，并非太史公父子的脑补，而是口述访谈所得，“太史公曰”里交代得很明白：“世言荆轲，其称太子丹之命，‘天雨粟，马生角’也，太过。又言荆轲伤秦王，皆非也。始公孙季功、董生与夏无且游，具知其事，为余道之如是。”

《刺客列传》一般认为出自司马谈之手。按司马谈的说法，他是从公孙季功与董生二人处了解到刺杀的具体细节。这两人告诉他，坊间流传的两种说法——秦王放言“天雨粟，马生角”才能释放太子丹；荆轲刺伤了秦王——并非史实。而给这两人讲述刺杀细节的，则是夏无且。夏无且是谁呢？他是秦王的御医，是目睹了这件事情的人，而且还参与了事件，秦王被荆轲追杀于殿上时，夏无且将自己的药囊扔向荆轲，事后得到了赏赐。司马谈没有直接访问夏无且，是因为夏无且已经去世了。

再如，《项羽本纪》中载有“鸿门宴”一段，其惊心动魄的细节描写，也给人一种仿佛作者就在宴席现场的感觉。

司马迁父子当然不可能在现场。这段描写其实也是出自“口述访谈”（部分情节还可能来自《楚汉春秋》等典籍），访谈的对象是鸿门宴的重要当事人樊哙的孙子樊他广——司马迁曾提到，“余与他广通，为言高祖功臣之兴时若此云”，樊他广是司马迁所访谈的诸多汉初功臣后代之一。

对于此事，学者李开元有这样一段精辟的论述：

司马迁生于景帝中元五年，同年，樊他广失侯国除。其时，樊他广已经做了6年舞阳侯，由此推断司马迁与樊他广间的年龄差，至少在10岁以上。司马迁问丰沛，是在他20岁第一次旅行时，大约是在武帝元朔三年，他与樊他广交往的开

> 始，或许就在这次旅行前后。若以樊他广 20 岁嗣侯计算，他比司马迁大 26 岁，此时 46 岁。樊哙鸿门宴救驾的事情，是樊哙家子孙后代世世相传的光荣历史，司马迁以访问丰沛龙兴故地为契机，从樊他广处听到鸿门宴的详情叙事，后来，当他撰写《史记》的有关章节时，就将樊他广的口述作为重要史料。樊他广对司马迁所讲述的高祖功臣们的事迹中，最多的当然是祖父樊哙的事迹，而在樊哙的事迹当中，最详细最精彩生动的无疑就是鸿门宴了，其可靠性堪称第一手史料。[2]

太史公父子交游极广。这些与之交游者，往往也是其口述访谈的对象。郑鹤生《司马迁年谱》中制有一张“司马迁交游表”。这张表远非完整的“口述采访对象表”，但从表中可以很容易看出，太史公父子与贾谊之孙、平原君之孙、田叔之孙、樊哙等开国功臣后代，以及苏建、董仲舒、东方朔这些当代重要人物，均有着良好的交往。知悉这种交往的存在，有助于今人更准确地理解《史记》中诸多细节描写的出处。

略言之，太史公父子撰写《史记》的基本原则是“有所本”。《史记》不是小说家言，包括“二人密谈”在内的诸多细节描写，或出自先秦及汉初典籍，或出自口述访谈。“很多两个人密谋怎么泄露出来”这类疑虑，其实是对《史记》缺乏了解而产生的伪问题。

参考资料

①张大可，赵生群等．史记文献与编纂学研究 [M]. 北京：华文出版社，2005.

②李开元．论《史记》叙事中的口述传承——司马迁与樊他广和杨敞樊他广 [A]. 吕培成，徐卫民，程世和．司马迁与史记论集 [C]. 西安：陕西人民出版社，2006.

“三纲五常”没有后半句

说一说“三纲五常”。

原因是最近频繁见到一种“正本清源”的论调，说什么国人习以为常的三纲五常，也就是“君为臣纲，父为子纲，夫为妻纲”，其实都是阉割版。它们还有后半句：

> 三纲五常由西汉董仲舒首提，记于他的名著《春秋繁露》中，作为封建糟粕已经被批判了上百年了。实际上，“君为臣纲，父为子纲，夫为妻纲”都是断章取义，每一句话都有它的后半句——君为臣纲，君不正，臣投他国；父为子纲，父不慈，子奔他乡；夫为妻纲，夫不正，妻可改嫁。不唯如此，董仲舒还说了一纲，实际是四纲。这一纲是：国为民纲，国不正，民起攻之。

董仲舒如果活着，一定会被这种“辟谣”气到吐血。他是写了《春秋繁露》，也确实在书中提出了“三纲”这个概念。但，将《春秋繁露》翻上一千遍，翻上一万遍，也绝不可能找到所谓的“三纲后半句”，更不可能找到所谓的“第四纲”。

而且，董仲舒根本就不赞成什么“君不正，臣投他国”“父不慈，子奔他乡”“夫不正，妻可改嫁”。《春秋繁露》对“三纲”的基本表述，是臣从属于君、子从属于父、妻从属于夫，前者必须“兼功于”

后者。这才是董仲舒的真实主张。

在董仲舒之前，韩非子也谈过“三纲”这个话题。他主张“臣事君、子事父、妻事夫”，认为做到了这三条，天下就会大治，否则就会大乱。

反对韩非子主张的，是孔孟。孔子的主张是“君使臣以礼，臣事君以忠”。孟子的主张更激进，是“君之视臣如手足，则臣视君如腹心；君之视臣如犬马，则臣视君如国人；君之视臣如土芥，则臣视君如寇雠”。不过，韩非子和孔孟，都没有造出“三纲”这个概念。“三纲”一词的发明权，仍属于董仲舒。董仲舒的那套东西，是秦汉之后“儒法阴阳合流”这股风潮的产物。

再后来，在东汉初年，“三纲”首次得到了朝廷的认证和强制推行。

时为公元 79 年冬天。汉章帝召集一干学者，在皇宫内的白虎观举办了一场旷日持久的学术会议。会议的主旨，是要以思想立法的形式，来规范民众方方面面的行为。会议成果编成了《白虎通》一书，在全国发行。该书的核心内容，就是所谓的“三纲六纪”①。

《白虎通》既然是皇帝主持制定的，可想而知，它要以皇帝的利益为第一位，绝无可能写入什么“君不正，臣投他国”“父不慈，子奔他乡”“夫不正，妻可改嫁”。将《白虎通》翻上一千遍、一万遍，也绝无可能找到这些所谓的“三纲后半句”。

相反。按《白虎通》的要求，合格之臣的基本标准，是必须“善称君，过称已。臣有功，归于君”——有了功劳必须归在皇帝名下，有了过错必须揽到自己身上。好儿子的基本标准，是只要爹还活着，就“不得许友以其身，不得专通财之恩”——不能拥有自己人身的处置权，也不能拥有个人财产的支配权。而且，即便父子关系已恶化到了无法共同生活的地步，也不允许儿子离开，理由是“父子一体而分，无相离之法”。最惨的是做所谓的“好妻子”。按《白虎通》的规矩，

“顺德”是女人唯一的人生使命。不要讲什么对错，不要谈什么是非，女人在家庭中唯一要做的，就是各种各样的唯命是从。

《白虎通》由班固负责编撰成书。在汉章帝的注视下，班家人很自然地成了“三纲”的第一批受害者。班固早年特别欣赏屈原，在文章里说过“屈子之篇，万世归善”这样的话。“三纲”出炉后，班固只好另写文章，违心批判屈原不该“露才扬己”，不该“责数怀王”，实在不是一个标准的忠臣。班固的妹妹班昭，也不得不在婆家小心谨慎地过一种低眉顺眼、贱人一等的生活。她后来在《女诫》里说，自己嫁到曹家后，“战战兢兢，常惧绌辱”，活了四十多年，熬到姑、舅、丈夫都死了，“乃知免耳”，才稍稍过了几天好日子。

既然“三纲”里不存在什么被阉割的后半句，那么，“君不正，臣投他国”“父不慈，子奔他乡”“夫不正，妻可改嫁”这些话，是从哪里来的？

答案是：这些话既不见于官方文件，也非出自鸿学大儒。它们真正的出处，是明清两代流行于底层民间的话本小说。

明代藏书家洪楩编印的《清平山堂话本》里，收有一篇白话短篇小说《张子房慕道记》，一般认为是明代初年的东西（也有人考证说是宋元时代的作品）。小说借张良之口，斥责君王残暴无道，里面有这样一句：“我王岂不闻古人云：君不正，臣投外国；父不正，子奔他乡。”

其实，并不存在“古人云”，有的只是“作者云”。

宣传“君不正，臣投外国”最卖力的，是成书于明代中后期的神魔小说《封神演义》。比如，书中用了许多篇幅来描写商纣王如何迫害忠臣黄飞虎，然后旁人劝黄飞虎一干人等叛商，多次使用了下面这种说辞：“长兄不必迟疑，君不正，臣投外国”“语云：君不正，臣投外国。父不慈，子必参商”。

类似的词句，也见于清代小说《飞龙全传》《双凤奇缘》《五虎平南》《列国春秋》等。

这类词句在明清小说里集中出现，并非偶然。自朱元璋视君臣如主奴、创造出“廷杖之刑”，仅成化至万历的一百余年间，就有超过300 名大臣被皇帝在公开场合打得屁股开花，其中还有 29 人被活活打死。按《明史》的总结，是“公卿之辱，前此未有”。入清之后，屁股虽然不打了，但朝廷对“三纲”的贯彻仍无丝毫松动，雍正在《御制朋党论》里说得明白：君臣之间的关系是天尊地卑，“为人臣者，义当唯有知君”。一个合格的人臣，满脑子只能有皇帝，有功要赶紧推给皇帝，有过要赶紧自己揽下，除此之外不能有别的想法。

也就是说，“君不正，臣投外国”“父不慈，子必参商”这些词句，其实是对“三纲”的一种批评，一种反叛。但没人敢将这些词句写入奏折，也没人敢将之写入自己的署名文集。它们只能在民间话本小说里作为一种潜流存在；而且，即便是在话本小说里，它们的存在感也并不强烈——绝大多数明清小说，仍谨守着“三纲”的红线。

这些旨在批判“三纲”的词句，绝对想不到，有一天它们会被“辟谣”成“三纲的后半句”。

参考资料

①徐广东 . 三纲五常的形成和确立：从董仲舒到白虎通 [M]. 哈尔滨 : 黑龙江大学出版社 ,2014.

诸葛亮“八阵图”祛魅

古代小说中，经常出现神乎其神的“阵法”。比如，《水浒传》有“九宫八卦阵”“太乙混天象阵”，《三国演义》有“一字长蛇阵”“八门金锁阵”，名目繁多。

其中，又以诸葛亮的“八阵图”最为神奇。

《三国演义》中对该阵的描述是，江边“乱石八九十堆，并无人马”。陆逊带人进阵后，只见“飞沙走石，遮天盖地”，当即被困在里面。诸葛亮的岳父黄承彦心下不忍，从“生门”把陆逊等人救了出来，并解释说，

“（八阵图）反复八门，按遁甲休、生、伤、杜、景、死、惊、开。每日每时，变化无端，可比十万精兵。”

“八阵图”这类古代阵法，真的这么复杂、这么厉害吗?

一、阵法就是战斗队形

对于“阵法”，吴晗在《阵图与宋辽战争》里下过一个准确定义——“所谓阵法，就是野战的战斗队形和宿营的防御部署”。

阵法产生于先秦时代。1972 年出土的《孙膑兵法》中有一篇名为“十阵”，除火阵、水阵外，记录了八种典型阵法：

（一）方阵：这是古代军队的基本队形，特点是“薄中厚方”，即把主要兵力布置在阵的外围，中间只留很少的人，以显示兵力雄厚。

许多小方阵组合在一起，就是大方阵。

（二）圆阵：出土竹简有缺失，只知道这是对敌防御的阵势。

（三）疏阵：兵力不足时，就要拉大队列之间的距离，同时多设置旗帜和兵器，给敌人以己方人马众多的假象。疏阵的使用要诀是，所有人同攻、同守，发挥最大威力。

（四）数阵：同疏阵相反，士兵在数阵中密集排列，使整个阵势无懈可击。

（五）锥形阵：此阵运行起来，要像一把锋利的宝剑。阵前最精锐的部队，后方留有足够的增援，就能迅速地突破或割裂敌人队形，取得胜利。

（六）雁形阵：出土竹简有缺失，只知道该阵主要是发挥弩箭的威力。

（七）钩形阵：这里的“钩”意为勾连，就是在大军主力外，设置机动部队打击敌人。

（八）玄襄阵：此阵意在麻痹敌人，让士兵、战车，以及鼓声做出混乱的假象，在敌人放松警惕时，给予致命一击。①

很显然，实用是这八种阵法的最大共同点。将领们可以依据战场上实际情况，选择适用的阵法，指挥士兵稀疏排列或密集站立，实行方阵进攻或圆阵防守，做锥形突击或雁形合围。其中不涉及任何两仪、四象、八卦等玄学概念。

古代战争中，保持阵势整齐非常重要，因为阵势先乱的一方往往战败。那么，布阵时肯定是越简单越方便指挥，越容易保证行动一致。那些复杂的阵势，比如北宋皇帝（宋太宗、宋真宗、宋仁宗等）亲授给前方将领的阵图，大臣为皇帝设计的各种阵图，看上去都是精妙非凡，实际上几乎从未在战场上发挥过正面作用。

以至于宋神宗说：“朕尝览近日臣僚所献阵图，皆妄相眩惑，无一可取。果如其说，则两敌相遇， 必须遣使豫约战日，择宽平之地，夷阜塞壑，诛草伐木，如射圃教场，方可尽其法尔。以理推之，其不可用决矣。”[②]

大意是说，大臣们设计的阵法，看上去都很“炫酷”，可没有实际意义。要想应用他们的阵法，必须先和敌人约定开战时间，然后找一块开阔的土地，推掉土山、填上河沟、清除草木，才能有空间布上阵势。以常理来看，这在战场上显然不可能实现。

复杂的阵法只能应用于小部队。比如戚继光改良的“鸳鸯阵”，需要排兵、狼筅兵、长枪兵、镋钯手各司其职、密切配合，可组成一个鸳鸯阵，仅需要战斗人员11名，外加火头军1名，相对易于指挥。即使如此，戚继光还是要特别命令，“任是如何，不许离乱鸳鸯阵法”；在遭遇敌人伏击时，绝不用鸳鸯阵，因为“鸳鸯阵人多，跑远易乱”。[③]

简而言之，在真实的战场上，阵法需要的是简单实用，而非复杂多变。

二、《八阵图》其实是一本书

在孙膑之后，秦汉时期战场上使用的阵法，主要还是方阵、圆阵这几种。

这一时期的史书上说到阵法时，常常提及“八阵”这个词。如班固在《封燕然山铭》里说，窦宪对匈奴，“勒以八阵，莅以威神”，即依靠“八阵”打败了匈奴。又如，三国时期《魏书》中有一句，“汉承秦制……会五营士为八阵进退”，即秦汉时期，士兵都要演练“八阵”。[④]

至于何为“八阵”，历代有不同解释。有现代学者甚至将之直接等同于《孙膑兵法》中介绍的那八种阵法，这一观点忽略了《孙膑兵法》的原文是“十阵”，而非“八阵”。

相对来说，李靖的观点最为合理。他说早期军队在“井”字形的土地上训练，大将居中，八支部队环绕四周（分为所谓“四正”“四奇”），正好是“八阵”。后世虽然不再用“井”字形的土地训练部队，但“八阵”的名称流传下来，成为对阵法的泛称。⑤

如此，再看《三国志·诸葛亮传》里那句“推演兵法，作八阵图”，就很好理解了。所谓的“八阵图”，其实就是诸葛亮使用的一本练兵手册。由于他留下的《军令》《兵要》等兵书全部失传，今人已很难知道诸葛亮版“八阵”的具体内容了。

好在现存《北堂书钞》等书录有《军令》的只言片语，对阵法有所提及。比如，

“闻五鼓音，举黄帛两半幡合旗，为三面圆阵。”

听到敲五下的鼓声，看见举起两半幅黄帛指挥旗合作一面旗帜，就要布列三面圆阵。

“连冲之阵，似狭而厚，为利阵。令骑不得与相离，护侧骑与相远”。⑥

连冲之阵，表面看来冲车薄少兵员不多，但实际上攻守坚厚有力，它是坚利的战阵。命令冲锋骑勿远离“连冲”，而两翼护侧骑应该离战阵较远些。

第一条说的是用鼓声、旗语指挥“三面圆阵”；第二条说的是有骑兵参与的“连冲之阵”。

这两个阵名都不见于《孙膑兵法》，很可能是诸葛亮的原创阵法。虽然已很难知道这两个阵的具体摆法，但不难看出，它们的特点依旧是实用，不含任何玄虚的成分。

诸葛亮的阵法，在三国时代就颇为有名。蜀国灭亡后，司马昭特意让陈勰去学“诸葛亮围阵用兵倚伏之法”。后来晋人对八阵图多有应用，《晋书》说马隆率军平叛，“以八阵图作偏箱车”——所谓“偏箱车”，是一种装有刀刃和护具的战车，在战阵中使用。⑦

三、阵法为何被神化？

既然古代兵书中的阵法都很实用，那为什么到了明清文人笔下，阵法就都被神化了呢？

至少有以下两个原因：

第一，在古代，兵书长期被统治者列为禁书，致使很多有实用价值的兵书失传了。早在东汉末年，曹操即下令“科禁内学、兵书”，这里“内学”指的是谶纬，开了将谶纬和兵书同列禁书的先例。在唐、宋两代，兵书也被明确列为禁书，私藏者要“徒二年”。陈寿所编《诸葛亮集》在宋代以后失传，或许正与该书中收录大量军事内容，民间流传很少有关。自此之后，《八阵图》是什么，开始成为一个问题。

清代禁毁了一大批明代兵书。有学者统计，明代有兵书 1023 部，而收入《四库全书》的仅有 5 部。尤其茅元仪《武备志》、曹飞《筹兵药言》等因有“违碍”内容，严禁刊刻。[⑧]

第二，明清时期，文人谈兵越来越多，他们所著兵书往往不切实际，大谈阴阳五行。西汉刘歆所编《七略·兵书略》中，有一类名为“阴阳兵”，即借助术数、鬼神等“左道旁门”赢得战争。前文所说，记录有八种实用阵法的《孙膑兵法》，同样充斥着大量阴阳学的内容，如《地葆》一篇说，“南阵之山，生山也。东阵之山，死山也”，就是毫无依据地认为，阵地北面的山是“生山”、西面的山是“死山”。[⑨]

阴阳学对中国兵法影响深远，尤其在宋代以后，“文人谈兵”成为主流，他们所写的兵法中，常常包含阴阳理论，即便是著名的《武经总要》《武备志》也不例外。

“文人谈兵”还带来另外一个问题，就是中国古代后期兵书很多脱离实战，不再具有指导价值。战场经验丰富的曾国藩就怀疑，古人所写兵书“皆装饰成文，而不可尽信”，正史中有关战争的内容，大都是“文人以意为之”，“随意编造，断不可信”。[⑩]

简言之，因为历代禁止兵书流传的缘故，在明清时代，民间文人很难见到可以实际反映战场情况的兵书（所见兵书多是毫无战争经验者凭空编造），加之阴阳学说对小说创作颇有助益，于是，在他们笔下，古代名将一个个都成为“阵法大师”，依仗“九宫八卦阵”之类怪力乱神的东西所向披靡。

参考资料

①张震泽 . 孙膑兵法校理 [M]. 北京 : 中华书局 ,1984:129-145.

②陈峰、王路平 . 北宋御制阵法、阵图与消极国防战略的影响 [J]. 文史哲 ,2006,(6).

③赵长江 . 戚继光御倭的鸳鸯阵战术 [J]. 文史知识 ,2015,(9).

④⑤谭良啸 . 试论诸葛亮的八阵图 [J]. 社会科学 ,1983,(5).

⑥李伯勋 . 诸葛亮集笺论 [M]. 西安 : 陕西人民出版社 ,1997:328-329.

⑦钟少异 . 试论诸葛亮八阵图 [J]. 军事历史 ,2016,(4).

⑧李斌 . 清代传统兵学的衰落与“师夷制夷”战略思想的形成 [J]. 故宫博物院院刊 ,2002,(3).

⑨陆继鹏 . 简本《孙膑兵法》兵阴阳思想探析 [J]. 军事历史 ,2012,(2).

⑩章继光 . 曾国藩军事思想述评 [A]. 王继平 . 曾国藩的思想与事功 [C]. 湘潭 : 湘潭大学出版社 ,2008:270.

刘禅不是“阿斗”

关于蜀汉后主刘禅，有一句俗话叫作“扶不起的阿斗”。

其实，将刘禅叫作“阿斗”是不对的，正确的叫法应该是“阿升”。

“阿斗”之名，见于《三国志·蜀志·刘封传》中所载孟达给刘封的书信，内有“自立阿斗为太子已来，有识之人相为寒心”之语。这里的“阿斗”，便是指刘禅。但这个“阿斗”，其实是文字辨读错误所致。清代藏书家、校勘家陈景云早已揭破其中缘故：“斗当作升，后主一字升之，见《魏志·明帝纪》注。”[①]

刘禅字“升之”，见于裴松之注引《魏略》所载魏明帝的一封诏书（《露布天下并班告益州》），里面说：“亮（诸葛亮）外慕立孤之名，而内贪专擅之实，刘升之兄弟守空城而已。”

这里的“刘升之兄弟”，自然是指“刘禅兄弟”。虽然《蜀志·后主传》只说“后主讳禅，字公嗣”，但魏国的官方诏书，也断不至于弄错刘禅的姓名。而且，按古人“名与字互为表里、互为阐释”的取名原则，较之“公嗣”，其实“禅”与“升之”更为匹配——“禅”者代也，“升之”者更进一步，皆暗喻攀至权力顶峰。

由“刘升之”而来的“阿升”（这种称呼似是当时的一种常见现象，如黄承彦之女嫁给诸葛亮，习凿齿《襄阳记》载有乡谚：“莫作孔明择妇，正得阿承丑女”），之所以会讹传成“阿斗”，是因为“升”“斗”二字，在当时字形相近，极易混淆。

具体相似情形，如下两图所示：

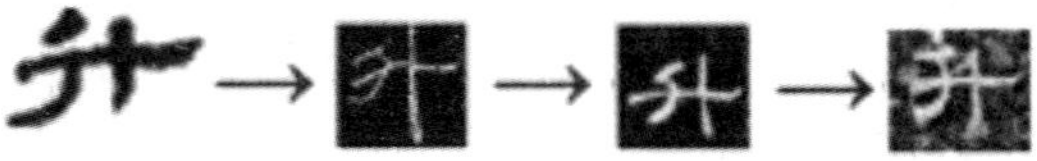

图一：“升”字在两汉的形貌

图二：“斗字”在两汉的形貌

图一，是“升”字在两汉时期的形貌。自左至右，依次出自：武威汉简（西汉）、石门颂（东汉建和二年，公元 184 年）、肥致碑（东汉建宁二年，公元 169 年）和史晨碑（东汉建宁二年，公元 169 年）。

图二，是“斗”字在两汉时期的形貌。自左至右，依次出自：居延汉简（西汉太初三年至东汉建武六年，公元前 102 年—公元 30 年）、贾仲武妻马姜墓记录（东汉延平元年，公元 106 年）、石门颂（东汉建和二年，公元 184 年）。

由上面两图不难看出，“斗”“升”二字在今天虽然已很难被错认，但按照汉末三国时代的写法（也就是陈寿所熟悉的写法），它们的字形颇为相似，被错认的几率很高。这也正是“阿升”被误读为“阿斗”的主要缘故所在。②

至于“阿升究竟扶不扶得起来”，则见仁见智了。

在笔者看来，刘禅肯定是一个智力正常之人。毕竟史书无一字记载刘禅存在智力问题，“刘禅弱智”这一印象是后世民间的脑补。刘备在给刘禅的遗诏中称：

“射君到，说丞相叹卿智量，甚大增修，过于所望，审能如此，吾复何忧！……可读汉书、礼记，闲暇历观诸子及六韬、商君书，益人意智。闻丞相为写申、韩、管子、六韬一通已毕，未送，道亡，可自更求闻达。”

刘备给儿子开的书单里有汉书、礼记、诸子及六韬、商君书。诸葛亮给刘禅编的教材主要是讲述“申、韩、管子、六韬”之道。显见二人未将刘禅当成弱智。

此外，诸葛亮掌权期间，对刘禅实施了严格控制。《三国志·蜀志》载：“丞相亮将北征，住汉中，虑后主富于春秋，朱紫难别，以（董）允秉心公亮，欲任以宫省之事……允迁为侍中，领虎贲中郎将，统宿卫亲兵。”

大意是，当诸葛亮离开成都，他不放心刘禅，对自己与刘禅之间的关系缺乏信心，所以任命自己的亲信、故人之子董允，掌管皇宫的所有禁卫部队。董允任职期间，“处事为防制”，处处对刘禅取防备立场，“后主益严惮之”，令刘禅对其颇为忌惮。这些措施，显然是在防备和管控一个正常智力的年轻君主。

但另一方面，智力正常的刘禅对权术的认知和运用，确实远远不如诸葛亮。诸葛亮治蜀期间，以严刑峻法构筑高压统治，长期对民间维持着高强度的人力与物力汲取。同时采取了一种袭自商鞅、韩非的统治诀窍——平等的贫穷——来润饰这种高强度汲取。所谓平等的贫穷，指的是在民众当中制造一种假象：社会不富裕，但社会是平等的，下层民众若每日只能吃一顿干饭，上层官僚每日也至多不过吃两顿干饭。这种假象，契合了民众“不患寡而患不均”的心理，极大地消解了民众内心因被压迫、被剥削而累积的不满。所以，蜀汉人人皆知诸葛丞相家只有“桑八百株，薄田十五顷”，这种“平等的贫穷”，让他们忘了诸葛丞相执政期间发行“直百五铢钱”与“太平百钱”，带给他们的巨大伤害。

刘备开给他的书单中有商君书，诸葛亮给他写的教材里有申、韩、管子，这些典籍，俱是在教统治者如何驾驭民众、欺骗民众、汲取民众。可惜刘禅似乎并没有领会贯通这些典籍，缺乏权术的他，在诸葛亮死后便放飞自我，大兴土木修建宫苑，于是乎，“平等的贫穷”破产，那些满脸菜色（吴国使臣薛翊所见）的民众，开始怀念起诸葛丞相来，“遂因时节私祭之于道陌上”。

参考资料

①卢弼 . 三国志集解 [M]. 上海 : 上海古籍出版社 ,2009.

②何林英 . 两汉碑刻隶书字体研究 [M]. 北京 : 中国社会科学出版社，2015.

只有木兰，没有花木兰

说一下“花木兰”这个名字的由来，以及“木兰”故事的演变。

一、木兰是一个复姓

如果以《木兰辞》为史料依据（也就是以“唧唧复唧唧，木兰当户织”开篇的那首长期存在于语文教科书的北朝民歌），我们可以说“花木兰”这个名字根本就是错误的。因为“木兰”实际上是一个复姓，那位代父从军的女性的完整姓名，我们已经无法知晓了。

历史学家、古文字学家徐中舒在《木兰歌再考》里说得很明白[①]：

（1）唐人写本《广韵》及《通志氏族略》里有“沐兰”这个复姓。

（2）“沐兰”这个复姓虽然不见于中原王朝的史籍，但河南商丘的营郭镇有一座“孝烈将军祠”，原是金代的“昭烈小娘子祠”。根据元代人侯有造写的《祠像辨证记》，侯曾见到过“旧庙中炉石”，上面刻有文字，大意是说这祠堂祭祀的是“营城镇酒都监乌林答文，称昭烈小娘子，宰相木兰公女也”[②]。昭烈小娘子称“乌林答文”，其父是“宰相木兰公”，可以推测“此木兰公必为木兰复姓，疑为中原之异族”。

（3）“木兰”既然是一个非中原的复姓，也就可以解释为何中原史籍中没有复姓“木兰”的历史名人，同样也可以解释为何唐代的《广韵》会把它写作“沐兰”，毕竟“译音本无定字”，音译的时候“木”与“沐”通用，是很常见的事。

（4）再继续考证，徐中舒还发现，《广韵》里谈“沐”姓时，使用的史料依据是东汉人应劭写的《风俗通》；谈“沐兰”这个复姓时，使用的史料则是南朝宋何承天写的《姓苑》。如此就可以知道，东汉以前是没有“沐兰”这个复姓的（至少像应劭这样的中原学者没听说过）。于是，徐中舒推测“中国有此姓始于元魏”，也就是鲜卑人拓跋氏的北魏政权统治中国北方那段时期。

（5）考虑到北朝民歌《折杨柳歌辞》里有“敕敕何力力，女子临窗织；不闻机杼声，只闻女叹息。问女何所思？问女何所忆？阿婆许嫁女，今年无消息”这样的句子，可知《木兰辞》的源头是北朝民歌，且有一个借用、改编、完善的过程。据此，徐中舒推测“木兰或即鲜卑之后”。

此外，僧人智匠于南朝陈代光大二年（568年）编写的《古今乐录》里，有“木兰不知名”这样一句记载。《古今乐录》如今虽已失传，但宋人郭茂倩的《乐府诗集》里引注了这样一句。如此可以知道，至少在智匠生活的陈朝，《木兰辞》已经从北方传到了南方，且智匠也认为“木兰”是姓，她的名已不可考。③

今人常用的“花木兰”这个名字，其实是明朝文人徐渭在其剧作《四声猿》里的创造。徐渭这般给自己的主人公命名，自然是随兴所至毫无依据可言。也有说法认为以“花”为姓，其实是表示人物出自虚构，因“花”在古代有迷惑人、不真实的用意。元明杂剧里的“花关索”，即是指关索这个人物是虚构的，关羽并没有这样一个儿子。

至于某些地区为了发展旅游，强行发掘所谓的“地方史料”，称木兰姓“朱”、姓“魏”云云，并没有多少讨论的价值。

二、“木兰故事”的变化

《木兰辞》被笼统地称为北朝民歌，但它实际上有一个产生、完善的过程。这个过程跨越了南北朝和隋唐。

如此说的证据之一，是《木兰辞》里的“唧唧复唧唧，木兰当户织”等句子，直接借用和化用自北朝民歌《折杨柳歌辞》。而“策勋十二转，赏赐百千强”，则显示这首民歌的最终定型是在唐代初年，因“策勋十二转”这种制度始于唐高祖武德七年；之前虽然也有“策勋”制度，但并无“十二转”之说。④

《木兰辞》想要传递的，其实是一个女性征战沙场获取功名的传奇故事。所谓“热情赞扬了这位女子保家卫国的热情”，只是后人一种无聊的强行附会。

一方面，诗中说得明白，木兰去从军是被动之举。按“府兵制”，木兰家必须出丁打仗，而家中除了老父之外，并无成年兄长，即所谓的“阿爷无大儿，木兰无长兄。愿为市鞍马，从此替爷征”。另一方面，诗歌也无意对朝廷有任何抨击。“东市买骏马，西市买鞍鞯，南市买辔头，北市买长鞭”这样的叙述，不过是“府兵制”下出征士兵自备装备的一种常态。诗中说木兰归家之日“小弟闻姊来，磨刀霍霍向猪羊”，可见其家庭条件是不错的，这也符合“府兵制”针对中等资产家庭征兵的政策特点。⑤

南北朝与隋唐时代之人，是喜欢传播女性征战沙场这种传奇故事的。这与当时的风俗直接相关。史载，北魏孝明帝的母亲灵太后，常在皇宫后苑之中摆弄弓箭。北魏名将杨大眼的妻子潘氏，也喜欢“戎服从猎”，还常穿着军装与丈夫一同出现在前线，杨大眼则对众将官称呼妻子为“潘将军”。北魏时还有一首民歌叫作《李波小妹歌》，歌里说“李波小妹字雍容，褰裳逐马如卷蓬。左射右射必叠双。妇女尚如此，男子安可逢”，也是一位驰骋于马上，弓术绝佳的女性豪杰。⑥

到了隋末唐初，又有唐高祖李渊的女儿平阳公主，率军东征西讨，立下了“娘子军”的赫赫威名。⑦

遗憾的是，《木兰辞》里那个活泼泼不为朝廷而活、不为皇帝而活，只关心自己与家人、在男人堆里纵横十余年的传奇女性，并不符合权力的需要。所以，先是侯有造这个元代的无聊文人，胡乱“考据”说木兰姓魏，说她代父从军屡立奇功，凯旋后皇帝欲将其纳入后宫，木兰以死拒之，以全贞节。明朝嘉靖年间，保定知府给木兰修庙，说是要赞颂木兰“移孝为忠”的高尚德操；万历时代，黄陂县令上奏朝廷要给木兰建庙，又给木兰戴了一顶“动神人护国之念，启士民忠孝之心”的高帽子。到了清代，光绪二十年编写的《亳州志》，复述了那个皇帝想将木兰纳入后宫，木兰自杀身亡以全贞节的无聊故事。当然，最恶心的要数民国年间修撰的《完县县志》，里面说木兰在城内一处莲花池饮马，“靴为泥陷，露出细小之足，恐为人窥破，羞惭而死”，因为一个小脚趾头露了出来，就羞惭到了去死的地步。⑧

权力影响考据，也会影响文学表达。明清两代，几乎所有由《木兰辞》衍生出来的文学作品，都带有一股浓浓的腐臭之气。只有个性狂狷的明代文人徐渭，在《四声猿》里塑造的那个“花木兰”，虽也被框入了“忠孝节义”的牢笼，但多多少少还存有一点活泼的气息。比如，剧本描写木兰决心放开三寸金莲替父从军时，让她说了这样一段台词：“回来俺还要嫁人，却怎生？这也不愁他，俺家有个漱金莲方子，只用一味硝，煮汤一洗，比偌咱还小些哩！”这台词里有敢于决断的爽快，也有困于藩篱的无奈。

再后来，冯梦龙的《古今小说》关心的，是木兰服役期满归来时“依旧是个童身”；褚人获的《隋唐演义》里，木兰成了不愿给突厥可汗做妾、在父亲墓前自刎而死的烈女；道光时代的《忠孝勇烈奇女木兰将军传》，更是极为恶心地大说特说：“木兰，木兰，须要晓得女子所重者在节……总是要全一个节字。”⑨

好在《木兰辞》完整地流传到了今天。否则，那个活跃于南北朝与隋唐时代的活泼泼的木兰，就真被权力给彻底抹杀了。

参考资料

①徐中舒 . 木兰文献大观 [M]. 郑州 : 河南人民出版社 ,1993:140-160.

②俞正燮 . 癸巳存稿 [M]. 沈阳 : 辽宁教育出版社 ,2003:406.

③郭茂倩 . 乐府诗集（上）[M]. 上海 : 上海古籍出版社 ,2016:350.

④马执斌 .“策勋十二转”新解 [N]. 中华读书报 ,2011-3-23.

⑤杨涛 . 从《木兰辞》看北朝“府兵制”[J]. 大众考古 ,2018,(7).

⑥魏收 . 魏书 [M]. 北京 : 中华书局 ,2016.

⑦刘昫 . 旧唐书 [M]. 北京 : 中华书局 ,1975.

⑧⑨王永宽 . 王永宽学术文集 [M]. 郑州 : 大象出版社 ,2017.

《罗织经》是本伪书

谈一谈《罗织经》。

主要说两个问题。一个是：目前市面上出版的各种《罗织经》，皆是伪书；另一个是：唐代酷吏来俊臣撰写的那本《罗织经》，主要内容是什么？

先说第一个问题。

这些伪书的源头，可以追溯到吉林摄影出版社 2003 年出版的《罗织经》。在此之前，中文世界并不存在《罗织经》这本书。原因很简单：武则天时代，酷吏来俊臣等人确实编有一部《罗织经》，这部书也确实是中国历史上极有名的黑暗经典。但是，这部书是唐代酷吏集团的内部读物，并未公开刊行过。所以，随着武则天时代的结束，这本书便渐渐失传了。

2003 年吉林摄影出版社出版的这部《罗织经》，署名为"唐·来俊臣著"。出版者显然也很清楚《罗织经》早已失传这个事实。所以，其"注译者"在"代序"里，用了这样一段文字，来解释这本书的来源：

> 两年前，笔者有幸从日本朋友东木先生手中获唐朝人万国俊手抄《罗织经》一卷，可惜已磨损残破，有些字迹模糊不清。阅后深为其中权谋之术所震惊，于是决意将其收集整理，以诏示后人。两年来，笔者查阅了大量古籍资料，求教过诸多唐史专家，经过潜心研究，查证补遗，终于使其恢复原貌。①

这种解释，只能被视为此地无银和欲盖弥彰。理由有三：

（1）看似交代来源，实则未交代任何实际信息。所谓的“日本朋友东木先生”有姓无名，也无其他身份信息，使人无从查证。

（2）《罗织经》失传千余年，被重新发现必然是文化界的大事。“注译者”既然自称得到了“唐朝人万国俊手抄《罗织经》一卷”，这手抄卷再如何残破，至少也该让读者见到影印资料或者档案照片，但全书却不提供任何这方面的材料。

（3）所谓“查阅了大量古籍资料，求教过诸多唐史专家”，然后“恢复原貌”，是一项非常艰巨的工作，有大量的考据与辨析要做，理应自然而然地形成一篇有分量的论文，可以附在书中。然而书中却无一字提及如何“潜心研究”，如何“查证补遗”，连所谓求教过的“诸多唐史专家”，也全无名姓可查。

简言之，这部所谓的《罗织经》，其实是说不出来源、提供不了依据、更未曾做过考证的三无产品。

再说第二个问题——来俊臣撰写的《罗织经》里，到底有些什么内容？

唐代人刘肃的《大唐新语》是这样说的：

> 周兴、来俊臣等罗告天下衣冠，遇族者不可胜纪。俊臣案诏狱，特造十箇大枷：一曰定百脉，二曰喘不得，三曰突地吼，四曰着即承，五曰失魂魄。六曰实同反，七曰反是实，八曰死猪愁，九曰求即死，十曰求破家。遭其枷者，宛转于地，斯须闷绝。又有枷名餲尾榆，棒名见即承；复有铁圈笼头，名号数十，大略如此。又与其徒侯思止、卫遂忠等，招集告事者数百人，造《告密罗织经》一卷，其意网罗平人，织成反状。每讯囚，先布枷棒于地，召囚前曰：‘此是作具。’见者魂魄飞越，罕不自诬。由是破家者已千数。[②]

这段材料说得很清楚：《罗织经》的全名是《告密罗织经》，是由周兴、来俊臣及其下属，将多达数百名告密者组织起来，从他们的告密行径中提取出种种经验，总结成书，专门用来“网罗平人，织成反状”。简言之，这是一部集体创作的、专门教人如何成功告密、如何成功给人栽赃罪名的技术型专著。

《告密罗织经》全书失传，其中记载的种种技术手段，后人已无从得见。不过，《新唐书·来俊臣传》中载有一项“技术”，很可能属于《告密罗织经》的内容。该“技术”的操作办法是：

> 俊臣乃引侯思止、王弘义……等阴啸不逞百辈，使飞语诬蔑公卿，上急变。每擿一事，千里同时辄发，契验不差，时号为“罗织”。……俊臣与其属朱南山、万国俊作《罗织经》一篇，具为支脉纲由，咸有首末，按以从事。

大意是：来俊臣手底下招揽控制着多达百余人的告密团队，这些人分散在全国各地。每次实施告密任务时，便组织这批人同时动作，以造成声势引起皇帝的注意，时人把这种手段叫作“罗织”。来俊臣还与自己的下属一起，撰写了一篇《罗织经》，详述如何实施有效“罗织”。来俊臣的党羽全按照《罗织经》来办事。

这种告密手段，也见于《册府元龟》。内中说，来俊臣等人“招集告事者数百人，共为罗织。数州相连，千里响应。欲诬陷一人，即数头别告，皆事状不异，异口同音，以惑上下。……又造《告密罗织经》一卷，其意皆网罗前人，织成反状。”——来俊臣们维持着一支几百人规模的告密队伍，想通过告密来整谁，就能够整谁。

此外，定百脉、喘不得、突地吼、着即承、失魂魄、实同反、反是实、死猪愁、求即死、求破家，以及铁圈笼头等，这些骇人听闻的酷刑如何操作，或许也会载入《告密罗织经》当中。

另据《资治通鉴》和《文献通考》的记载，这部《告密罗织经》

的字数是“数千言”。

依据上述史料对《告密罗织经》的记载，去对照今天市面上销售的所谓《罗织经》，也能很清晰地看出后者是一本现代人编造的伪书：

（1）体例不对。《告密罗织经》只有一卷数千字，该伪书则有十二卷两千五百余字（不包括所谓注译者增入的解读）。

（2）内容不对。《告密罗织经》是一部谈如何成功告密和栽赃的技术型书籍，是来俊臣们集体编写给下属用来实操的，伪书则全是一些大而化之的所谓“道理”，无一字提及技术性的实操（该伪书全文，可在网络上随手搜到，这里就不赘引了）。

在《告密罗织经》的指导下，武则天时代的告密工作进行得如火如荼。

陈子昂在给武则天的奏章里说，当时的常规操作是“睚眦之嫌，即称有密。一人被讼，百人满狱”——有点恩怨就去告密，一个人被告密，百余人去坐牢。韦嗣立也在给武则天的奏章里，拿狄仁杰等人遭遇告密来举例，说狄仁杰这样的人“被勘鞫之际亦皆以自诬”，他们落到了酷吏们的手里，除了自我诬蔑之外，再无别的路可走，何况其他人（这大约也是《罗织经》的手段之一）。“当时称传谓为罗织，弄法舞文，伤人实甚”——“罗织”这套手段，实在是害了太多的人。

陈子昂与韦嗣立们的批评和劝谏不会有结果。

因为重用来俊臣这批酷吏，本就是武则天深思熟虑的结果——她需要通过汹涌澎湃的告密风潮来制造恐惧。而且，武则天也有一项不便公开说明的“罗织经”，那就是：要想做好“罗织”这项工作，便不能任用有品德的好人，须多用地痞流氓。所以，她重用的酷吏当中，侯思止是一个“贫，懒不治业”之人，后来沦落到给别人做家奴；索元礼是一个在唐朝毫无根基的“胡人”，相当于游民；来俊臣也是个“不事产”者，其生父与养父皆是赌徒。

与武则天和来俊臣们的真罗织手段相比，当代伪《罗织经》里那些“事不至大无以惊人，案不及众功之匪显”的套话，实在是太小儿科了。想象力赶不上史实，大约也是这个意思。

参考资料

①来俊臣 . 罗织经 [M]. 长春 : 吉林摄影出版社 ,2003.

②刘肃撰 . 大唐新语 [M]. 北京 : 中华书局 ,1984:182-183.

别污蔑“锄禾日当午”的作者

中文知识界广为流传一种说法：《悯农》的作者李绅做了官之后奢侈无度，喜吃鸡舌，一顿饭要杀三百只鸡，只用鸡舌，鸡肉、鸡毛堆积如山；还用栽赃陷害的手段打击政敌制造冤案。

一、子虚乌有的“吃鸡舌”

先说“喜吃鸡舌”。

对当代人而言，李绅其实是一个相当陌生的历史人物。若非他的《悯农》诗——“锄禾日当午，汗滴禾下土。谁知盘中餐，粒粒皆辛苦”，长期被收在小学语文教科书中，恐怕没多少人会知道他。

粗略检索可以知道，李绅在中文网络世界被人指责“好吃鸡舌”，大约始于2010年前后。以“李绅 鸡舌”为关键词，以“2010年8月31日之前”为搜索时段，只得到了两条相关结果，且是刊发于《西安晚报》的同一篇文章。该文称：

> 据史书记载，李绅在为官后“渐次豪奢”，一餐的耗费多达几百贯，甚至上千贯，并且他特别喜欢吃鸡舌，每餐一盘，耗费活鸡三百多只，院后宰杀的鸡堆积如山。与李绅同一时代的韩愈、贾岛、刘禹锡、李贺等人，无不对其嗤之以鼻。①

遗憾的是，经过十余年的流传，到了今天，虽有无数的中文报纸、杂志、自媒体乃至学术专著，已将“李绅为了吃鸡舌一顿饭要杀三百只鸡”当成信史在传播，但它们无一例外，均给不出具体的史料来源，仍只能模糊地声称“据史书记载”云云。2015 年出版的某《中国饮食思想史》与 2016 年出版的某《中国古代建筑文献集要》便是如此。前者不做丝毫考据，原文照搬前引《西安晚报》文章。后者也未寻到具体史料来源，遂以笼统的“史载”二字聊作应付。

如此这般，自然是因为“李绅喜欢吃鸡舌”是一桩子虚乌有之事，本就没有任何史料记载。

究竟是谁第一个捏造了“李绅喜欢吃鸡舌”这段故事，已很难考据明白。据笔者推测，这则谣言的发生逻辑，很可能是这样的：（1）清初文人褚人获的笔记小说《坚瓠集》里记载，北宋宰相吕蒙正“喜食鸡舌汤，每朝必用”，以致其后花园中鸡毛堆积成山。（2）某位当代人对《坚瓠集》里的这段故事存有一种模模糊糊似是而非的印象，将它误植在了李绅的头上。

褚人获《坚瓠集》的原文如下：

> 宋吕文穆公，微时极贫，故有渴睡汉之诮。比贵盛，喜食鸡舌汤，每朝必用。一夕游花园，遥见墙角一高阜，以为山也，问左右谁为之。对曰：此相公所杀鸡毛耳。吕讶曰：吾食鸡几何？乃有此！对曰：鸡一舌耳，相公一汤用几许舌？食汤凡几时？吕默然省悔，遂不复用。②

大意是：吕蒙正没中科举之前，家境极其贫寒。做了官富贵之后，喜欢上了喝鸡舌汤，每天早上都要喝。某日他游花园，见到墙角有一座高高的山丘，就问是谁堆的。下人回复说：那是相公你杀鸡留下的鸡毛，你每天喝鸡舌汤，每顿要杀许多鸡，于是就有了一座鸡毛山。

其实，褚人获的这段笔记里有一个大大的史实错误。包括吕蒙正在内的宋代官员，确实集体喜欢“鸡舌”这种东西，“含鸡舌”是当时的一种官场风尚。但此“鸡舌”并不是鸡的舌头，而是一种用来掩盖口气的香料。宋人沈括的《梦溪笔谈》里说得很明白：

按《齐民要术》云：鸡舌香，世以其似丁子，故一名丁子香。即今丁香是也。《日华子》云：鸡舌香，治口气。所以三省故事，郎官日含鸡舌香，欲其奏事对答，其气芬芳。此正谓丁香治口气，至今方书为然。又古方五香连翘汤用鸡舌香，《千金》五香连翘汤无鸡舌香，却有丁香，此最为明验。③

意即，鸡舌香不是鸡舌头，而是丁香。宋代中央朝廷有一个惯例，郎官们需要近身向皇帝汇报事务，所以他们每日里都要口含“鸡舌香”这种东西，用来掩盖口气，以免引起皇帝的不快。这鸡舌香也会作为一种治疗口气的药物拿去熬汤供人饮用，吕蒙正经常喝鸡舌汤，大约是因为他来自很底层，比较在意别人会因口气而看不起他的出身。

沈括还说，现在开封市面上卖的所谓鸡舌香，都是从乳香中提炼出来的，根本没有多少香气，“以治疾，殊极乖谬”，含着它们或者拿它们来煮汤，是治不了口气的。

二、扯淡的《赠李司空妓》

再来说一下所谓的《赠李司空妓》一诗。

这首诗常被人拿来与“喜吃鸡舌”之说配套，以证成李绅做了高官之后奢靡无度。一般认为，该诗的作者是刘禹锡，其原文如下：

高髻云鬟宫样妆，春风一曲杜韦娘。
司空见惯浑闲事，断尽苏州刺史肠。

有些文章，将这首诗解读成李绅安排舞女歌妓作陪招待刘禹锡，但“刘禹锡的苏州，此时正逢水灾，百姓正在水深火热之中……耿直的刘禹锡当然对眼前的歌舞情景异常反感。……刘禹锡此时再回头看看李绅，发现昔日那个写过《悯农》诗的李绅对着这花天酒地、歌舞升平的场景早已见惯不怪，这让刘禹锡非常痛心。”④

这类解读，其实全部属于脑补。

之所以这样说，原因也很简单：这首诗虽然题为《赠李司空妓》，但迄今为止并无确凿材料可以说明这个“李司空”就是李绅；而且《赠李司空妓》这个标题也是后人所拟，并非原诗所有。

唐代史料里，有两则材料记录了刘禹锡这首诗。一则来自唐人范摅的《云谿友议》。里面说：

> 中山公（指刘禹锡）谓诸宾友曰：……夫人游尊贵之门，常须慎酒。昔赴吴台，扬州大司马杜公鸿渐，为余开宴，沉醉，归亭驿。稍醒，见二女子在傍，非我有也。乃曰：‘郎中席上与司空诗，特令二乐妓侍寝耳。’醉中之作，都不记忆。明日修状启陈谢，杜公亦优容之，何施面目也。予以郎署州牧，轻忤三司，岂不过哉。诗曰：高髻云鬟宫样妆，春风一曲杜韦娘。司空见惯寻常事，断尽苏州刺史肠。⑤

按该史料的说法，刘禹锡参加的是杜鸿渐的宴会，地点是在扬州，与李绅并无关系。但杜鸿渐不可能邀请刘禹锡参加宴会，因为他死于769年，刘禹锡要再过三年才会出生。

另一则材料来自唐人孟棨的《本事诗》，里面说：

> 刘尚书禹锡罢和州，为主客郎中，集贤学士。李司空罢镇在京，慕刘名，尝邀至第中，厚设饮馔。酒酣，命妙妓歌以送之。刘于席上赋诗曰：高髻梳头宫样妆，春风一曲杜韦娘。

司空见惯浑闲事，断尽江南刺史肠。李因以妓赠之。[6]

按该史料的说法，刘禹锡参加的是“李司空”的宴会，地点是京城。材料中并没有说“李司空”就是李绅（将之说成李绅，是宋代一些人的脑补），而且也不可能是李绅——刘禹锡“罢和州”回到京城是在828年。李绅自825年即一直在地方做外官，直到842年才回到京城，其间不存在什么“罢镇在京”的状况。鉴于李绅没有机会与刘禹锡在京城相见，有学者认为，“此处‘李司空’必非李绅”。[7]

综合这两则材料，比较确切的信息是：（1）刘禹锡确实写了一首内有“司空见惯”一词的诗，这意味着他所参加的宴会，主人是一位拥有“司空”头衔或拥有相当于“司空”头衔的高官，至于这位“司空”姓什么，诗里面并没有说。（2）“断尽江南刺史肠”也好，“断尽苏州刺史肠”也罢，指的都是此事发生的大致时间，是在刘禹锡担任扬州刺史之后，也就是831年—834年这段时间。这两点信息，无法与李绅的履历合榫。

那么，以舞女歌妓作陪招待刘禹锡的“司空”，究竟是谁呢？一种比较可信的学术意见认为，他应该是当时的政坛大佬牛僧孺：“牛僧孺与刘禹锡交情较厚，‘司空见惯’为刘与牛事最合情理；牛僧孺生活奢侈，颇多声色之娱；牛于此前曾任兵部尚书（汉称大司马），节镇淮南虽未检校司空，但右仆射、同平章事之衔也可泛称司空，这些地方都是说得过去的。”834年，牛僧孺是淮南节度使，刘禹锡由苏州刺史改任汝州刺史，自苏州北上汝州，恰好必经扬州。刘前去见一见自己的老朋友牛僧孺，牛则以舞女歌妓作陪招待刘，可以说是情理之中的事情。也唯有如此，诗中的“司空”“苏州刺史”等元素才能成立。[8]

三、李绅没有制造冤案

最后再说一说所谓的“制造冤案”。

所谓冤案，指的是李绅晚年在淮南节度使任上查办了一名叫作“吴湘”的江都尉。据《旧唐书》的记载，这位吴湘“为部人所讼赃罪，并娶百姓颜悦女为妻，有逾恪律”，就是说，他被部下告发举报，罪名是贪污腐败和仗着官身强娶民女。李绅命观察判官魏铏负责处理这个案子，最后判了吴湘死刑。

许多今人文章，将这个案件说成李绅结党营私、罔顾法律、打击报复：

“朝廷……调查过后发现虽然吴湘确实贪污了，可是钱财并不多，强娶民女这件事也并不属实，罪不至死。一意孤行的李绅就直接将吴湘送上断头台。原来李绅一意孤行的原因是为了讨好当时的宰相李德裕，因为吴湘的叔父过去得罪过李德裕的父亲，于是两家就此结仇，李德裕也曾贬过吴湘的叔父，后来李绅为了讨好李德裕便给吴湘罗列罪名，急于将他处死。后来唐宣宗即位，随后李德裕丞相一职被罢免，朝廷复查吴湘案，吴湘也得以平反。”⑨

这一指责，恰好将“结党营私、罔顾法律、打击报复”的主体完全搞反了。

对吴湘案，朝廷实际上有过两次中央层面的调查。第一次是淮南方面将案情审判结果上报中央之后。时值牛李党争，牛派的言官们认为李德裕素来憎恨身为牛党的吴汝纳，而吴湘恰好又是吴汝纳的弟弟，李绅则是李德裕的好友，所以“疑李绅织成其罪”，要求重新调查。于是朝廷派了御史崔元藻去淮南。崔元藻的调查结果是吴湘贪污腐败盗取钱粮属实，但强娶百姓颜悦之女一条有出入，颜悦做过节度使的“衙推官”，他妻子多多少少也有点士族身份，他们家不能算“百姓”。于是“计赃准法”，以贪腐之罪按律将吴湘给杀了。

需要注意的是，这位前去调查的崔元藻，并不是李德裕方面的人

（否则牛党众人也不会同意这个人选）。崔既不愿得罪李德裕，也不愿得罪牛僧孺，虽然他的调查报告“与扬州所奏多同”，也就是和淮南方面的汇报基本相同，但最终仍因“无定夺”而引起了李德裕的不满，被从中央贬去了端州。所谓“无定夺”，大约是指崔做完事实调查之后，不肯拍板出具直接的判决意见，而是将问题推给了李德裕——从崔的这种做法，也可见他并非李德裕阵营中人。[10]

再后来，朝中政治环境发生变化，李德裕失势，牛党众人又将吴湘案重新翻出来，搞了第二次中央层面的调查。这次调查由牛党一手掌控，其中也有那位对李德裕深怀怨恨的崔元藻。史学家岑仲勉对这次调查的定性是“无非周内锻炼以成德裕之罪而已”[11]，即事实本身并不重要，这是一次旨在将李德裕彻底打趴下的政治审判。

在这场政治审判当中，崔元藻放弃气节，更改了自己之前的调查结论。具体负责案件侦查的淮南观察魏铏，在狱中饱受酷刑仍不愿污蔑李德裕，最后得了一个“贬死岭外”的结局。李绅此时虽已去世，也仍被牛党清算削去三项官身，且剥夺了其子孙做官的资格。

与今人不辨是非污蔑李绅制造冤狱不同，唐人范摅在《云谿友议》里说的却是：“李公既治淮南，决吴湘之狱，而持法清峻，犯者无宥，有尹、张之风也，狡吏奸豪潜形叠迹。”[12]

淮南百姓很怀念那位刚正不阿的李绅。

参考资料

①佚名 . 有感于“悯农诗人”李绅“好吃鸡舌”[N]. 西安晚报 ,2009-12-8.

②褚人获 . 坚瓠集 [M]. 上海 : 上海古籍出版社 ,2012.

③沈括 . 梦溪笔谈 [M]. 北京 : 中华书局 ,2016.

④摘自网文《唐诗闲读：“司空见惯浑闲事，断尽苏州刺史肠”》.

⑤范摅．云谿友议 [M]. 南京：凤凰出版社，2018.

⑥孟启．本事诗 [M]. 北京：中华书局，2014.

⑦陈雪飞，王催霞．也谈《赠李司空妓》一诗 [J]. 扬州教育学院学报，2020,(1).

⑧尹占华．唐宋文学与文献丛稿（下）[M]. 天津：天津古籍出版社，2014:446.

⑨摘自网文《写下悯农的热血少年，能原谅结党营私、贪污腐败中年的自己吗？》.

⑩王炎平．牛李党争考论 [M]. 成都：四川人民出版社，2018:82-84.

⑪岑仲勉．通鉴隋唐纪比事质疑 [M]. 北京：中华书局，2016:304.

⑫范摅．云谿友议 [M]. 南京：凤凰出版社，2018.

宋朝的“人均粮食”神话

央视百家讲坛节目《成败论乾隆》里说，“宋朝人均粮食占有量1400多斤，清朝是700多斤，只有宋朝的一半”。由此，“宋朝人均粮食占有量高达1400多斤”之说传播甚广。但这并不是一个可靠的结论。

一、此说的由来

此说大体发端于20世纪90年代。

1992年，王通明在一篇论文中推算认为，“北宋人口1亿时，人均粮食可达947市斤”，尽管注意到了这个数据“远高于现代人均粮产”——中国人均粮产1949年是209公斤，1980年是326.5公斤，作者仍认为“本文说北宋人口1亿时，人均粮食947市斤是最低的估计数”。[①]

2000年，郑正与王兴平，利用吴慧在1985年出版的《中国历代粮食亩产研究》一书，佐以其他材料，在论文中将宋代的人均粮食占有量修正为1333市斤。[②]

吴慧自己，则在2009年出版的《中国经济史若干问题的计量研究》一书中，提出了一个与“宋朝人均粮食占有量高达1400多斤”之说也很接近的数字。该书写道：

> 北宋末叶人口达1.25亿，按人口平均，每人粮食占有量为原粮1214斤（市斤）。……但当时原粮的出品率较低，百斤原粮加工的成品粮不过50斤，因此人均占有的原粮折为成品粮食应为607斤。③

2006年，卜凤贤对“历代人均粮食占有量”做了一个估算，结论是宋元时代的“人均粮食占有量”高达1457.87市斤。与隋唐相近，远高于明清。具体数据见下表④：

朝代	全国耕地面积（亿市亩）	粮食作物播种面积占比	粮食亩产（市斤/市亩）	总产量（亿市斤）	全国总人口（万人）	人均占有粮食（市斤）
春秋战国	2.3	94%	91	196.74	3200	614.8
秦汉	5.72	94%	117	629.01	6000	1048.35
魏晋南北朝	3.85	90%	122/215	583.85	5000	1167.7
隋唐	6.42	90%	124/328	1305.83	9000	1450.92
宋元	7.2	90%	140/343	1749.45	12000	1457.87
明	10.7	85%	155/337	2385.88	20000	1192.94
清（1800年代）	10.5	85%	155/337	2340.97	30000	780
清（1840年代）	14	85%	155/337	3122.32	40000	780
清（1900年代）	16	85%	155/337	3385.82	46000	736

以上，是“宋朝人均粮食占有量高达1400多斤”之说的由来。

二、质疑的声音

支撑“高达1400多斤”之说的核心依据，是许多学者认为，两宋南方地区的粮食亩产，出现了一种革命性的增长。

比如，余也非认为，宋代北方的陆田，平均亩产粮食只有一石，较之唐代减产了 8.3%；南方水田一般亩产米两石，较之唐代增产了22.1%[⑤]。顾吉辰认为，北宋的苏州、明州一带，“水稻亩产量可达四石左右，接近于今天的亩产量”，江南其他地区亩产在二石左右；北方的麦粟亩产量大致为一石至二石[⑥]。吴慧也认为，唐代江南的亩产只有一石，到了宋代就增长为了二石。漆侠则估计称，北宋时，江浙太湖地区的粮食亩产达到了三石，南宋中晚期已则高达五六石[⑦]。

在经济史学者李伯重看来，以上这些关于“宋代江南农业革命”的亩产估计，与事实相差甚远，并不可信。比如漆侠关于南宋晚期的估计数据，“已超过或达到今天在运用现代科技的苏州、上海等江南高产地区丰收年份的水稻最高亩产量”，而这明显是不可能的。

他认为，之所以出现这种不合常理的高估，是因为研究者陷入了“选精法”和“集粹法”的陷阱之中。

所谓“选精法”，按李伯重的定义，“即从有关史料中选取一两种据信是最重要者（或是最典型、最有代表性者），以此为据来概括全面”，比如选取“宋代水稻最高亩产量的唯一例子，以此作为江南的普遍亩产量”，就会得出南宋晚期的江南水稻亩产赶上甚至超越了当代的离奇结论。

“集粹法”相对要好一点，常见的操作方式，是将与某地粮食亩产相关的史料尽量搜集出来，摒弃掉最高和最低的极端材料，从比较“中间”的材料中来做推测。但这种做法仍有问题——摒弃了最高与最低产量，并不意味着留下来的“中间产量”就具有普遍性。

相对于以“选精法”和“集粹法”去挑选史料，李伯重更信任数据统计得来的结论：

“斯波义信对南宋《常熟县学田籍碑记》中 114 例学田地租数字进行分析的结果表明，嘉熙以前该县一般亩产量大约在 0.65 石上下（亩产量以地租量之倍计，下同）。方健对该碑文中的数字进行复核，指出实属该县的学田地租数字应为 153 例，所涉及的学田共

1784.94 亩，平均亩产量为 0.88 石；而据袁甫《教育言氏子孙记》中的田租数字计算，同时期该县上等学田（450 亩）的平均亩产量也仅为 1.68 石。我本人用嘉熙时该县 50 都的义役田 51310 亩的地租数字计算，平均亩产量仅为 1 石；其中产量较高者（438 亩），也只是在 1.36 -1.5 石之间 。……常熟农业在整个苏州乃至两浙路都名列前茅。若常熟一般亩产量仅为 1 石以下，那么苏州的一般亩产量绝不可能到达 2 石或 2 石以上。”

所以，李伯重的结论是：“南宋江南平均亩产量，应仅 1 石左右”。以往的估算低则 2 石，多则 4 石，远远高于实际情况。⑧

宋史学者张邦炜，对自己的研究生涯，有过一段很深刻的反思，也恰好与“宋代人均粮食占有量”这个问题有关。他说，自己“从 60 年代初开始算，一直算到 70 年代末”，得出了四组数据：

一、北宋耕地面积扩大：唐代约 800-850 万顷，北宋约 1460 万余顷，北宋比唐代至少增加 600 万顷即 6 亿亩。

二、北宋粮食平均亩产量提高，……比唐代增长 25%，比汉代增长近一倍。

三、北宋年粮食总产量增加：汉代约 320 亿斤 、唐代约 595 亿斤、北宋约 1284 亿斤。北宋比唐代翻了一番还多，比汉代增长三倍有余。

四、北宋人口增多：汉代、唐代均不过六千万，北宋在历史上首次突破一亿大关。

张说，自己依据这些数字得出一个结论：“北宋超越汉、唐两代，在我国历史上是一次经济腾飞”；这些数据公布后，也被很多学者拿去引用，比如金观涛和刘青峰“据此进一步推算出人均占有粮食量，唐代近 1000 斤，宋代近 1300 斤”。张承认，自己“当时不免沾沾自喜，因而信心倍增”，但是：

“若干年后，反躬自省，才发现上述四组数据，除第四组系学界通常说法而外，其他三组均不可信。2008 年，在将《北宋租佃关系的发展及其影响》一文收入《两宋史散论》时，我率性把这些数据统统删掉。”

张邦炜还说，诱发这种反省的一个重要原因，是自己觉察到了“宋人提供的数据往往精确度不高，且相互抵牾，不可尽信”。他还提到了多例关于选取史料、解读史料的失误，恰可与李伯重提到的“选精法陷阱”与“集粹法陷阱”相呼应。⑨

总而言之，虽然很难就“宋朝人均粮食占有量”得出一个具体的数据，但考虑到如下基本事实：

（1）宋代的江南圩田尚处于初始开发阶段，数量和质量都有限。

（2）并无特殊的高产量农作物获得普及推广，占城稻的种植范围也很有限。

（3）耕种技术的改进只是小修小补，并无跨越式的发展。

（4）宋代耕地总量与人口总量的增长大体同步。

可以基本认定，“宋朝人均粮食占有量高达 1400 多斤”之说，是一个靠不住的神话。

参考资料

①王通明．“北宋人口一亿说”新考——北宋的人均粮食和人口分布 [J]. 云南师范大学学报 ,1992,(4).

②郑正，王兴平．古代中国人寿命与人均粮食占有量 [J]. 江苏社会科学 ,2000,(1).

③吴慧．中国经济史若干问题的计量研究 [M]. 福州：福建人民出版社，2009：116.

④卜风贤．历史农业开发对灾荒发生的影响 [A]. 人类社会经济行为对环境的影响和作用 [C]. 西安：三秦出版社 ,2007:16-17.

⑤余也非 . 中国历代粮食平均亩产量考略 [J]. 重庆师范大学学报 ,1980,(3).

⑥顾吉辰 . 宋代粮食亩产量小考 [J]. 农业考古 ,1983,(2).

⑦吴慧 . 中国历代粮食亩产研究 [M]. 北京 : 农业出版社 ,1985:164.

⑧李伯重 .“选精”“集粹”与“宋代江南农业革命”——对传统经济史研究方法的检讨 [J]. 中国社会科学 ,2000,(1).

⑨张邦炜 . 历史学如何算起来? ——从北宋耕地面积、粮食亩产量等数字说起 [A].

包伟民 , 刘后滨 . 唐宋历史评论 [C]. 北京 : 社会科学文献出版社 ,2017.

不要吹宋朝的 GDP

关于宋朝的 GDP，中文世界流行着许多说法。

最常见的是两种。一种称宋朝的 GDP 占到了世界的 80%，另一种称占到了世界的 60% 以上。某些“稍微严谨一点”的文章和著作，则将二者结合起来，说占到了世界的 60%-80%。

这两个数据都不可信。

“占世界的 80%”之说，源头已不可考，也没有任何学术和史料依据。它的广泛传播，与央视《百家讲坛》一档谈宋史的节目有关。节目中，讲述人介绍了这个数据，且对其持肯定态度。

“占世界的 60% 以上”之说，则出自误读。

英国经济学家安格斯·麦迪森，在其著作《世界经济千年史》中，有一项利用购买力换算得出的统计，认为在公元 1000 年左右（正值中国的北宋时期），亚洲（不包括日本）的 GDP 规模是 789 亿国际元，整个世界的 GDP 规模是 1168 亿国际元，前者相当于后者的 67% 左右。

有些人想当然地认为不包括日本的亚洲，主要就是北宋，所以有了“宋朝的 GDP 占到了世界的 60% 以上的说法”。①

殊不知，在该书的“附录 B”中，麦迪森有详细的表述——他将“亚洲（不包括日本）”这一区域，划分成了中国、印度和其他亚洲国家（地区）三个部分。中国在公元 1000 年前后的 GDP 规模，是 265.5 亿国际元，只占到世界 GDP 总量的 22.7%；印度占到了

28.9%。[②]

还有一点需要注意，麦迪森统计的是“中国”，而非“北宋”。他在书中将公元1000年前后的中国人口，确定为5900万。一般认为，公元980年的北宋人口大约是3250万；这5900万人当中，显然还包括了辽、西夏、大理等处的人口。

也就是说，若以麦迪森的计算为依据，那么，在公元1000年前后，北宋的GDP总量占世界的比例，是要少于22.7%的。

此外，麦迪森还有一个关于“人均GDP”的数据对比。他通过购买力换算，得出结论：公元960年，也就是北宋立国之时，中国的人均GDP相当于1990年的450美元，比同期的欧洲仅仅略高而已[③]。

遗憾的是，因为无法带来血脉贲张的快感，麦迪森的这个数据，很少被中文知识界引用。传播最广泛的说法，是毫无依据的“北宋人均GDP达到了2280美元”。

当然了，中国开始统计GDP，是20世纪80年代的事情。麦迪森的上述统计，是在数据非常不充分的条件下，作出的一种学术估计，而非精确计算。也有很多学者不认同麦迪森的数据，但这些不认同，并不会从22.7%偏差至60%乃至80%，后者不可能是史实，只能是神话。[④]

其实，判断一个朝代的生存环境对民众是否友好，不必使用后世发明的GDP之类的概念，由传统的财税制度入手，也足以管中窥豹。

北宋开国，民众承受的税赋，其实是很高的。朱熹就说过，“祖宗创业之初”有很多事要花钱，老百姓承受的负担，“比之前代已为过厚重”，与前代相比，重出了许多。

两宋三百年，这种状况始终没有得到改变。宋仁宗时代，包拯在奏折里说：天下的纳税户口没怎么变，朝廷的财政收入却增加了一倍有余，这是为什么？是因为这些年朝廷花钱的地方越来越多，就开始玩“折变”，玩“重率暴敛”，也就是变相增税。他问宋仁宗：“日甚一日，何穷之有？”这样一天天地增税增下去，何时是个尽头呢？[⑤]

包拯说的，主要是农业税。增税的核心动力，是养活庞大的禁军与官吏集团。北宋禁军的数量，在宋太祖时代已有 37.8 万余人，到宋仁宗时代，则高达 125 万余人（包括部分地方厢军），同时代的欧阳修发出过“七八十万之兵，不得七八万人之用”的感慨。至于官吏数量，仅 1001 年就裁减了 19.5 万冗吏；而未被裁减者的数量，又远远多于裁减者。为了养活这近两百万人，北宋的财政很早就入不敷出了，宋真宗天禧年间的收支核算是：天下总支出 15085.01 万，总收入是 12675.52 万，亏空了 2400 余万。

宋仁宗时代，大臣贾昌朝对皇帝说过这样一番触目惊心的话：“臣我治理过京畿附近的一个县邑。邑中驻扎了三千名禁军，留出一万户百姓的税赋，仅够勉强供应他们，郊祀庆赏之钱还得从内库中开支。江淮每年向京师输送 600 余万石粮食，但江淮一年的输入，仅勉强够国家一个月的开支，其中军队占去三分之二，冗食占去三分之一。国库里已没有什么储蓄。天下无事已久，财富既不藏于国库，也不藏于民间，一旦有天灾有战事，可怎么办呢？”⑥

三千名禁军，要一万户纳税者才能勉强养活。按 125 万禁军计算，光养活他们就需要 420 万纳税户——宋仁宗嘉祐八年（公元 1063 年）的统计，天下只有纳税户 1246 万余户。再考虑到禁军频繁调动的费用、地方厢军的存在、京畿地区百姓比较富裕等因素，推测认为仅军队一项，大约就要耗掉天下半数纳税户的税赋，也不算太离谱。

在这种状况下，宋朝之所以还能立国三百年，是因为它在商业采取了与前代不同的政策，不但不再抑商，甚至还有了一些重商色彩。在宋代的多数时候，来自工商业的财政收入，超过了来自田亩的农业税赋。

但这并不意味着宋朝有很好的商业环境。

“禁榷收入”是北宋政府最大的一笔商业收入。所谓“禁榷”，就是国家垄断。垄断的具体方式很多，或是官产官运官卖，或是由官府掌控货源卖销售许可证给私商，或是允许民间生产，但必须集中卖给官府，再由官府卖给民间。垄断的商品种类也很多，至少包括了食盐、酒、茶、矾和香。

宋代官府非常严苛地执行上述垄断政策。清代史学家赵翼评价说，在酒类垄断这件事情上，“未有如宋之甚者”，历朝历代都比不过宋朝。食盐垄断的典型恶政，发生在燕云十六州。联金灭辽后，北宋收回了燕云十六州的一部分，然后在该地实行新的盐法。据《三朝北盟会编》记载，在辽人统治的时代，当地“每贯四百文得盐一百二十斤”，也就是 11.6 文钱可以买到 1 斤盐；北宋官员接收该地后，立即启动食盐专卖政策，“每斤至二百五十文足，或二百八十文足”，将盐价提升到 250-280 文钱一斤，足足是之前的 20 余倍。[7]

对私营工商业征收商税，与“禁榷收入”的体量不相上下。除时而在灾荒年份对农器、粮食之类免税外，宋人生产、生活中的所有物品，几乎都在征税之列。盖个房子要征税，娶妻子嫁女儿也要收税，甚至出远门读书，在路过税卡时，随身携带的铜钱、铁钱也要纳税，只有纸币一般不征税，因为宋朝政府很喜欢随意发行纸币，来解决自己的财政困难。

到了南宋，情况变得更糟。朝廷开始预征、预借农业税——预征就是秧苗刚插下去，官府就来收今年的税粮；预借是今年先把明年、后年、再后年的税粮给征了，时人形容这种预借的本质是有借无还，这任官员借了，下任官员绝不承认，绝不会说明年、后年就不征粮了。商税的种类也是多如牛毛，什么经总制钱、丁绢、丁盐钱、折布钱、僧道免丁钱、市例钱、秤提钱、罚酒钱、科醋钱、卖纸钱、税酱钱、下拳钱……宋元时代写《文献通考》的马端临说，自己虽是时代的亲历者，但“不可以遍举，亦不能遍知”，收税的名目太多，实在是列举不过来；还有很多税种，自己也没听过。

宋孝宗时代，被压榨得奄奄一息的南宋商人，已习惯性地将各处的征税港口与关卡称之为杀人的“法场”。池州的燕汊港是“大法场”，湖北的黄州是“小法场”，湖北的鄂州是“新法场”。这些法场，会替商人编造不存在的货物，勒令他们纳税，如若不从，以后就很难再在这里做生意，这种手段在当时有个名称，叫作“虚喝”；法场还会擅自更改商人货物的价格和数量，勒令他们多纳税，这种手段叫作“花数”；朝廷在政策上推广纸币，法场则强迫商人用铜钱纳税，铜钱不足就以低价扣留商品做抵，这个手段叫作“折纳”……[⑧]

以上种种，才是宋朝民众的真实生存状况。

参考资料

①麦迪森 . 世界经济千年史 [M]. 北京 : 北京大学出版社 ,2003:16.

②麦迪森 . 世界经济千年史 [M]. 北京 : 北京大学出版社 ,2003:259.

③麦迪森 . 中国经济的长期表现：公元 960-2030 年 [M]. 上海 : 上海人民出版社 ,2008:19.

④张邦炜 . 不必美化赵宋王朝——宋代顶峰论献疑 [J]. 四川师范大学学报 ,2011,(6).

⑤汪圣铎 . 两宋财政史 [M]. 北京 : 中华书局 ,1995:32-33.

⑥脱脱 . 宋史 [M]. 北京 : 中华书局 ,1985.

⑦徐梦莘 . 三朝北盟会编 [M]. 上海 : 上海古籍出版社 ,2019.

⑧陈振 . 宋史 [M]. 上海 : 上海人民出版社 ,2016:584-585.

福寿沟千年不涝是假的

“宋代修造的福寿沟让赣州古城千年不涝”之说，在中文世界广泛流传，大约已有十年之久。此说的常见叙述是：

> 一条宋朝修建的城市下水道，至今已有900多年历史，仍承担着赣州近10万旧城区居民的排污功能。有专家评价，以现在的自然降水和污水处理量，即使再增加三四倍流量都可以应付，也不会发生内涝，古人的前瞻性真令人赞叹。[①]

这种叙述，存在两个问题。

第一个问题：福寿沟究竟是不是宋代人所修，还缺乏证据。

按流行说法，主持修筑福寿沟的，是宋神宗时代的官员刘彝。他是一位水利专家，在赣州（当时称虔州）做官时设计建造了这条先进的城市排水系统。但是，现存宋代史料中，并无刘彝主持修造福寿沟的相关记载。

南宋人曾敏行，著有一部笔记史料《独醒杂志》，里面记载了刘彝在赣州做地方官时的一大德政：

> 彝守赣州，城东西濒江，每春夏水潦入城，民尝病浸，水退则人多疾死，前后太守莫能治。彝至，乃令城门各造水窗凡十有三间，水至则闭，水退则启，启闭以时，水患遂息。[②]

大意是：赣州这座城市紧邻江边。每年春夏，江水上涨后会通过排水口倒灌进城，城中百姓饱受水淹之苦，水退了之后又会有瘟疫。之前的地方官们全都无可奈何。刘彝来了之后，让人在城门的排水口处造了十三个“水窗”。这种装置可以做到江水上涨的时候关闭、江水下落的时候开启。城内的江水倒灌问题，就此得到了解决。

曾敏行出生时，距刘彝去世尚不足三十年。曾是吉水人，吉水与赣州同属江西，且相距也不远。他会关注到刘彝在赣州“造水窗”这桩德政，可以说是很自然的事情。他的这段记载，也很有可信度。

值得注意的是，除了“造水窗”，曾敏行并未提及刘彝在赣州还主持修造过“福寿沟”。造福寿沟是一项比造水窗更费金钱和劳力的事情——同治年间仅修缮福寿沟就花了小一年的时间，用掉制钱48万。若福寿沟确是刘彝所为，曾敏行似乎没有略过不提的道理。

换言之，赣州自建城之日起，就设有通向章江、贡江的排水口。宋代人刘彝改造了赣州城的排水口，不等于主持修造了赣州城内的福寿沟。这是完全不同的两码事。

将福寿沟与刘彝挂靠在一起，首见于明朝人的无依据揣测。明人编修赣州地方志时，已搞不清楚福寿沟究竟是何人主持修造。嘉靖年间的《赣州府志》，只是照搬了《独醒杂志》，说刘彝在赣州“谋置水窗”，让城市免受江水上涨倒灌入城之苦。天启年间的《赣州府志》里则说：

“福寿二沟，在府城。昔人所穿，以疏城内之水也。不知创自何代。或云郡守刘彝所作，近是。”

意即，福寿沟在明代已经存在，但地方志的撰修者们既不知道它修造于何年何月，也不知道主持修造它的人是谁。“或云郡守刘彝所作，近是”一句，意思是“有人说是宋代人刘彝主持修的，大概是吧”。“近是”二字，透露出地方志的编修者没有掌握什么证据，只是靠猜。

总之，要将福寿沟说成北宋的水利工程，说成北宋官员刘彝的杰作，仅凭目前已发掘出来的史料，还远远不够。

第二个问题："赣州古城千年不涝"之说，是不准确的。

作为一座建在江边的城市，赣州同时面临着内涝和外涝的威胁。内涝就是城内的雨水无法及时排出；外涝就是城外的江水涌入城中。

福寿沟的建造，主要是为了解决内涝问题，也就是明代人所说的"以疏城内之水"。

据天启年间的《赣州府志》，当时的福寿沟宽约二三尺，深约五六尺，用砖砌成，上面再盖上石板或者石条。明代一尺大概是31-32厘米，亦即明代的福寿沟宽约0.6-1米，深约1.5-1.8米。据2015年发表的一份考察报告提供的现场实测数据，残余至今的福寿沟"大多数主沟的尺寸都约为0.8M宽，1.3M高，接近排水口时，尺寸往往放大"。这些数据与史料的记载大体吻合，深度不如明代主要是淤积的缘故。[③]

显然，福寿沟的设计尺寸，明显要大于今天中国许多城市的排水管沟。这是它排内涝能力比较强的一个主要原因。此外，赣州城选址中间高四周低犹如龟背，且城内还保留了大量的水塘——有人依据同治时代《赣州府志》留下的资料，发现城内尚存凤凰池、嘶马池、金鱼池等十余处水塘，也进一步强化了整座城市排内涝的能力。

但这并不意味着自有了福寿沟之后，赣州就没有了内涝。相反，在明代天启年间，内涝是赣州城的家常便饭。天启《赣州府志》里说，随着城内居民越来越多，造的房子也越来越多。有些房子就造到了福寿沟的上面，渐渐地这条下水道就失效了，每年一下大雨，"东北一带街衢，荡溢庐舍，且潴为沼水，以水无所泄故也"——因为雨水排不出去，城市东北一带的房子就全被淹了，街上积满了污水。且因为牵涉到方方面面的利益，哪怕官府出面组织疏淤，也不能见效。地方志的编修者还连说了两句"可惜哉"，来惋叹福寿沟的名存实亡。

因疏于管理而淤积堵塞，进而导致排内涝功能失效，是福寿沟在历史上的主要境遇。康熙年间，有"总镇姚公"自上而下强势介入，赣州遂组织民兵对福寿沟来了一次大整修，将那些被压在房屋底下的水道给弄通了。但这种畅通是短暂的，一旦来自上层的高压消失，一切又都回复旧态。同治年间，又是在“吉南赣宁道巡道”的施压下，赣州地方官才再次督促本地士绅，筹集巨资、耗费了近一年时间，对福寿沟来了一场大疏通。在这次疏通工程之前，赣州城的常态是下雨即内涝，内涝即污水横流疫病四起。时人称：

“春夏之交，雨潦时降，潢污渟集，疾病易生，民患苦之”“每大雨，街衢庐舍，溢而为沼，民病丛生”。

据工程参与者所撰《福寿沟图说》，工程结束后，赣州士绅曾感慨：畅通的福寿沟、不内涝的赣州城，那是“数百年未复之事”，有很久很久没有见过了。④

赣州在古代的内涝情况，大体如此。这里附带再说一下外涝，也就是江水倒灌的问题。今人的许多论文与专著，不但将福寿沟的修筑归功于北宋人刘彝（并没有足够的证据），说他是赣州千年不涝的功臣（其实并不存在“千年不涝”），也对他在赣州“造水窗”防止江水倒灌入城一事的成效，有着过高的估计。

下面这些记载并非完整统计。但足以看出，在刘彝“造水窗”之后，江水灌城仍是赣州的一种常态⑤：

（北宋）景祐三年 1036：久雨江溢，坏城郭庐舍，人多溺死

（南宋）绍兴二年 1132：霖雨，坏城四百九十丈

（南宋）乾道八年 1172：江水暴出

（元代）大德十年 1306：暴雨，水灌城

（元代）至大三年 1310：暴雨，水灌城

（元代）延佑元年 1314：水灌城

（元代）至正八年 1348：水灌城

（明代）洪武二十二年 1389：雨水坏城

（明代）永乐十二年 1414：雨水坏城

（明代）嘉靖十三年 1534：大水灌城

（明代）万历四十四年 1616：水高数丈，灌县城，男妇溺死无数

（清代）康熙二十六年 1687：大水灌城

（清代）康熙四十三年 1704：大水灌城，城中可通巨舰

（清代）康熙五十二年 1713：县城入水，人畜溺死无数

（清代）乾隆十五年 1750：江水泛滥，城内西北隅皆成巨浸

（清代）嘉庆五年 1800：大水注城

综上。无论是从内涝着眼，还是从外涝来看，“赣州城千年不涝”之说都不成立。依附于此说而展开的对福寿沟的溢美，也不妥当。今天残存的福寿沟只有约 1.8 公里（同治年间修复的全沟也只有约 12.6 公里），对赣州这座市区人口已超百万的城市而言，其防涝功能，已可以说是微乎其微。

参考资料

①佚名 . 赣州古城千年不涝缘于宋代福寿二沟 [N]. 羊城晚报 ,2011-7-17.

②曾敏行 . 独醒杂志 [M]. 上海 : 上海古籍出版社 ,2012.

③吴庆洲 , 吴运江 , 李炎 , 刘小刚 , 余长洪 . 赣州“福寿沟”勘察初步报告 [R].2015.

④黄德溥 . 修福寿二沟记；刘峙 . 福寿沟图说 .

⑤赣县志 [M]. 北京 : 新华出版社 ,1991:84-85.

马可·波罗来过中国吗?

这是一个迄今仍争论未休的问题。这里主要梳理一下史学界的意见。

质疑马可·波罗未曾到过中国的主要学术依据，综合起来有两点:

(1)中文文献中找不到任何关于马可·波罗的直接记载。

(2)马可·波罗的游记中漏写了许多被视为中国重要特征的事物，比如长城、缠足、汉字、印刷术与茶叶。

这种质疑，自游记出版之日即已存在。因游记中提到中国某些城市的人口达到了百万规模，马可·波罗生前有一个“马可百万”的绰号，这个绰号在很长一段时间里是骗子与小丑的代名词。1324年，马可·波罗临终前夕，他的朋友们要求他取消游记中那些令人难以置信的“谎言”，并称唯有如此灵魂才能前往天堂，尽管波罗回答“我还未曾说出我亲眼看见的事物的一半”，但他的游记被许多同时代之人视为一本幻想和拼凑出来的旅行小说，则是一个不争的事实。

学术界开始严肃讨论“马可·波罗究竟有没有来过中国”这个问题，始于19世纪晚期。1871年，英国学者亨利·玉尔(Henry Yule)在其翻译的《马可波罗游记》导言里质疑说，游记遗漏了长城、茶叶、缠足、鸬鹚捕鱼、印刷术、汉字等中国的标志性事物，这是不正常的。

20世纪60年代，又有德国的蒙古学家傅海波(Herbert Franke)提出质疑，认为游记没有提到茶叶、汉字，是一件很诡异的事情；马可·波罗还自称在扬州做过官，并提供了投石机技术协助蒙古大军攻陷襄阳城，前者没有史料可以佐证，后者已被证明是不实之词（献炮者是波斯人亦思马因与阿老瓦丁）。据此，傅海波怀疑“波罗一家长期住在中国”并非事实。①

类似的质疑，此后频繁见于其他外国学者，比如约翰·海格尔（John Haeger）与克雷格·克鲁纳斯（Craig Clunas）。1994 年，大英图书馆东方部主任吴芳思（Frances Wood）写成《马可·波罗到过中国吗？》（Did Marco Polo Go to China?）一书，可谓质疑论的集大成者。该书的中文版于 1997 年发行，引起了中国学术界很大的关注。其质疑的主要依据，由中文版的章节目录——“第十一章：漏掉万里长城”“第十二章：自我标榜岂止一人，攻城谋士与他无缘”“第十三章：这是中国吗？”“第十五章：不见经传，耐人寻味”——不难看出。吴芳思的结论是：“我倾向于认为马可·波罗，可能从来没有到过比他家在黑海沿岸和君士坦丁堡的贸易站还要远得多的地方旅行。”

杨志玖、黄时鉴等中国学者，不能认同上述质疑。他们认为，中文文献找不到马可·波罗这个名字，是不足为奇的事情。元朝时（包括宋金元并存时期）来华的外国人很多，但在元代文献中留下姓名者很少，著名的柏朗嘉宾、鲁布鲁克、鄂多立克，都曾来过中国，但也都很难在中国文献中找到记载。

杨志玖还从《永乐大典》所引元朝《经世大典·站赤门》中找到了一份“可以间接证明马可·波罗游记真实性”的材料。该材料记载了坐船护送阔阔真公主远嫁伊利汗国的三位波斯使臣的名字——兀鲁䚟、阿必失呵、火者；马可·波罗在游记中也记载了此事，说自己搭乘着那条船顺道回国，且将三位使臣的名字写作 Oulatai、Apuscah、Coja。杨认为，这是一种史料上的互为佐证。而且，波罗说三位使者最后只有火者（Coja）活着，另两位死于途中；波斯语史料《史集》记载护送阔阔真公主前来完婚的使者，也确实只提到火者一人的名字。

信息如此准确，似可证明马可·波罗确实来过中国。

不过，这份材料仍有它的局限性，那就是："这篇公文内未提及马可波罗的名字。"

杨志玖给出的解释是："此文既系公文，自当仅列负责人的名字，其余从略。由此可想到，马可波罗在中国的官职，大概不太高贵，因亦不为其同时人所重视。"②

对于马可·波罗的"漏写"问题，中国学者也做出了一些比较合理的解释。比如，关于"为何没有提到长城"，黄时鉴的研究结论是：

"元朝之前，中国确实多次建造过长城。但是，当马可·波罗来到中国时，除了极个别的关隘被人们加以修缮利用外，长城的绝大部分都已成为荒芜的遗址。"

他还注意到，元人在诗文中提及长城，也"往往是在当地人告知以后，他们才认识到所见的遗址是古长城，进而发思古之幽情"。也就是说，长城在元朝的存在感是很低的，将长城看成中国的一个重要象征，是明长城修筑之后，由来华的外国人重新构筑起来的。马可·波罗不懂汉语，对长城的历史也毫无了解，即便经过了古长城遗址，如果没有"精通中国历史文化的人会告诉他这就是长城"，他大概率不会对这些废墟感兴趣。③

关于游记中没有提到缠足，黄时鉴收集了出土的元代女鞋资料，考据认为：元代女子缠足的主流是"窄足"，也就是将脚的前掌与足趾缠窄，而非后世广为人知的"三寸金莲"。这种"窄足"虽会对足部发育造成影响，但影响程度与流行范围有限，尚不足以引起来华外国人的猎奇与围观。直到明代后期，中国女子的缠足发展到"三寸金莲"，才引起来华传教士们的注意，进而在西方变成一种关于中国的标志性符号。④

茶叶与汉字在游记中的缺失，也大体可以做相似的解释——马可·波罗来华时，茶叶还没有在蒙古人当中真正流行开来；马可·波罗来华的目的是经商，他不懂汉语，主要依靠波斯语在中国活动，接触的主要人群是色目人，而非汉人，所以他对汉人的饮茶习俗和汉字，缺乏关注度。

此类解释，确实有一定的说服力，也得到了不少外国学者的赞同。比如，澳大利亚学者罗依果（Igor de Rachewiltz）认为："在1579年之前，连中国的地理学家也忽略了长城的存在，马可·波罗没有提到它是不足为奇的"[5]。这其中，也包括前文提到的、持质疑论最有力的吴芳思。她在《马可·波罗到过中国吗？》一书的结语里说：

> 在杨志玖这些中国史学家看来，一部有着详尽内容的书，缺漏了一些重要的细节，不是一个大问题。这个论点有它的道理。……缠足现象或许引起我的兴趣，但没有引起波罗和鲁斯蒂谦的兴趣。杨教授也不无道理地认为，事实错误不一定是因为采用了二手资料。……考虑到蒙古人所建的帝国及其君主不止一个，是很复杂的，他说的（指马可波罗弄错了一些事实很正常）也有道理。

这种赞同，相当于学术争论过程中，达成的共识。

此外，按习惯的说法，这位意大利商人（马可·波罗的籍贯，并不能百分百确定是意大利威尼斯）的游记，是在监狱中口述给同伴听，然后由职业作家鲁斯蒂谦执笔写成。口述者夸大自己在历史事件中的地位，记忆出现混乱将事件交错混淆，是很常见的现象。鲁斯蒂谦在执笔时也怀有自己的目的（他曾靠写书获得英国王室的生活资助），未必完全忠于马可·波罗的口述；且游记的原始版本早已失传，流传中产生的翻译版本，内容又不完全一致，显示有人在当中做过加工。

这些因素，都可以用来解释游记中内容失真、缺漏之类的问题。但"马可·波罗究竟有没有到过中国"这个问题，仍然没有确切的答案。比如，考虑到马可·波罗的父亲和叔叔曾做过东方旅行，吴芳思还提出过另外一种可能：

> 是否有可能是马可·波罗标榜他到过中国，而实际上他没有？是否有可能是他的父（尼可罗·波罗）、叔（马飞阿·波罗）做了一次充满艰难险阻的旅行（注：据说他们抵达了哈拉和林），……而他们的荣誉却被在狱中把自己写进故事中去的马可·波罗夺走了？

这类推测，可以有效地解释马可·波罗的游记，为何作为旅行指南毫无意义（确有旅行家试图依据游记前往东方，但只到了波斯就迷失了路径），也可以很有效地解释，为何游记中会存在那么多的事实错误（出自道听途说）、那么多的元素缺失（非亲历者很难把握一个国家的核心特征）；还可以解释，为何某些部分的记载与中国文献又非常吻合（自家族亲历者处闻知）。一如对长城的存在感、缠足的情形和普及度、茶叶是否在元朝上层社会流行、汉字是否进入波罗的视野……之类的分析，也可以有效地解释游记中存在的种种问题。

“有效解释”不等于“有效证明”，马可·波罗究竟有没有到过中国，仍是一个存在争议的学术问题。

参考资料

①李治安.杨志玖先生与马可·波罗来华的“世纪论战”[J].历史教学,2019,(6).

②杨志玖.关于马可波罗离华的一段汉文记载[J].文史杂志,1941,(12).

③黄时鉴.马可·波罗与万里长城——兼评“马可·波罗到过中国吗？”[J].中国社会科学,1998,(4).

④黄时鉴.元代缠足新考与马可·波罗未记缠足问题[J].东方博物,2006,(1).

《西游记》的作者已不可考

“《西游记》的作者是吴承恩”——这是每个中国人在他的初高中阶段，必须掌握的一种“文化常识”。遗憾的是，这个常识并没有坚实的史料依据作为支撑。

百回本神魔小说《西游记》，成书于明朝中后期。今天可知的百回足本最早刊本，是明代万历二十年由“金陵世德堂”刊印。上面的署名是“华阳洞天主人校”，开篇有陈元之的序，里面说：“西游一书，不知其何人所为。……旧有序，余读一过，亦不著其姓氏作者之名。”

也就是说，在这个刻本之前，神魔小说《西游记》已经有刻本了（但没有流传至今），世德堂的刻本，就是依据旧刻本而来。陈元之读过旧刻本上的序言，里面没有写作者姓甚名谁。

其他传世的明本，还有署名为“朱鼎臣编辑”者。到了清代，则有人依据《长春真人西游记》，想当然地将神魔小说《西游记》的作者认定为元代道士丘处机——这种想当然，无法解释书中的“锦衣卫”“司礼监”这些名词的由来，除非丘处机可以坐时光机从自己生活的元代，穿越到未来的明代。

《西游记》被署名为“吴承恩著”，是20世纪20年代才发生的事情。

最早考证认为百回本《西游记》整理者为吴承恩的人，是鲁迅和胡适。他们的主要依据，是天启版《淮安府志·艺文志》。该书“淮贤文目”中写有这样一句话：“吴承恩《射阳集》四册□（注：有字已缺）卷，《春秋列传序》《西游记》”。

鲁迅、胡适还找到了一些其他的“旁证”，如清人吴玉搢的《山阳志遗》、阮葵生的《茶余客话》。但是，这些“旁证”说吴承恩写了《西游记》，其依据也是《淮安府志》。比如吴玉搢说：

> 天启旧志列先生（吴承恩）为近代文苑之首，云：“性敏而多慧，搏极群书，为诗文下笔立成，复善谐谑，所著杂记几种，名震一时。”初不知杂记为何等书，及阅《淮贤文目》，载《西游记》为先生著。

也就是说，这些“旁证”不过是在重复《淮安府志》中的说法，无法构成独立的史料来源。《淮安府志》说吴承恩写了《西游记》，只是一条孤证。

对于这条孤证，俞平伯在1933年曾提出过质疑：“吴氏作《西游记》，根据《淮安府志》，志书上所谓《西游记》，是不是这个西游记呢？也难定。”

俞平伯如此说，是因为历史上有许多叫作《西游记》的著作：“《西游记》名同实异者甚多，元代有吴昌龄的杂剧，有丘长春的纪行，明初有《永乐大典》所引的《西游记》，后来又有题作杨志和的《四游记》本的《西游记》。招牌既如此之多，何以见得这一次一定是了，而不再是冒牌的《西游记》呢？”①

另一位学者沈伯俊也认为，仅凭《淮安府志》里的“西游记”三个字，就认定吴承恩是四大名著之一《西游记》的作者，是一种“想当然”的思路：

> 按照考证的逻辑，在《西游记》明代版本并无“吴承恩”题署的情况下，要确认吴承恩是小说作者，必须证明两点：

第一，天启《淮安府志·艺文志·淮贤文目》中著录的吴承恩《西游记》是小说，而且是以唐僧取经为题材的长篇神魔小说。第二，此《西游记》即是大家研究的明代长篇小说杰作《西游记》。然而，这两点却从来没有经过证明！似乎这是不证自明的公理。这显然是需要深深质疑的。

有些学界中人反击称，质疑者需要拿出确切的证据来证明《淮贤文目》中记载的吴承恩《西游记》不是神魔小说。沈伯俊认为，这种反击“是把本应由自己证明的问题推给了别人，恰恰是倒因为果，颠倒了考证的逻辑”。

在沈伯俊看来，吴承恩的《西游记》不是长篇神魔小说的可能性非常大。理由如下：

（1）《淮贤文目》记载吴承恩所写的《射阳集》有册数有卷数，“而《西游记》不仅没有卷数，而且排在单篇文章《春秋列传序》之后，应该说也是单篇文章，而不是长篇小说”。且无论是在吴承恩生活的时代之前，还是之后，流行的长篇小说都是分卷分回的。

（2）有人试图以《西游记》书中“多淮安方言”来确定吴承恩为其作者。这个说法也站不住脚，“我在校注时发现，《西游记》的语言，总的说来是明代白话小说的通行语言，其中杂用南北方言，很少有专属性的‘淮安方言’。……书中的方言问题，甚至突破了吴语区的范围”。[②]

另一位学者章培恒，综合前人的研究成果，也于20世纪80年代撰文指出，在清初黄虞稷所著《千顷堂书目》的史部“舆地类”中，“吴承恩《西游记》”，是与“唐鹤征《南游记》三卷”、“沈明臣《四明山游记》一卷”，并列在一起的。黄虞稷父子是清代江南屈指可数的大藏书家，其千顷堂藏书达八万余卷，依据这些藏书编纂的《千顷堂书目》三十二卷，收录了明代人所写的著述一万二千余种。《千顷堂书目》将吴承恩的《西游记》收在“舆地类”，可知据黄虞稷所见（或所考据），它应该是一篇文人游记——有学者认为，吴承恩的《西游记》，所记内容乃是他晚年西行，前往湖北蕲州荆王府担任“纪善”（王府里的教师）职务时的所见所闻。这也与“天启旧志”将吴承恩的著作定性为“杂记”颇为吻合。

在方言问题上，章培恒的意见与沈伯俊相同，认为神魔小说《西游记》中出现的方言，大部分属于吴语，而非淮安方言。以方言佐证《西游记》作者是淮安人吴承恩，是难以成立的。③

此外，日本学者小川环树、太田辰夫，英国学者杜德桥（Glen Dudbridge），美国学者余国藩（Anthony C. Yu）等，均对“神魔小说《西游记》作者为吴承恩”之说表示怀疑。

中华书局版《西游记》的校注者李天飞，对于封面上“（明）吴承恩著”的说法，也持保留立场。他曾对记者说：“这真不好说。作者是吴承恩和不是吴承恩的比例，我认为各占 50% 吧。”④

简言之，因史料有限，目前没人知道神魔小说《西游记》的作者是谁。

参考资料

①苏兴 . 也谈百回本《西游记》是否吴承恩所作 [J]. 社会科学战线 ,1985,(1).

②沈伯俊 .《西游记》作者补论》[J]. 明清小说研究 ,2002,(4).

③章培恒 . 百回本《西游记》是否吴承恩所作 [J]. 社会科学战线 ,1983,(4).

④单颖文 .《西游记》的作者是吴承恩？ [N]. 文汇报 ,2017-7-21.

阳明学不是明治维新原动力

中文知识界流行着许多“王阳明心学与日本维新”的美谈。比如，有说法称“阳明学乃明治维新原动力”，还有说法称东乡平八郎随身带有一块印章，上刻“平生俯首拜阳明”。

这些说法是真的吗？阳明学真是明治维新的原动力吗？

一、神话的由来

日本最早的王阳明研究者，是17世纪的中江藤树，当时，幕府推崇程朱理学，陆王心学在日本的影响有限。到了19世纪，因闭关锁国被打破，一些日本人思考落后原因，渐渐排斥程朱理学，注重行动的王阳明学说，开始成为一种支持变革的思想资源。①

明治维新中的重要人物，如吉田松阴、西乡隆盛及高杉晋作等，都曾阅读王阳明著作。受此风气影响，出生较晚的东乡平八郎，也读过一些王阳明著作，这是不足为奇的事情。但若据此说东乡平八郎等人对“阳明学”有深入研究，乃至存在崇拜情结，那是有违历史事实的。

作为学术名词的“阳明学”三个字，要迟至19世纪末才在日本正式出现，使用该词的代表人物，是德富苏峰、三宅雪岭等几个媒体人。这些人为何倡导阳明学？日本学者荻生茂博有很准确的论断：

为了批判政府的表皮式的欧化政策而由德富苏峰、三宅雪岭、陆羯南等人倡导的作为“国民道德”的阳明学，和那个前近代阳明学完全两码事，是所谓旧瓶装新酒的近代思想。[②]

意即，明治时代兴起的阳明学，并非王阳明的学说本身，而是这些不满现实的日本“近代民族主义者”，将自己的政治理想，投影在王阳明身上制造出来的一种幻象，是一种“六经注我”，而非“我注六经”。

1883年，三宅雪岭出版《王阳明》一书，通过列举西乡隆盛、高杉晋作等曾学习王阳明学说的例子，首次试图在阳明学与明治维新之间建立联系。他说：“在幕府藩制衰颓的同时，学术也随之拘束弛废。维新时挺身而出的人，大多都修阳明良知学。”[③]

1910年，井上哲次郎在《阳明学》杂志上发表文章，也持相似的说法：“通过学习阳明学而具有素养的人有这样的风尚，即必欲付诸行动，必努力在社会上作一番事业……大盐平八郎谋反，西乡隆盛也谋反……大抵以阳明学为基础要做一番事业时，或杀身成仁或必付诸实践，阳明学者都死得不寻常。”

此类论述，促成了“阳明学乃明治维新原动力”这种说法。但该论述存在一个明显的逻辑漏洞——某些人涉猎过王阳明 + 某些人参与了明治维新 ≠ 阳明学乃明治维新原动力——理由很简单，除了共同涉猎过王阳明，这些人还共同涉猎过许多其他的东西。

这种逻辑上的漏洞，注定“阳明学乃明治维新原动力”这种说法无法成为知识界的共识，只能在有意“旧瓶装新酒”的知识分子中流行。任教于日本北九州市立大学的学者邓红，试图追溯“阳明学乃明治维新原动力”这种说法的源头，结果发现：

除了本文提到过的三宅雪岭、德富苏峰、高濑武次郎以及井上哲次郎的一些间接性论证之外，只有1915年桑原天泉的

《明治维新と阳明学》和1965年安冈正笃的《明治维新と阳明学》之类的社会启蒙通俗读物论述过。包括日本史、东洋史乃至中国哲学史在内的日本学术界从来没有人正式论述过这个问题，日本的大中小学历史教科书上也没有类似说法。[④]

复旦大学教授、日本关西大学客座教授吴震，则直接将“阳明学是明治维新的原动力”一说视为并非事实的神话：

> 所谓阳明学是明治维新的原动力这类“神话”的制造者，或可追溯至三宅雪岭的《王阳明》，明治二十年代特别是甲午战争之后，随着阳明学运动的兴起，阳明学与明治维新被直接画上等号的说法开始大行其道。然而，这种观点并不是严格意义上的学术观点，毋宁是一种带有“近代性”的“政治言说”。[⑤]

二、中国近代阳明学热潮的真相

三宅雪岭等人倡导阳明学、将之与明治维新相联系时，正是中国人留学日本的高峰期。人们相信他们愿意相信的事情，三宅雪岭等人的观点，遂被中国的革新人士接受，并广为传播。[⑥]

比如，梁启超在1902年撰文说，心学是“宗教之最上乘”者，在中国消沉二百余年，其“支流”却传播到了日本，“遂成日本维新之治”，成就了明治维新。(《宗教家与哲学家之长短得失》)

1905年，孙中山东京给留学生演讲，也将阳明学视作成就日本明治维新的思想原动力，其原话是：“五十年前，维新诸豪杰沉醉于中国哲学大家王阳明知行合一的学说，故皆具有独立尚武的精神，以成拯救四千五百万人于水火中之大功。”

受这股风潮的影响，蒋介石也在留日期间开始接触阳明学，并毕生对之推崇有加。直到 1950 年，他还在演讲中将日本的成就——从极弱不堪到与列强并驾齐驱——归功于阳明学。他的原话是："为什么日本能够发展这样快呢？这就是因为日本一般国民不但信奉他大和魂武士道的精神，并且能够实践我国王阳明知行合一的学说。"

除了梁、孙、蒋，诸多中国近代政治人物，如章太炎、陈天华、宋教仁、胡汉民、汪精卫等，都曾受"阳明学是明治维新的原动力"之说的影响，研读过王阳明的学说。比如，1906 年，宋教仁购买了《王阳明集》《王阳明全书》《王阳明学提要》等书，还订购了《王学杂志》，且在日记中说，要对王阳明的学问"服膺之不暇"。

这种"服膺"，本质上仍是一种"人们相信他们愿意相信的事情"——日本曾经积贫积弱，中国正处于积贫积弱；日本既然能以阳明学为思想资源振兴起来，产生阳明学的中国必然也可以做到。

这种"服膺"，本质上也是一种"人们倡导他们需要倡导的东西"——王阳明认为，在亲身实践之前，不会存在一种完美的"知"来给"行"做指导，还主张"人人皆可为圣人"，不承认有绝对正确的伟人和绝对正确的理论存在。这对身处转型期、看不清未来方向（或对自己选择的方向缺乏自信心）的民国知识分子而言，在精神上显然有着很现实的肯定、激励的效果。章太炎对阳明学的理解——"王学岂有他长？亦曰自尊无畏而已"——正是这种心态下的产物，所谓"自尊"，就是"人人皆可为圣人"，不必妄自菲薄，要相信自己也能通过实践得出真知，所谓"无畏"，就是遇事不必因没有"绝对正确的圣人和万无一失的理论"的指导而慌张无措，先要去做，然后才会获得真知。

因其本质在此，当现实环境发生变化，这些政治人物对阳明学的认知，也会发生微妙的转变。

以孙中山为例。如前所述，1905 年的孙，曾将阳明学视为日本明治维新的大功臣；但到了 1919 年，在《孙文学说》一书中，孙却公开否定了阳明学在明治维新中的作用，将二者视为风马牛不相及的两件事情："日本之维新，……与阳明'知行合一'之说实风马牛不相及也。"

何以如此？原因其实很简单，1905年同盟会成立前后，孙尚未形成自己独立的政治理论，也尚未成为革新的理论权威，还在行动中摸索道路。这个时候，他最需要的，是同行者对自己的摸索的认可，所以他肯定阳明学，肯定在实践中求知的"知行合一"。到了1919年，孙的三民主义已成体系，孙也已成为革命的理论权威。这个时候，他最需要的，是让革命党人信奉自己的理论，服从自己的指导，所以孙开始批评王阳明的"知行合一"之说不符合"实践之科学"，转而倡导"行易知难""中国之变法，必先求知而后行"。对此一变化的缘故，胡适洞若观火："行易知难的真意义，只是要我们知道'行'是人人能做的，而'知'却是极少数先知先觉者的责任。大多数的人应该崇拜知识学问，服从领袖，奉行计划。"⑦

三、"平生俯首拜阳明"的诸多版本

最后再说一下东乡平八郎"平生俯首拜阳明"这个故事。

东乡平八郎是日本海军名将，曾在对马海战中击败俄国海军，确立了日本在东亚的霸主地位。不同的传言中，他腰牌上的七个字是不同的，有说是"一生低首拜阳明"，也有说是"一生伏首拜阳明"或"一生俯首拜阳明"。

笔者目前所找到的这七个字的最早出处，是萧鸿钧1905年编纂的《日本政俗简要》。萧鸿钧是同盟会员，编书意在"使乡僻老幼识世界之进步，悟己国之可危"。他在书中说："日俄之战，以小岛胜雄国，其海军大将东乡平八郎，即得力于阳明之学者……印章云：一生低首拜阳明，可知其志矣。"

萧鸿钧在东京编纂此书。由此可知在日俄战争后不久，已有东乡平八郎与阳明学的故事在流传。

这七个字还见于温州诗人黄光1912年的一首诗作："岛民学派师中夏，小印高华具古情。不信请君看红篆，一生低首拜阳明。"在诗的下面，黄光做注写道："日本学派近趋阳明。伊藤博文印章刻末句四字，以示崇拜。"[⑧]

黄光曾游历日本，参加过同盟会的活动。他所听说的"一生低首拜阳明"故事，版本与萧鸿钧有所不同，主人公不是东乡平八郎，而是伊藤博文。

1918年，中国翻译出版了一本由日本哲学家桑木严翼所著的《记忆力增进法：名家实验》。书中写道："今人皆知阳明之学振兴日本，故日本军人有一生低首拜阳明之语。"

该书仅笼统说日本军人流传"一生低首拜阳明"之言，既没说具体是谁，也没说刻在印章或腰牌上。

1923年，贵州修文县重修王阳明祠，由陈矩写了一篇碑记，其中提到："盖王学传于东海日出之乡，莫不精究良知之理，知行合一之用。其后一战胜俄。西乡大将等多有佩一生低首拜阳明印章者，乃感文成之教能保其国，厥功伟矣！"[⑨]

晚清时，陈矩曾随黎庶昌出使日本。在他的这篇碑记中，"一生低首拜阳明"七个字有了具体的主人，但不是东乡平八郎，而是"西乡大将等"。西乡所指当是西乡隆盛，这里用"西乡大将等"，当是指明治维新的诸多参与者。

结合萧鸿钧、黄光两人的记述，在20世纪初，日本（至少是留日中国知识分子圈）应确有"一生低首拜阳明"七字流传，但这七个字的主人公究竟是谁，却难以确定。一种较为合理的可能是：此说出自三宅雪岭等阳明学倡导者，他们将"一生低首拜阳明"的话安在维新元老身上，后来以讹传讹，有了伊藤博文、西乡隆盛、东乡平八郎等不同版本。

到了20世纪20年代，东乡平八郎"一生低首拜阳明"的故事，已在中文知识界流传颇广。1927年中华书局出版了一本《聂氏家庭集益会记录》，内中记载，这户聂家人在家庭讨论会上，提到了东乡平八郎对阳明学的尊崇："东乡海军大将者，中日、日俄两役之赫赫立功者也。尝铸一章曰：一生低首拜阳明，可想见其儒家之风度。"[10]

再往后，此说在中文知识界越传越广。1942 年，刘文典在《云南日报》发表《中国的宗教》一文，较之以往干瘪的"一生低首拜阳明"的七个字，文章多出了许多不知从何而来的生动细节：

> 明治维新的元勋几乎全是王阳明的信徒。日俄海战的名将东乡平八郎有一块图章，镌着"一生低首拜阳明"七个字。他常常说，他在英国留学三年，所学得的海军战术固然也有益处，但是两军大战，万炮齐发，好比天崩地塌，这时候他所以能不动心，从容指挥舰队的真本领，全是从阳明学上得来的，这不是任何国的海军学校里所能学到的了。

至此，东乡平八郎终于战胜了西乡隆盛与伊藤博文，成为中文知识界"一生低首拜阳明"故事的唯一主人公。而以日语检索，或翻查日文著作，是很难找到这七个字的。

总而言之，"阳明学是明治维新的原动力"之说，是中日两国的部分知识分子，在近代共同建构的结果，它代表了一种现实需要，但并不符合史实——只有现代思想，才能催生出现代国家。

参考资料

①余怀彦．良知之道：王阳明的五百年[M]．北京：中国友谊出版公司，2016:177.

②吴震．关于"东亚阳明学"的若干思考[J]．复旦学报（社会科学

版）,2017,(2).

③邓红．何谓“日本阳明学”[J]. 华东师范大学学报（哲学社会科学版）,2015,(4).

④⑤吴震．关于“东亚阳明学”的若干思考 [J]. 复旦学报（社会科学版）》,2017,(2).

⑥沟口雄三．两种阳明学 [M]. 上海：三联书店 ,2014:262-263.

⑦狭间直树．关于梁启超称颂“王学”问题 [J]. 历史研究 ,1998,(5).

李吉奎．孙中山论明治维新 [A]. 李吉奎．孙中山研究丛录 [C]. 广州：中山大学出版社 ,2014:233—237.

黄克武．近代中国的思潮与人物 [M]. 北京：九州出版社 ,2013:382-398.

⑧黄光．黄光集 [M]. 上海：上海社会科学院出版社 ,2005:22.

⑨佚名．修文县志 [M]. 北京：方志出版社 ,1998:863.

⑩聂其杰．聂氏家庭集益会记录 [M]. 北京：中华书局 ,1927:80.

《冰鉴》不是曾国藩写的

打开百度百科，输入“冰鉴”二字，得到的搜索结果是“清代曾国藩作品”。打开各大音频平台，输入“冰鉴”二字，也可以得到相似的结果——为了让图书和课程更好卖，它们都把《冰鉴》这本书，挂靠在了大名鼎鼎的曾国藩名下。

《冰鉴》号称“相术宝典”。它进入当代中国人的阅读视野，始于20世纪90年代。这其中，已故的所谓“国学大师”南怀瑾功不可没。他在许多场合、许多文章中，多次说过类似下文的话：

“有人说，清代中兴名臣曾国藩有十三套学问，流传下来的只有一套《曾国藩家书》。其实流传下来的有两套，另一套是曾国藩看相的学问——《冰鉴》这一部书。”①

其实，曾国藩从未写过《冰鉴》这种书。

当然，这种挂名并非始于今日，是民国时代就已存在的现象。民国学者黄濬，在其《花随人圣庵摭忆》一书中，就曾提到“近人乃有以古相书《冰鉴》，傅以文正名，号为遗著”——时下有人把一本叫作《冰鉴》的古书，挂靠在曾文正公名下贩卖，说是他的遗著。

黄濬出身书香世家（其父是前清翰林），见识广博，自然不会相信这种挂靠。不信的理由，是因为他知道，“此书道光间吴荷屋已为锓板”——早在道光年间，吴荣光（号荷屋）就刊刻过这本书了。

吴荣光是广东人，非常喜欢收集书籍。他官运不错，在道光年间一度官至湖南巡抚署湖广总督，也有广泛收集书籍的财力。所以，史载他“性好书籍，官京师二十年，聚至七八千卷”，《冰鉴》正是其中之一。

当代学者张全海，依据“从清代到民国期间的几种木刻本、木活字本、石印本和铅印本《冰鉴》版本信息及相关资料”进行考证，发现至晚在道光九年（1829 年），该书已有南海正文堂刻本（中山大学藏）、广州拾芥园本（中国人民大学藏）。这一年，曾国藩尚不足 19 岁，正在跋涉科举，为获得秀才的功名而苦苦奋斗，不可能是《冰鉴》一书的作者。②

“广州拾芥园本”现藏中国人民大学。据张全海所见，该书题为《秘传神骨冰鉴》，书名页有“南海吴荣光署检”字样，并留下了吴荣光的个人印章。吴荣光还留下了一篇跋文，里面说：“余家有《冰鉴》七篇，不著撰人姓名，宛似一子，世无刻本，恐其湮没也。”

如此，可以知道：

（1）该书刊刻于道光九年，则吴荣光收藏该书的时间应该更早。

（2）吴所收藏的版本，没有留下任何作者信息。

此外，整理出版《曾国藩全集》的唐浩明，也曾明确辟谣：“笔者查遍曾氏传世的所有文字，从未见他有只字提过《冰鉴》一书。”③

也就是说，曾国藩绝无可能是《冰鉴》一书的作者。

就目前可见的材料而言，将《冰鉴》一书，从“无名氏所撰”，变成“曾国藩名著”，至晚可以追溯到 1934 年。这一年，上海三马路的“求古斋”出版的《冰鉴七篇》，封面上已有“曾文正公鉴定”字样。

策划出版该书的人，是一个叫王念慈的书画家。据其好友郑逸梅 1935 年 4 月 19 日发表在《申报》上的文章披露，将《冰鉴》与曾国藩勾连在一起的，正是王念慈：

> 念慈除书画外，更擅相人术，为谈相书中以冰鉴七篇，最为精关入理，是书不著撰者姓氏，为不传之妙笈，湘乡曾文正

公推重是篇，称为相术圭臬，不可不读之书。念慈于无意中得其抄本，以半被蠹鱼所蚀，遂亲加校雠，并录全章，储诸石印，以免散失。蒙以一册见赠。[④]

由这段文字可以知道：

（1）王念慈得到的抄本，上面并没有写作者是谁。

（2）在王策划刊印《冰鉴》之前，上海的图书市场上，似乎是没有这本书的。毕竟，此时距离吴荣光刻印《冰鉴》，已经过去了100多年。

（3）既然市面上没有《冰鉴》刻印，自然也就谈不上有什么研究可供王念慈参考；而曾国藩的所有论著中，又从未提到过《冰鉴》这本书。王说这本书受到曾国藩的推重、经过了曾国藩的鉴定，大概率是出于营销目的而信口开河。

三年之后，上海的《青鹤》杂志1937年第12期，刊出文章《冰鉴七篇》，首次正式将该书确定为“湘乡曾国藩遗著”（前文黄濬提到的正是这篇文章）。

做出这个结论的，是一名叫张元祜的军旅之人。张出生于湖南湘乡，其父在曾国荃的幕僚里做过事，听过一些曾家掌故，但他青少年时代接受的是军校教育，成年后也长期在军队任职，并无学术背景。

张元祜在序言说，自己是从保定军官学校的同学刘文藻处，见到《冰鉴》抄本的。他将《冰鉴》确定为“湘乡曾国藩遗著”，并无史料方面的依据，而是凭着曾国藩临终有某些书“不宜刊刻”的遗言，且曾国藩“诸子百家无所不窥”这两条，作出的推测——即所谓的“益信为相国所著”，主观上特别愿意相信《冰鉴》是曾国藩写的。[⑤]

1949年之后，在长达40余年的时间里，《冰鉴》未曾出版过。直到1994年，才有中州古籍出版社出了一本《冰鉴注评》，且署名曾国藩。

该书的出版，是当年“曾国藩热”的衍生物——1990 年，唐浩明的小说“曾国藩三部曲”正式出版，在不到两年的时间里重印 9 次超过 200 万册，盗版册数则无从计算。于是乎，尘埋已久的《冰鉴》，也被许多出版社从历史的尘埃中翻了出来，以“曾国藩名著”的身份，推向了市场。

无人在意这本书实际上与曾国藩毫无关系。

出版商之所以托名曾国藩而不是其他人，原因自然也很简单：第一，这个被托名的人必须是一个热门的历史人物，而且必须是一个很成功的历史人物，否则是无助于占领成功学市场的。第二，这个人还必须与“相人术”有那么一点关联，也就是唐浩明所说的“其源盖出于曾氏素有相人的大名”。⑥

《清史稿》里说，曾国藩的相人方式是：“每对客，注视移时不语，见者悚然。退则记其优劣，无或爽者。”

意即，在会客时，曾有时候会一言不发地盯着别人看，看得人心里发毛，产生紧张情绪。客人走后，曾会依据客人的反应，记下他的优缺点。

其实，曾国藩的相人术，与《冰鉴》的相人术，完全是风马牛不相及的两码事。曾看一个人是不是“贵相”，主要看他是否“端庄厚重”“谦卑含容”“事有归着”“心存济物”。这些特征，全部出自一个人的日常行为。他还说过“若要看条理，全在言语中”这样的话，意思是要了解一个人做事是不是有条理，可以看他说话的时候是不是有顺序、讲逻辑。

反观所谓的相人术宝典《冰鉴》，却全是从一个人的外貌入手，来辨别其富贵贫穷。书中大谈什么“相顾相称，则福生”——身体各部位长得匀称，就是有福之相；“紫面无须自贵，暴腮缺须亦荣”——脸上呈紫色或者燕额虎头的人，没有胡须也会富贵；……

也就是说，曾国藩的“相人术”，不过是一种人人皆能为之的寻常事，今人在日常人际中也仍会不自觉地用到这些方法，来判断其他人是不是值得信任和交往，可谓“卑之无甚高论”，只在阅历的多寡。而《冰鉴》的相人术，则是误入歧途，迹近于怪力乱神。

参考资料

①南怀瑾 . 论语别裁 [M]. 北京 : 东方出版社 ,2018.

②张全海 .《冰鉴》非曾国藩所着考 [J]. 寻根 ,2014,(2).

③曾国藩 , 唐浩明 . 曾国藩家书 [M]. 长沙 : 岳麓书社 ,2015.

④郑逸梅 . 观平泉书屋遗物记 [N]. 申报 ,1935-4-19.

⑤张元祜 . 冰鉴七篇序 [J]. 青鹤 ,1937.

⑥董牧孜 . 出版热 : 曾国藩的当代接受史 [N]. 新京报 ,2019-4-13.

《挺经》也不是曾国藩写的

之前谈到，被诸多出版社、诸多“当代国学家”力推的“曾国藩名著《冰鉴》”，不但是一本超级烂书，而且根本就不是曾国藩写的。

这里再说一下另一本所谓的“曾国藩名著”《挺经》。

一、曾国藩没写过《挺经》

与《冰鉴》一样，这本书也很烂，也不是曾国藩写的。

翻查正规的曾国藩文集，无论是曾死后李鸿章等人编撰的《曾文正公全集》，还是岳麓书社20世纪90年代整理出版的《曾国藩全集》，都找不到所谓《挺经》的踪影。市面上所有以《挺经》为名的图书，都是20世纪90年代中后期的产物，是出版社追赶“曾国藩热”而创造出来的一种“新产品”。创造的具体方法，是辑录一堆曾国藩的家书、日记和文章，再以编写者自己对“挺”字的认知为糨糊，把这些家书、日记和文章粘成一坨，然后在封面印上“曾国藩著”字样，就算大功告成。

读者以为自己是在看“曾国藩的《挺经》”，但他读到的只是曾国藩的只言片语和编写者自以为是的糨糊。

其实，民国人也伪造过《挺经》。民国文化人刘树鹏自己就曾脑补出《挺经》，刊登在中央周刊1946年第34期上。与今人不同的是，刘树鹏明言这三十条是自己编造的，并没有将《挺经》弄成正儿八经的“曾国藩著”。他在文章的开篇处说得很明白：曾国藩的《挺经》没写成，如今已无从查考，实在是太遗憾了。所以“区区安拟挺经”三十条，以彰显我们湘人的气质。[①]

二、曾国藩否定了没写出来的《挺经》

《挺经》这本书，唯一绝对真实的，就是《挺经》这个书名。该书名最早见于晚清笔记史料《水窗春呓》，作者是做过曾国藩幕僚的湖南湘潭人欧阳兆熊。

欧阳兆熊的原话是：

> 文正一生每三变：……又（1）在京官时以程朱为依归，（2）至出办团练军务，又变而为申韩，尝自称欲著《挺经》，言其刚也，（3）咸丰七年在江西军中丁外艰，闻讣奏报后即奔丧回籍，朝议颇不为然。左恪靖（宗棠）在骆文忠（秉璋）幕中，肆口诋毁，一时哗然和之。（文正）出山后以柔道行之，以至成此巨功，毫无沾沾自喜之色。尝戏谓予曰，他日有为吾作墓志者，铭文吾已撰：“不信书，信运气”。公之言，告万世。文正尝言吾学以禹墨为体，庄老为用。可知其所趋向矣。[②]

这段话谈的，是曾国藩处世哲学的三次变化（欧阳兆熊的理解）：（1）早年做京官，信奉儒家的程朱理学。（2）回乡办团练，改信申不害、韩非子的法家理念，其间有意写一本《挺经》。（3）遭受朝廷和官僚系统（尤其是同僚）的集体诋毁与排斥后，又抛弃了法家理念，改信黄老“柔道”之术。

依据欧阳兆熊的这段叙述，可以知道：

第一，曾国藩办团练期间，确曾动过念头，想要写一本书叫作《挺经》。但这本书最后并没有写出来。

第二，曾没写出来的这本《挺经》，以法家理念为底色，核心主旨是“言其刚也”。什么叫“言其刚”？就是如商鞅、韩非所主张的那般，以严刑峻法治理团练，以条条框框与同僚相处，绝不通融绝不迁就。所谓“挺”，就是硬而直的意思。

第三，当代人编写的伪书《挺经》是一本成功学读物，曾国藩那本没写出来的《挺经》，带给曾的却是失败。曾遇挫后抛弃了“挺”和“刚”，该走“柔道”路线。他对欧阳兆熊说自己的成功之道是“禹墨为体，庄老为用”，其中没有了法家的“挺”和“刚”。

也就是说，曾国藩用自己的实际行动，否定了没写出来的《挺经》。今天流行的那些“曾国藩著《挺经》”，其实质不过是“曾国藩：我以前想写本《挺经》；书商：我们替你写好了”。

三、还有一个李鸿章版《挺经》

翻看今人杜撰的各版本《挺经》的目录，会发现它们基本上都是十八条。且第一条肯定会讲一则相同的“争道”故事：一个挑菜担的人，与一个挑货担的人，在水田的田埂上迎面碰上，谁也不愿下到水田里去给对方让路。然后来了一位老者，他提出由自己下到水田里，帮二人用头顶起菜担和货担。这种“挺身而出”让挑货担的人过意不去，放弃僵持主动下到水田，化解了一场纠纷。

之所以是十八条，之所以要讲这个故事，是因为晚清官员吴永在笔记史料《庚子西狩丛谈》里说，李鸿章告诉他曾国藩有18条《挺经》，且第一条就是这个挺身而出化解争道纠纷的故事。

吴永做过李鸿章的幕僚。因为他是曾国藩的孙女婿（但没有见过曾国藩），李鸿章对他颇为亲近，一度让他“晨夕左右”陪伴自己，还会将自己对朝廷的一些牢骚说给他听，也会和他说许多当朝典故。据吴永回忆，李鸿章对他谈曾国藩的《挺经》，是在甲午战争之后。当时，李鸿章闲住北京贤良寺，事业遭受了巨大打击，人生也陷入了前所未有的低谷。某日，李对吴说：

“我老师的秘传心法，有十八条挺经，这真是精通造化守身用世的宝诀。我试讲一条与你听。一家子，有老翁请了贵客，要留他在家午餐。早间就吩咐儿子，前往市上备办肴蔬果品。日已过巳，尚未还家。老翁心慌意急，亲至村口看望。见离家不远，儿子挑着菜担，在水塍上，与一个京货担子对着。彼此皆不肯让，就钉住不得过。老翁赶上前婉语曰：老哥，我家中有客，待此具餐。请你往水田里稍避一步，待他过来，你老哥也可过去，岂不是两便么？其人曰：你教我下水，怎么他下不得呢？老翁日：他身子矮小，水田里恐怕担子浸着湿，坏了食物。你老哥身子高长些，可以不至于沾水，因为这个理由，所以请你避让的。其人曰：你这担内，不过是菜蔬果品，就是浸湿，也还可将就用的。我担中都是京广贵货，万一着水，便是一文不值。这担子身份不同，安能教我让避？老翁见抵说不过。乃挺身就近曰：来来，然则如此办理。待我老头儿下了水田，你老哥将货担交付于我，我顶在头上，请你空身从我儿旁边岔过，再将担子奉还。何如？当即俯身解袜脱履。其人见老翁如此，作意不过，曰：既老丈如此费事，我就下了水田，让尔担过去。当即下田避让。他只挺了一挺，一场争竞，就此消解。”③

李鸿章还告诉吴，这个故事“便是挺经中开宗明义的第一条”。但说完这一条之后，李就不肯再说其他了。吴永开口请他多说一说，李的回应是含笑挥手拒绝，说“只此一条，够了够了，我不说了”。李没有再说其余的十七条，后世之人伪造《挺经》，就只好循着李鸿章对“挺”字的理解，再凭空捏造十七条。

按欧阳兆熊的叙述，曾国藩的“挺”指的是严刑峻法和严守章程，是法家处理政务人事所主张的“刚”，也就是不搞通融，不玩弹性。与法家“挺刚”对立的是黄老“柔道”。到了李鸿章这里，“挺”却变成了挺身而出、坚持不退——袁世凯劝李鸿章辞职归隐时，李明确拒绝，且回复说“我老师的挺经正用得着，我是要传他衣钵的。我决计与他挺着，看他们如何摆布？”

两相比对，自然是欧阳兆熊的叙述更可信。给吴永讲“老者挺身而出化解争道纠纷”这个故事时，李鸿章正遭受到朝野铺天盖地的舆论压力。这故事里，其实全是他自己的影子。他其实是在把挺身而出踏入泥田的老农，对应自己“挺身而出”前往日本签订《马关条约》为甲午中日两国战事善后。遗憾的是，吴永没能体会到这层讯息，反追着李鸿章要听另外十七则挺经故事。意兴阑珊的李鸿章，自然只能以“够了够了，我不说了”作为回应。

李鸿章这种借他人酒杯浇自身块垒的心境与做法，学者羽戈也有精辟的洞察：

吴永是老实人，想来不会说谎，李鸿章天马行空，不拘小节，完全可能代老师立言，……纵观曾国藩一生行事，论成功秘诀，与《挺经》关系实在不大，而当归于黄老之学。……相比曾国藩，李鸿章显然与《挺经》更加亲近。他这一生，都在坚守一个“挺”字。《马关条约》签订之后，清议汹汹，积毁销骨，几欲杀之而后快，李瀚章见状，给弟弟李鸿章写信，相约一同告老还乡，息影林泉，李鸿章不从，答以“当与国同休戚”。这一挺，挺到了庚子年。④

遗憾的是，今人伪造的《挺经》，既见不到李鸿章这种幽深的心思，也与曾国藩之“挺”风马牛不相及。

参考资料

①刘树鹏 . 挺经 [J]. 中央周刊 ,1946,(34).

②欧阳兆熊 . 水窗春呓 [M]. 北京 : 中华书局 ,1984.

③吴永 . 庚子西狩丛谈 [M]. 北京 : 中华书局 ,2009.

④羽戈 . 李鸿章的《挺经》[N]. 中国经营报 ,2017-12-2.

慈禧没让司机跪着开车

“慈禧让司机跪着开车”之说流传甚广。其大致情节是：

“1902年，袁世凯为了讨好慈禧，给她送了一辆小汽车。不料，慈禧仅坐了一次便弃之不用了。原来，汽车解决不了尊卑问题，慈禧太后发现原来的马车夫孙富龄成了汽车司机，不仅坐着还坐在了自己的前面，心里非常恼火，当即责令他跪着开车。孙富龄只能奉懿旨跪着开车，但手不能代替脚踩油门和刹车，险些酿成大祸，这可吓坏了当时的王公大臣，他们纷纷下跪祈求慈禧太后不要冒这个险。因为不能容忍司机坐前面开车，慈禧对汽车失去了兴趣，这辆车被长期弃置。”

袁世凯确实给慈禧送过一辆小汽车。该车现在还陈列在颐和园内。但“慈禧让司机跪着开车”之说，却是没有任何史料依据的谣言。

据裕容龄（中国驻日本公使裕庚之女，曾任慈禧的贴身女官）1957年出版的《清宫琐记》，袁世凯先后两次向慈禧进贡车辆。第一次是“一对三轮自行车”，慈禧很喜欢这种车子，曾“骑着这辆车在院子里绕了一小弯，太监们扶着，我们在后面跟着”。但“太后骑三轮”在王公大臣们看来实属不雅，故以“如有失闪，大家都担当不起”为由劝慈禧不要再骑，“慈禧听了很生气，对我们说：你们看，连我骑个自行车都有人管着”。

第二次进贡的是一辆汽车，但慈禧一次都没有乘坐过。其中缘故，据裕容龄回忆，是这样子的：

又过了一个时期，袁世凯又进贡一辆汽车，司机按规矩不能在这里停留，把车开到院子里便退出去了。慈禧带着我们去看汽车，她很喜欢这辆汽车，想坐上去在园里绕一个弯，可是没有人会开。有两个太监很好奇，便要上去开，但是他们不懂机器，以为汽车是个很简单的玩意。我母亲对慈禧说："还是不让他们开吧，不懂机器的人，开起来很危险。"结果因为没有人会开，只有收存起来。慈禧始终也没有坐过汽车。[①]

没有能驾驶汽车的司机，是当时颐和园的实情。认为坐汽车过于危险，也是当时"情理之中"的认知——袁世凯送慈禧汽车，约为1902-1903年左右；大略同期，游历、见识远甚于慈禧的康有为，在其《大同书》（约写于1901-1902年），尚有一小节专谈"汽车碰撞之苦"，对汽车"飙驰电驶，一往无前"，稍有不慎就"全车立碎，人物皆飞，头臂交加，血肉狼藉"感到万分担忧。[②]

游历海外的康有为，尚且如此担忧汽车的安全问题；宫内众人不愿慈禧"冒险"乘坐汽车，也不是很难理解的事情。

"慈禧让司机跪着开车"之说，很可能是对芮恩施（Paul Samuel Reinsch）的回忆录的一种曲解。

芮恩施于1913-1919年间，出任美国驻华公使，1922年在美国出版了自己的回忆录，1923年去世。1982年，商务印书馆出版了芮恩施回忆录的中文版，即《一个美国外交官使华记——1913-1919年美国驻华公使回忆录》。

书中有这样一段文字：

当时除了在皇宫院内使用汽车外，北京还很少看见汽车；不久由于道路改进了，就运来了几百辆汽车。慈禧太后在去世前曾拥有大批外国制造的车子，她对这些车子有很大兴趣：但到她去世为止，礼部一直没有解决这样一个问题：

当汽车里还坐着她的一个仆人——司机的时候，她如何可以乘坐汽车。我想，如果他们能有更多的时间的话，也许会想出一种叫司机跪着驾驶这辆御用汽车的办法。但是事实上，这位可怜的慈禧太后从来没有能享受一下她极想尝试的乘车疾驰的乐趣。[3]

芮恩施1913年才来到中国，没有机会接触慈禧。他的上述文字，显然得自道听途说，其中一些细节，或存在错误——“慈禧太后在去世前曾拥有大批外国制造的车子”，就是一种想当然的看法，自将袁世凯所赠之车弃置后，慈禧未曾再购入（或受赠）汽车，据溥仪在自传《我的前半生》中的说法，“醇王府（溥仪之父载沣）是清朝第一个备汽车、装电话的王府”[4]；或缺乏依据——礼部讨论慈禧的坐车问题并无资料可证。

最值得注意的是，依据回忆录原文，“慈禧让司机跪着开车”并非史实，而只是芮恩施个人的一种设想——“我想，如果他们能有更多的时间的话，也许会想出一种叫司机跪着驾驶这辆御用汽车的办法。”

笔者使用多种中文图书、期刊、报纸搜索工具，以1980年为界查询发现，1980年之前，中文知识界几乎找不到“慈禧让司机跪着开车”的说法。1982年芮恩施的回忆录由商务印书馆发行中文版，“慈禧让司机跪着开车”这一芮恩施的假想，随即变成了一种“史实”，出现在了各种通俗历史读物之中。[5]

其实，绝大多数“守旧”行为的背后，是有着切实的利害考量的。

比如，1921年前后，溥仪决定在紫禁城内安装电话，结果内务府众人群起反对。据溥仪的外籍教师、英国人庄士敦（Reginald Fleming Johnston）回忆，反对者的理由是：

如果皇上装了电话，随便什么人只要知道了皇上的电话号码，就能打过来聊天，那样有失皇上的威严；除此之外，如果让某些革命党、反对派知道，他们也许会打电话过来侮辱谩骂皇上。[⑥]

庄士敦不太了解紫禁城的内情，所以觉得这些反对理由“并不是没有道理”。他的学生溥仪，却洞彻其中玄机：

> 内务府最怕的并不是（外人来）冒犯“天颜”，而是怕我经过电话和外界有了更多的接触。在我身边有了一个爱说话的庄士敦，特别是有了二十来种报纸，已经够他们受的了。打开当时的北京报纸，几乎每个月至少有一起清室内务府的辟谣声明，不是否认清室和某省当局或某要人的来往，就是否认清室最近又抵押或变卖了什么古物。这些被否认的谣言，十有九件确有其事，至少有一半是他们不想叫我知道的。有了那些报纸，加上一个庄士敦，早已弄得他们手忙脚乱，现在又要添上个电话，作为我和外界的第三道桥梁，岂不更使他们防不胜防？因此他们使尽力气来反对。[⑦]

回到“慈禧让司机跪着开车”这个问题，也是同样的道理——慈禧没有坐袁世凯送来的汽车，是因为没有合格的司机，也因为担心汽车的安全问题。至于因“尊卑秩序”而让司机跪着开车，那只是芮恩施头脑中的想象，并未真实发生。

参考资料

①裕容龄 . 清宫琐记 [M]. 北京 : 北京出版社 ,1957:79.

②康有为 . 大同书 [M]. 上海 : 上海古籍出版社 ,2019.

③芮恩施 . 一个美国外交官使华记——1913-1919 年美国驻华公使回忆录 [M]. 北京 : 商务印书馆 ,1982:89.

④溥仪 . 我的前半生 [M]. 北京 : 东方出版社 ,2007:24.

⑤笔者使用的搜索工具，包括了知网、读秀、维普、万方以及龙源。

⑥庄士敦 . 紫禁城的黄昏 [M]. 南京 : 译林出版社 ,2016:152.

⑦溥仪 . 我的前半生 [M]. 北京 : 东方出版社 ,2007:119.

如何理解“量中华之物力”

“量中华之物力，结与国之欢心”这句慈禧名言，对大多数中国人而言可谓耳熟能详。但若细思，便会生出疑惑：这话实在太不得体，太丢脸面，私下指示尚可，公开说出肯定极为不妥。

要理解这个问题，需要明了下面这两个基本事实：

（1）慈禧确实公开说过“量中华之物力，结与国之欢心”这句话。

（2）但是，慈禧是以光绪皇帝的名义，来公开说这句话的。

时为光绪二十六年十二月二十六日，“西狩”不敢回京的慈禧，以光绪皇帝的名义，给内阁下了一道谕旨，其中有这样的句子：

> 本年夏间，拳匪构乱，开衅友邦。朕奉慈驾西巡，京师云扰。叠命庆亲王奕劻、大学士李鸿章作为全权大臣，便宜行事，与各国使臣止兵议款。昨据奕劻等电呈各国议和十二条大纲，业已照允。仍电饬该全权大臣，将详细节目，悉心酌核，量中华之物力，结与国之欢心。既有悔祸之机，宜颁自责之诏，朝廷一切委曲难言之苦衷，不得不为尔天下臣民明谕知之……[①]

大意是：今年夏天“拳匪”作乱，得罪了友邦。我（光绪）拥戴太后西逃，京城陷落。授权庆亲王奕劻与大学士李鸿章，作为全权大臣与友邦使臣议和。奕劻之前呈送来的各国提出的十二条议和大纲，我（光绪）已批示照准。不过，也仍发电报命令这两位全权大臣，须将详细内容细细斟酌查核，做到“量中华之物力，结与国之欢心”。如今，我（光绪）得到了悔祸的机会，也应该颁布自责的诏书，把朝廷所遭遇的种种“委曲难言”的苦衷，说给天下臣民们知晓……

虽然清帝国的高级官僚们都知道光绪已是傀儡，所有以光绪名义颁发的谕旨其实都出自慈禧之意。但“量中华之物力，结与国之欢心”这种丢人的话，终究是公开写在以光绪皇帝名义发布的谕旨里，而非写在以慈禧名义发布的指示当中。让光绪替自己说这种话，慈禧不会有太大压力。

慈禧借光绪之口，公开说出的这句名言，常规的解读，可参见胡绳在《从鸦片战争到五四运动》一书中的概括：“（这句话的意思是）一定要把‘中华之物力’，有多少就拿出多少来，巴结这些武装占领了首都的‘与国’，使它们感到这个朝廷确是值得‘保全’的。”

但学者王开玺不认同这种常规解读。在他看来，清廷在《辛丑条约》签订之前，曾努力与列强交涉，想要削减赔款的数额，只是最终没有成功；且这份谕旨当中还有一段话，是要奕劻与李鸿章等人与列强讨价还价：“细订约章时，婉商力辩，持以理而感以情。各大国信义为重，当视我力之所能及，以期其议之必可行。此该全权大臣所当竭忠尽智者也。”

故此，王开玺认为，“量中华之物力，结与国之欢心”这句慈禧名言的正确解读应该是：

> 清廷的上谕是要求议和大臣奕劻、李鸿章，必须“竭忠尽智”，与列强切实相商，不得在赔款等问题上漫天要价，任意要挟，以尽可能少的中华之物力，来结与国之欢心。②

就字面意思而言，王开玺的理解似乎是正确的。据谕旨原文，“量中华之物力，结与国之欢心”一句之前，确实有“仍电饬该全权大臣，将详细节目，悉心酌核”这样的指示。此处的“悉心酌核”与后面的“婉商力辩”，确实是在指示参与谈判的大臣们，要想办法减少赔款总额，不能对方开口要多少就答应给多少。

但王开玺将“量中华之物力，结与国之欢心”解读为“以尽可能少的中华之物力，来结与国之欢心”，却又有些走得太远了。毕竟，谕旨里还有一句“各大国信义为重，当视我力之所能及”——大国们都是讲究信义的，对赔款的要求应当会以大清“力之所能及”为准。

这句“当视我力之所能及”，固然未必等同于胡绳的“有多少就拿出多少来”，却也同样不能等同于王开玺的“以尽可能少的中华之物力，来结与国之欢心”。谕旨一面要求参与谈判的大臣努力与列强磋商（婉商力辩），一面指示“量中华之物力，结与国之欢心”，这模棱两可的指示，实际上是一种话术，反映了慈禧既希望不惜代价确保和谈成功、又不愿意承担达成巨额赔款的谈判责任的现实心理。一如时人李希圣所言：

> 太后方以首祸当议己，常悁栗不自安。及见约无之，喜过望，诏报奕劻、鸿章尽如约。[3]

大意是：慈禧本来焦躁不安，担忧列强追究祸首会追到自己头上，后见列强提出的十二条和议大纲里没有提到自己，大喜过望，遂下诏让奕劻、李鸿章全盘接受了十二条。此即前文所引诏书中提到的“昨据奕劻等电呈各国议和十二条大纲，业已照允。”

换句话说，如何让自己免于被列强追究，才是整个和议过程中慈禧最关心的事情。李鸿章曾在议和中为载漪等人辩护，瓦德西的回应是：“吾等所列罪魁，皆其从者。为全中国体面，其首罪名，犹未提也。”[4]——现在点名要求惩办的人，不过是从犯，为保全你们的体面，我们还未追究首罪之人。瓦德西这番话所指向的正是慈禧。李鸿章将瓦德西的强硬态度传至西安后，慈禧立即同意在“惩凶”一事上完全应允列强的要求。稍后，列强严苛至极的十二条议和大纲送至西安，慈禧的回应也是全盘照准：

> 览所奏各条，曷胜感慨。敬念宗庙社稷关系至重，不得不委曲求全，所有十二条大纲，应即照允。惟其中利害轻重，详细节目，仍照昨日荣禄等电信各节，设法婉商磋磨，尚冀稍资补救。该王大臣等力为其难，惟力是视可耳。钦此。[⑤]

指示中要求奕劻、李鸿章在细节上与列强继续“婉商磋磨”，以求“稍资补救”，这些话自然也只是在装点门面——十二条大纲已全部“照允”，哪里还有补救的空间？这种“应即照允”，正是慈禧“量中华之（尽可能多的）物力，结与国之欢心”心态的产物。

略言之，以光绪名义颁发的谕旨里，虽然在“量中华之物力，结与国之欢心”之外，尚装点有“悉心酌核”、“婉商力辩”等词句，但无论是慈禧的内心倾向，还是实际的谈判操作，都更接近“有多少就拿出多少来”。

参考资料

①中国第一历史档案馆．义和团档案史料 [M]. 北京：中华书局，1990: 945-947.

②王开玺．“量中华之物力，结与国之欢心”新解 [J]. 近代史研究，2006,(4).

③李希圣．庚子国变记 [A]. 翦伯赞，郑天挺．中国通史参考资料 [C]. 北京：中华书局，2000.

④罗惇曧．庚子国变记．

⑤中国史学会．义和团（第四册）[M]. 上海：上海人民出版社，1957:76.

“川岛芳子诈死”是无稽之谈

不少中文纪录片声称，川岛芳子在抗战胜利后没有被枪毙，而是诈死后化名方姥隐居长春三十年。

这是一种不可信的谣言。

此说的传播，大约始于2008年前后，长春一名叫张钰的人对外声称“姥爷临终前告诉我，从小看着我长大的方姥就是川岛芳子，方姥到1978年才去世”，长春电视台在2008年11月16日的节目里报道了此事。

随后，一些民间文史爱好者开始围绕着这种说法寻找证据，2010年，有两本号称“揭秘川岛芳子生死之谜”的图书出版。国内一些电视台和网站，也制作了一批诸如《川岛芳子生死之谜大揭秘》的所谓纪录片。“川岛芳子诈死后化名方姥隐居长春三十年”之说，遂广为流传。

其实，所谓的“川岛芳子诈死”之说，早在1948年就已闹出过一场舆论风波，而结果证实，那只是捕风捉影的无稽之谈。

自1945年被逮捕后，川岛芳子的清朝皇族（汉名金璧辉）、日本人养女和行事高调的间谍身份，即引起了舆论的高度兴趣。可以说，在媒体关注度方面，没有任何一个汉奸的审判，可以胜过川岛芳子。

比如，1947年10月9日的公审，有多达四五千人前来围观、连法官的座位也被强占，以致不得不被迫延期。《申报》当年对此留下了一段报道：

今因旁听太多，未能公审而延期。今原定下午二时开审，十二时法院门前已拥挤不堪，约四五千人，法警初尚守门，拒绝入内，旋因旁门被挤开，一拥而入，楼上下几无空隙，法官座亦被占，椅櫈栏杆被挤毁，年久之大楼吱呀作响，倘非楼上人涌下，险生惨剧，法院临时宣布延期。

除了现场围观，川岛芳子的受审情形，还被拍摄成了新闻片，自 1947 年 11 月开始，在北京、上海等地的影院公映。吸引了许多人前往观看。报纸上的影院广告，也常常以“加映公审女间谍川岛芳子（新闻片）”作为噱头来招揽观众。

1947 年 10 月，河北省高院判处川岛芳子死刑。11 月 6 日，死刑判决书送至监禁狱中的川岛芳子手中。判决书的内容，也同时对外界公开，内称：“金璧辉通谋敌国，图谋反抗本国，处死刑，褫夺公权终身，全部财产除酌留家属必需之生活费外，没收。”

1948 年 3 月 25 日，川岛芳子于北平第一监狱内被执行枪决。因监狱方面拒绝了所有中文媒体入内围观枪决现场，引起了平津媒体圈的极大不满。《星期日画报》上的记者文章，以一种非常愤怒的笔调，记录下了这场纠纷：

三月廿五日平津各晚报及廿六日各日报纷纷地刊载出特号大题目字“平枪决汉奸第一人，金逆璧辉昨晨伏法，刑前留有遗书，一弹毙命，记者采访竟遭监狱拒绝。”……（记者）早向法院方面取得联系，法院方面倒是通知了记者，可是记者们准时赶到一监后，竟遭到一监的闭门羹，仅许美联社记者进入采访，敝中华大国记者之名片，竟被看守自小门掷出，这是否中国记者们的侮辱？……美籍记者何以允许进入一监采访是项消息呢？……事后，北平记者联谊会曾对法院及一监提出抗议……最遗憾的是我们不能看到金逆伏法的珍贵影片，中电三厂那天特派员前往拍摄新闻片，可是不幸得很，和记者一样的遭到拒绝。[①]

狱方之所以只允许美联社一家派记者入内“目击”，有三个方面的考虑：（1）川岛芳子有“不愿让人围观被枪毙”的遗愿；（2）出于文明执法的考量，不愿再现野蛮的“菜市口式当众处刑”；（3）担忧围观者会给监狱带来冲击，因为在之前公审时，已发生过“多数番号不明军人蜂拥而来”要惩处川岛芳子，法警上前阻止“头部被殴成伤”的暴力事件。时任河北高院检察官的何承斌，对外界解释时，特意强调了后两点（略去第一点当是为了避免刺激舆论情绪）：

职以执行死刑系属残暴行为，各国法律均不公开，若准摄制影片到处映演，不独违法，抑且显示违反人道，有伤国誉，加之依法在监狱内执行，自不能公开，且为保持监内安宁，免生其他意外计，遂陈请首席陈同意，绝对秘密执行。“事先暂不宣布，事后任人参观”，以策万全，而昭大信。[②]

但这种做法，先是引来了平津媒体圈的极大不满，然后又滋生出了一桩谣言，说被枪毙的并不是川岛芳子，而是一名叫刘凤玲的胃病垂死之人，代价是川岛芳子答应给刘凤玲的家人十根金条。并有自称刘凤玲之妹“刘凤贞”者，两度写信向国民政府司法部控告，说谈好的十根金条，狱方只转交了四根。控诉书的大致内容是：

其姐刘凤玲，患胃病垂危，因貌似金逆，且谙日文日语，经其盟兄刘仲侪介绍，向监狱洽妥，以黄金十条代价，乘金逆由女监提出到达院内之时，由伊姐对换代死，金逆从小门逃往东北。当时代价仅给四条，下余六条，屡索未给。

司法部接到控告后，即命河北高等法院就川岛芳子的死刑执行情况展开调查。[③]

“刘凤贞控告事件”是一场意味深长、引人遐想的闹剧。首先，无人知晓这个所谓的“刘凤贞”是否真实存在，因为她自始至终没有公开露过面，不仅官方调查机构找不到她，平津的所有媒体也无人见过她；不但见不到人，连供调查部门联系取证的住址都没有提供。其次，控告书里提到的中介人“盟兄刘仲侪”，倒是被找到了，但他坚决否认有一义妹叫作刘凤玲、刘凤贞，还说自己的任何亲友关系里头，都没有这两个人。再次，河北监察使署调查发现，以所谓的“刘凤贞”名义投递的两份控告书，与上一年督查团接到的“匿名控告吴峙沅（北平第一监狱典狱长）”等人的两份文件，不但字迹完全相同，且“纸质及张页大小亦均相同”。监察使署判断这四份文件“显系出于一人之手无疑”。[④]

所谓“造谣一张嘴、辟谣跑断腿”，谣言留下的确切信息越少，辟谣往往也就越难。制造“刘凤贞控告事件”的幕后之人，显然深谙此道，他（姑且以男性人称视之）不但将自己的身份全然隐藏，所谓的“刘凤贞”“刘凤玲”也只存在于他的控告书里，在现实中是无迹可寻的。他敏锐地抓住了“监狱方面执行枪决时拒绝记者入内围观”这个细节，成功施展出了自己的捕风捉影之术。

所幸的是，狱方在枪决川岛芳子之后，曾将她的尸体挪出监狱，供新闻记者拍照报道、供中电三厂摄影制作新闻片。也就是当年留下的调查档案中所说的：

“执行之后，陈尸监外，任人参观拍照。”

“法警执行一枪毙命，事后经检察官率同检验员三次复验，始将尸体移出非常门外停放，以备各新闻记者参观暨拍照”。

中电三厂此前已跟拍川岛芳子的公审一年有余，其制作的公审新闻片已在全国热映。摄影师认错人的概率是很小的。况且当时在场围观尸体的新闻媒体众多，事后并无任何一家媒体对尸体的真实性提出质疑——这也是两个月之后，“刘凤贞”冒出来宣称“川岛芳子行贿替死”时，并无多少媒体相信的主要缘故。

简言之，1948年被枪毙的，确是川岛芳子本人。2008年前后冒出来的“川岛芳子诈死后化名方姥隐居长春三十年”之说，是不可信的无稽之谈。至于为什么会冒出这种谣言，那就是另一个问题了。

参考资料

①佚名．川岛芳子生前祸国殃民，死后犹有纠纷，记者遭拒羣情怒气不平[J].星期日画报,1948,(16);

佚名．秘密行刑启人疑惑，川岛芳子未死吗？[J].申报,1948,(197).

②何承斌呈报执行金璧辉死刑经过，1948-6-5.

③司法部令河北高法调查执行金璧辉死刑时有无贿买他人替死，1948-5-17.

④河北高法监察处为调查贿买替死事致何承斌、吴峙沅训令稿，1948-5-26.

吴峙沅呈报执行金璧辉死刑经过，1948-6-2.

河北高法为调查贿买替死时呈复司法部函稿，1948-6-12.

李鸿章绝命诗的真伪

中文知识界长期流传一种说法，称李鸿章1901年去世前夕，留有“绝命诗”一首，内容如下：

> 劳劳车马未离鞍，临事方知一死难。
> 三百年来伤国步，八千里外吊民残。
> 秋风宝剑孤臣泪，落日旌旗大将坛。
> 海外尘氛犹未息，诸君莫作等闲看。

因该诗极为凝练地概括总结了李鸿章一生的事功与成败，故流传极广，已成为署名李鸿章的诗作中，最为著名的一首。许多历史爱好者甚至只知晓有这么一首“李鸿章的诗”——毕竟，在涉及李鸿章的当代通俗历史读物中，这首诗的引用率，远远超出了李鸿章其他的诗作，且多以肯定的语气称该诗是李鸿章的临终绝命诗。

比如，《流放紫禁城：庚子国变》一书说，“知道自己要死了，李鸿章留下了遗折……他还老泪纵横地吟成一诗：劳劳车马未离鞍……”[①]《李鸿章画传》一书说，“临终前，李鸿章口述遗诗一首，回顾了自己的一生：劳劳车马未离鞍……”[②]《国运1909：清帝国的改革突围》则说，“李鸿章……积劳成疾，死在工作岗位上，留下‘秋风宝剑孤臣泪，落日旌旗大将坛’的凄凉自挽”[③]……如此种种，不胜枚举。

相较之下，史学界对这首“李鸿章绝命诗”的真伪，始终多少存有一些疑虑。原因是由李鸿章的后人与好友编纂的李鸿章文集中，从未收录此诗。事实上，李鸿章去世时并不孤独，相反，“缠绵病榻，死前那些日子时刻都有亲人和部属陪侍左右，乃至他在弥留之际的具体情态细节、片言只语都有人做了详细记录”[④]，所以他给清廷留下了一封遗折，也给远在上海的友人盛宣怀写了一封诀别的遗书。如果李鸿章临终写有“秋风宝剑孤臣泪”一诗，不被亲友收录，几乎是不可能的事情。

许多涉及李鸿章的学术著作，在提及此诗时，常以“据说”二字加以限定。如董丛林《刀锋下的外交：李鸿章在1870-1901》称，此诗“据说是他临死前吟成”[⑤]；苑书义《李鸿章传》称，“据说，李鸿章死前惓念危局，还老泪纵横地吟成一诗：劳劳车马未离鞍……”[⑥]

学术界之所以用“据说”，自然是因为没有确凿的材料可以证实该诗是李鸿章所写。该诗被当成李鸿章的作品而被广泛传播，大约始于20世纪60年代——1965年出版的《北洋军阀史话》，将该诗说成李鸿章在前往日本签订《马关条约》时，遭日本刺客狙击后所写的“马关纪事诗”。[⑦]掌故学家高拜石同年出版的《南湖录忆（一）》，则称该诗是李鸿章“呕血死于燕都之贤良祠”时“老泪纵横”所吟[⑧]。

以上，是李鸿章“临终绝命诗疑案”的大致情况。笔者于《申报》中检索得到一条线索，似可为这一疑案略做新论。

1919年11月10日，《申报》“自由谈”栏目刊有一首题为《李鸿章》的诗作，内容是[⑨]：

> 威威车马据征鞍，临事方知一死难。
> 二百年来伤国乱，八千里内吊民残。
> 秋风宝剑孤臣泪，落日旌旗大将寒。
> 海外干戈犹未息，英雄莫作等闲看。

这是迄今为止，笔者所能找到的关于所谓“李鸿章临终绝命诗”的最早版本，此时距离李鸿章去世，已过去了18年。据报纸的介绍，该诗来自一位叫作“仙籁氏”的投稿人，但他并非作者，笔者也未查到他的真实身份。栏目编辑在11月7日，对“仙籁氏”及其投稿的诗歌，有这样一段介绍：“仙籁氏囊存《古诗录》一卷，兴来翻阅，诗骨清隽可诵，惜未注明何代人作，兹特选其最妙者，投自由谈，以博阅者之一欢。”[10]

意即，这位“仙籁氏”手中收藏有一卷名为《古诗录》的书籍，其中有不少好诗，可惜没有留下作者信息。

其实，《申报》所选《古诗录》诗作，有部分是可以查到原作者的。如《洗耳池》一首，即明代人赵璧的《洗耳芳池》；《九日游蜀山》一首，即清代人李天馥的《九日游蜀山》；《金山寺游客》一首，则与传言中乾隆所写的《游中岳嵩山》诗极为相近（也不知道是谁在抄袭谁）。

如此，也就可以知道：（1）“秋风宝剑孤臣泪”一诗，原题为《李鸿章》；（2）该诗并非李鸿章所写绝命诗，而是后人在李鸿章去世后，所写的追悼之作。（3）与流行的所谓“李鸿章绝命诗”相比，《申报》刊载的《李鸿章》一诗，遣词造句上有诸多不同，如劳劳车马—威威车马、伤国步—伤国乱、大将坛—大将寒、海外尘氛—海外干戈、诸君—英雄。其中“伤国乱”、“大将寒”两句，明显比流行的所谓“李鸿章绝命诗”更优。

由《申报》的介绍还可以知道，在“仙籁氏”的《古诗录》之前，《李鸿章》一诗必有更原始的出处，只是限于史料，今人已不得而知。

不过，也并非毫无线索可查。前文提到，李鸿章临终前夕，写过一封遗书，给远在上海的好友盛宣怀。内中附有这样一首诗：

> 四十年来百战身，几回此地息风尘。
> 经营庶富羞言我，纽握机权耻授人。

尽一分心酬圣主，收方寸效作贤臣。

诸君努力艰难日，莫误龙华会里因。

李在遗书中解释了自己为何要写这首诗："鸿章又拈句谏海上官商寅友，并谢拳拳，乞弟代为一一致意。愿诸君努力共济时艰，鸿章虽死犹生。顿首，顿首。"[11]

一个"谏"字，显示李鸿章的目的，是想对包括盛宣怀在内的上海官场、商场的好朋友有所劝说。将"愿诸君努力共济时艰，鸿章虽死犹生"一句，与"尽一分心酬圣主，收方寸效作贤臣"放在一起阅读，可以清晰知道，李鸿章的劝说内容，是希望众友人不要因1900年的事情而放弃清廷，希望他们继续在艰难时局里，努力为清廷维系国运。

再来看"海外干戈犹未息，英雄莫作等闲看"（申报版）这两句，抑或"海外尘氛犹未息，诸君莫作等闲看"（流行版）这两句，它们恰与李鸿章这封遗书中"谏"的内容，构成了一种非常直接的呼应。说后者是前者的用典所在，当不算过度解读。

也就是说：（1）"秋风宝剑孤臣泪"并非李鸿章所作绝命诗，而是一首针对李鸿章之死的挽歌；（2）它的作者，很有可能是盛宣怀圈子里那些李鸿章的"海上官商寅友"，也就是可以读到李鸿章致盛宣怀临终遗书之人。

参考资料

①张建伟．流放紫禁城：庚子国变 [M]. 北京：新世界出版社，1997:526-527.

②许昭堂．李鸿章画传 [M]. 合肥：安徽教育出版社，2018:205.

③雪珥．国运1909：清帝国的改革突围 [M]. 西安：陕西师范大学出版

社,2010:7.

④王垒.李鸿章"临终诗"辨伪[J].澳门理工学报(人文社会科学版),2015,(1).

⑤董丛林.刀锋下的外交:李鸿章在1870-1901[M].北京:东方出版社,2012:289.

⑥苑书义.李鸿章传[M].北京:人民出版社,1991:403.

⑦丁中江.北洋军阀史话[M].北京:商务印书馆,2012:37.

丁书所录诗作,文字略有差异:"劳劳车马未离鞍,临事方知一死难;三百年来伤国步, 八千里外吊民残。秋风宝剑孤臣泪,落日旌旗大将坛;寰海尘氛纷未已,诸君莫作等闲看"。

⑧高拜石.南湖录忆(一)[M].台北:达昌出版社,1965:332-333.

⑨佚名.仙籁氏在古诗录又选诗章十余阕投自山谈再博阅者之一粲[N].申报,1919-11-10.

⑩佚名.仙籁氏选《古诗录》[N].申报,1919-11-7。

⑪李鸿章.李鸿章全集36卷·信函八[M].合肥:安徽教育出版社,2008:273.

李鸿章挨一枪少赔一亿两？

“李鸿章在马关挨一枪，中国少赔一亿两银子”之说不知始于何时，但常见于各种通俗文史著作。

比如，《晚清军政启示录》里说：“或许是看到李鸿章受了枪伤，伊藤博文最后做了一亿两白银的让步——李鸿章苦笑，这一枪挨得值。一个没要了他性命的枪伤，价值一亿两，他觉得自己所受的皮肉之苦都值了。”①

《复盘甲午：重走近代中日对抗十五局》里也说：“为了抵消李鸿章遇刺的影响，日方又决定将赔款金额减去一亿两，诚可谓 19 世纪外交史上最昂贵的一枪。”②

《流放紫禁城》一书也说：“四月十七日，日本在谈判桌上做出了一点让步，《中日马关条约》签字，较原日方条件有所减轻，赔款减少了一亿两，割地少了一处。时议对此的评价是：‘口舌所不能争者，藉一枪子而得之。’意思是说：日本在条约上的让步，完全是因为李鸿章挨了一枪。”③

它的广泛传播，则显然始于电视剧《走向共和》的演绎。

不过，这种说法并不成立。梁启超当年为李鸿章做传，其中虽然也有“口舌所不能争者，藉一枪子之伤而得之”这样的话，但梁书写得明白，日本政府因李鸿章遇刺而做出的让步，并非减少赔款，而是停战：

“日皇及举国臣民同深震悼，遂允将中国前提出之停战节略画押。”④

扼要来说，李鸿章遇刺前后的博弈情境，是这样的：

（1）李鸿章遇刺之前，日本国内舆论（包括军队内部）的主战气氛极为浓厚，“何时轻骑入燕京”是当时一种普遍的日本民意。行刺李鸿章的小山丰太郎，是一名26岁的无业游民，他的行刺动机正是不希望中日两国停战，他在法庭上宣称，“日军放弃占领北京意味着日本的耻辱，目前同中国签订合约为时尚早”，他希望通过刺杀李鸿章，让和谈直接流产。日本政府在谈判中，也始终拒绝清廷的停战提议，并积极调动军队攻占澎湖，且欲直接夺取台湾，继而在谈判桌上取得更大的利益。⑤

（2）李鸿章遇刺后，首相伊藤博文与外相陆奥宗光最担心的问题，是李鸿章很可能因此中断谈判直接回国。陆奥宗光曾私下说，“实在是麻烦。首先，无论如何，现在李鸿章要是回国就很难办了”。事发当晚，陆奥宗光拜访伊藤博文商议如何善后，二人的决定是：“如果仅在礼遇上或社交的情谊上作表示，不另采取具有现实意义之措施，恐终不能使对方衷心感到满意。故此时由我无条件允许他所一再恳请之休战，较为得计。”⑥

（3）日本政府为什么担忧李鸿章回国？陆奥宗光在《蹇蹇录》里说得很明白：

> 倘若李鸿章以伤痛为借口中断双方的谈判而中途回国，对日本国民的行为痛加贬斥，并巧妙地招引欧美各国再度居中调停的话，要博得两三个欧洲强国的同情亦非难事。在这样的时刻，一旦招致欧洲强国的干涉，我国对中国的要求恐怕也不得不要做大幅度的让步。也有人认为，从逻辑上来说，这次的刺杀事件完全只是一个暴徒的个人行为，与我国政府和国民可谓没有丝毫的瓜葛，只要对暴徒个人严加惩罚的话，其他人就没有任何责任。但是对于眼下正在交战的两国，尤其是在战胜国的我国，如何对待敌国的使臣，对其给予相当的保护和尊重，

本身就是国际公法上的一个惯例，这样的事件一旦撬动了整个社会的感情，就很难用逻辑上的理论来加以解决了。且不说李鸿章的地位、名望，就其以古稀的高龄第一次出使异域，即遭到了如此的凶难，真是情何以堪！其将博得全世界的同情是显而易见的。此时若有某个强国欲乘机加以干涉，李的负伤就是最佳的借口了。⑦

（4）伊藤与陆奥议定对策之后，即致电内阁阁员与大本营重臣进行商议。但除陆军大臣山县有朋之外，大多数人对停战仍持反对意见。伊藤博文不得不离开马关前往广岛与文武重臣面商舌战，并在给天皇的奏疏里说：

由于此次凶变，帝国不得不立于甚为困难之境地。反之，清国却因此而得到最好的口实，清使或将立即归国。而当其向各国哀诉时，各国将向彼表示同情，且难保不转而以其联合之压力抑制我方。果真如此，则帝国之威严必将大为丧失。因此，今日善后之策，惟有与清使继续商谈，以预先避免各国之联合干涉。⑧

（5）在慰问李鸿章时，陆奥宗光曾安抚道："中堂身受重伤，幸未致命，中堂不幸，大清举国之大幸。此后和款必易商办""请宽心养伤，中日战事将从此止"。但最后，日本政府因"李鸿章挨枪"而做出的停战让步，却是严重缩水的——第一，台湾被排除在了停战范围之外；第二，停战期间两国均不得增援战线上的部队。这两条都对日军有利。之所以用这种"缩水停战"来应付李鸿章，是因为日本政府通过对清廷密电的破译，了解到他并无中断谈判归国的打算。因为知晓了李鸿章的底牌，稍后在关于停战问题的谈判中，李希望将台湾也划入停战范围的要求，始终未能得到日方同意。⑨

1895年3月30日，李鸿章遇刺后的第六天，原本无意停战的日本，与清廷签订了一份《停战协定》。梁启超后来将该《协定》评价为“口舌所不能争者，藉一枪子而得之”，大体是成立的。

至于“李鸿章在马关挨一枪，中国少赔一亿两银子”，只能算脑补出来的无稽之谈。

因已成功稳住李鸿章留在日本，后续关于赔款数额的谈判中，日本政府已不再将李鸿章的遇刺纳入考量因素。春帆楼谈判重启后，日方提出的和议条件极为苛刻。最过分者，是要求清廷将奉天以南各地和台湾澎湖各岛全部割让给日本，并赔款三亿两白银。清廷给李鸿章的指示，则是“让地应以一处为断，赔费应以万万为断”[10]，也就是割地最多只能割一处，赔款最多只能赔一亿两白银。该底线同样因电报遭到破译而被日方知晓。伊藤博文因而有恃无恐，拒绝做出让步：

> 赔款即使能有小幅度的减少，但绝不可能有大幅度的削减，在割地方面，奉天和台湾都要割让，这点我先事先说清楚，以避免日后的误解。我们还是希望中国使臣能够深切地审察今日两国的实际形势，即日本是战胜国，中国是战败国这一事实，是中国先提出求和。[11]

按陆奥宗光的解释，《马关条约》的赔款数额，最终由三亿两白银减为二亿两白银，其主要原因是“我方当初提出的方案原本是作为会谈的基础提出来的。因此对此并非完全没有修正的余地”。当日方通过监视李鸿章与清廷之间的来往电报，确认三亿两白银的赔款数额确实很难被清廷接受，很可能导致和谈破裂（李鸿章在给清廷的电报里有这样一段文字：“若（日本）仍坚持此前的主张，是否可再加若干让步之处？……若不可，唯有停止谈判归国一途”），于是转而提出一份修正方案，其中一项内容是“赔款削减至两亿两”[12]。

综上。“李鸿章挨一枪，大清少赔一亿两”之说，是一个错误的“历史常识”。

参考资料

①宗承灏．晚清军政启示录：被砍断的龙旗[M]. 北京：现代出版社,2019:340.

②王鼎杰．复盘甲午：重走近代中日对抗十五局[M]. 上海：上海人民出版社,2016:352.

③张建伟．流放紫禁城[M]. 北京：作家出版社,1999:332.

④梁启超．李鸿章[M]. 武汉：湖北人民出版社,2004:124.

⑤戚其章．甲午战争史[M]. 上海：上海人民出版社,2014:410.

⑥⑦陆奥宗光．蹇蹇录：甲午战争秘录[M]. 上海：上海人民出版社,2015:171-172.

⑧戚其章．甲午战争史[M]. 上海：上海人民出版社,2014:412.

⑨吉辰．昂贵的和平：中日马关议和研究[M]. 上海：三联书店,2014:179-182.

⑩李鸿章．李鸿章全集26·电报六[M]. 合肥：安徽教育出版社,2008:96.

⑪⑫陆奥宗光．蹇蹇录：甲午战争秘录[M]. 上海：上海人民出版社,2015:183、186-187.

洋人批太监制度反遭太监训斥？

清朝末年，法国使臣罗杰斯觐见清朝皇帝时说："贵国太监制度将健康男人变成残疾，很不人道。"

没等皇帝开口作答，贴身太监姚郧抢嘴道："这是陛下恩赐，奴才心甘情愿，公使怎可诋毁我大清国律？"

这是个流传甚广的故事。它不但在中文互联网上随处可见，还见于各种严肃的文化媒体和学术著作，甚至还被当成了"高中生议论文的论点论据"。①

但这个故事是假的。

首先，晚清的法国驻华使节里，并无一位名叫"罗杰斯"者。郭廷以《近代中国史事日志》中附录有一份"各国使节表"，从法国部分的情况可以看到，其中不但没有"罗杰斯"，连与"罗杰斯"这个名字发音相近者也没有。②

其次，太监姚郧不存在。

外国使节觐见清朝皇帝，始于1873年各国公使觐见同治。参与觐见者包括俄国公使倭良嘎哩、美国公使镂斐迪、英国公使威妥玛、法国公使热福里、荷兰公使费果荪，由德国驻华使馆的璧斯玛充当翻译（德国公使李福斯回国，璧斯玛兼任德国代表）。

这当中，既无人名叫"罗杰斯"，也没有发生关于太监问题的谈话。据双方材料，觐见中，各国公使没有与皇帝发生直接的交流，俄国公使作为代表"读一演说辞"后，由站在他身后的翻译将演说辞译成中文。同治皇帝对公使们说的话，则通过跪在御座旁边的恭亲王代为传递，他先说给恭亲王听，再由恭亲王起身走到各国公使面前复述。[3]

同治皇帝对1873年的各国公使觐见并不满意，原因是洋人没有下跪，而是站在自己面前，只行了五鞠躬礼。不过，当年的市井舆论并不了解觐见的具体情形，流传的情节是各国公使被同治皇帝的天威给吓得屁滚尿流：

“皇上登宝座，使臣行六鞠躬礼，不跪。阶旁设黄案，使以次立读国书。居首者读至数句，即浑身发战，不能卒读。皇上问国王好，亦不能答。皇上又问，屡次求见，有何话说，亦不能答。其次者则奉书屡次坠地，而不能开声。经恭亲王当众嘲笑‘草鸡毛’，令人掖之下阶；不能动步，坐地汗喘。十二人摇头私语，不知所云。延之就宴，亦不能赴，仓皇散出。恭王云：‘说是大皇帝不可轻见，你们不信，今日如何？我中国叫此为草鸡毛！’举国以为笑谈。”[4]

1875年，同治皇帝去世。清廷再度以光绪皇帝年幼、慈禧垂帘不便为由，拒绝各国公使入宫觐见，直至光绪成年，觐见才再度恢复。可想而知，如果真有外国公使与清朝皇帝谈论太监问题，只能是在光绪时代——他之前的同治皇帝只接见过一次各国公使，谈话内容也有明确的记载；他之后的宣统皇帝，则只是个襁褓中的孩子。

光绪身边，并无贴身太监叫作“姚郧”。

第三，使用搜索引擎谷歌的“自定义时间搜索”功能可以知道，这则故事最早出现的时间，约是2007年。将搜索时间限定在2007年12月30日之前，只能得到一条搜索结果。

打开这条唯一的搜索结果，即可发现，这其实是一篇网友开脑洞写出来的游戏之作。在文章里，这位“子虚乌有”的太监，与那子虚乌有的“罗杰斯”对话时，使用了大量的现代词汇，比如“人道”“生存权”“公务员”“自由化”等，甚至出现了“天上人间”。[5]

至此，已可百分之百地肯定，这个流传甚广的“洋人批评太监制度却遭太监反驳”的故事，并非史实。

最后再说一个笔者所知道的晚清太监故事。下图是一位有幸留下了影像资料的老太监。照片引自 1926 年的《图画时报》（第 316 期第 3 页），题为“看守寿皇殿八十一岁之老太监”。

1926 年，看守寿皇殿的老太监

寿皇殿是供奉清朝帝后遗像的所在。据《北洋画报》报道，该年 12 月 12 日夜：

“遗老江某带领多人，突然闯入（寿皇）殿内，将（帝后）遗像劫去，至今不知下落。……闻言看守寿皇殿之太监张叔诚（非天津之九爷），当时因无力抵抗，致负职责，且深愤江某此种强盗行为，触头自尽，获救未死。”⑥

参考资料

①佚名 . 令人深思的三个故事 [J]. 政府法制 ,2014,(17);

佚名 . 人啊，人 [J]. 杂文选刊（上半月）,2013,(4);

佚名 . 出彩好作文：高中生议论文论点论据论证大全 [M]. 长沙 : 湖南教育出版社 ,2016:89.

以上均收录了这则故事。

②郭廷以 . 近代中国史事日志 [M]. 北京 : 中华书局 ,1987.

③朱杰勤 . 中外关系史译丛 [M]. 北京 : 海洋出版社 ,1984:186-187.

④平步青 . 霞外攟屑 · 各国使臣觐见 [A]. 孙文光 . 中国历代笔记选粹（上）[C]. 上海 : 华东师范大学出版社 ,1998:102-103.

⑤佚名 . 网文《皇帝不急太监急：记一个伟大的爱国太监——姚郎》。

⑥妙观 . 清帝后遗像被劫记 [J]. 北洋画报 ,1926,(50).

“清廷派军舰墨西哥护侨”的真相

“墨西哥屠杀华人，清廷出动军舰护侨，吓得墨西哥赶紧赔款道歉”，是一个中文世界长期流传的段子。

这个段子，见于多种通俗历史读物。比如一本叫《中国海魂》的书声称，伍廷芳在1905年用炮舰政策威胁了墨西哥，“迫使其放弃迫害华人的法令”，且说墨西哥再次发生排华事件时，中国宣布派一艘巡洋舰去访问，“吓了一大跳的墨西哥人赶紧道歉赔款”。还有一些通俗读物声称，中国取得对墨西哥的外交胜利，原因不在腐朽的清廷，而在于“伍廷芳压根就没通知清政府，否则外交必然失败”。①

这些说法，均缺乏史料依据。

一、华工为什么去墨西哥

波费里奥·迪亚斯总统当政期间（1877—1911年），墨西哥对外国劳工的需求相当旺盛。

1882年美国通过《排华法案》，华工在美国的境况急转直下。墨西哥政府看准时机，于1884年、1885年两次向清廷驻美使臣郑藻如提出与中国订立招工条约的请求。当时，清廷与墨西哥尚未建交，但郑藻如觉得此事可行，理由是有了条约，以后华工在墨西哥受到伤害，就可以有正规的处理依据。但总理衙门觉得保护华工是一项很麻烦的交涉，婉拒了墨西哥的请求。

这之后的1890年、1893年，墨西哥又多次提出了相似的要求，均遭婉拒。1894年，两国终于开始建交谈判，但谈判过程并不顺利，一直拖到1899年夏天，两国代表才在华盛顿签订了《中墨和好通商行船条约》，宣布正式建交。

《中墨和好通商行船条约》共有二十款。与华工相关的规定，大致内容是：所有赴墨华工须出于心甘情愿；禁止使用"勉强之法或施诡谲之计"引诱华工；华工在墨西哥享有最惠国待遇。

条约签订后，墨西哥在中国的广州、上海、汉口、福州、厦门等地设立了领事馆，负责招募华工。1895年，在墨华人只有不到1000人；1904年，这个数字上升为8000多人。②

二、"伍廷芳炮舰恐吓墨西哥"谣言的由来

这则谣言的实质，是史料在传播过程中被化虚为实、张冠李戴。

所谓化虚为实，指的是伍廷芳确实曾致电清廷，询问是否可以派军舰赴南美洲夸耀武力协助外交，但这一建议被清廷否决了，并没有付诸实施。

伍的电报全文如下：

> 旅秘华侨电请代吁政府派兵轮前往镇压。廷查各国时遣战船游弋各处，以示声威而资保护，各主国亦极欢迎。前月日本舰队来美，彼此极洽。我政府上年派杨侍郎乘兵舰赴南洋，如能再赴各国，顺道南美洲，抚慰侨氓，人心益深感戴。是否可行，乞钧裁电示，俾转谕华侨廷艳。③

时为1909年，也就是伍廷芳第二次出任驻美公使期间。当时，南美各国出现了排华风潮，尤以秘鲁最为严重，许多华人店铺被抢，且有不少华人在骚乱中受伤。由伍的这份电报可知，请求清廷派军舰前

往，是“旅秘华侨”的要求，与墨西哥华工无关。伍赞同秘鲁华侨的请求，所以愿意替他们致电清廷外务部，且在电报中增入了自己的看法，即可以派军舰、应该派军舰。

外务部权衡得失，没有采纳伍的建议，只命他出访南美各国。得不到武力支持的伍廷芳，只能凭着自己的外交手腕，以停止华工赴秘为筹码，与秘鲁政府再三交涉，迫使其废除了一些苛待华人的政策。

所谓张冠李戴，则是指伍廷芳的上述建议，起因于南美洲（主要是秘鲁华人）受到伤害，却被讹传为起因于墨西哥华工被杀害。这种讹传，大约始于民国人刘成禺撰写的《世载堂杂忆》。

书中说，墨西哥欲仿效美国排华，伍廷芳亲赴墨西哥，同墨外长发生冲突，拍案而起：“下旗回国，再电中国政府调兵船来，与汝等周旋”。墨政府忙请美国国务卿出面调停，停止了排华。伍廷芳回美国后，有学生问他“中国兵船何在”，问他为何“敢言绝交”，伍廷芳回答：“在华盛顿出发赴墨时，美国务卿与予最善，予与彼密谈，如在墨西哥交涉决裂，彼已应允负责调停矣。”④

意思是，早在出发去墨西哥之前，美国国务卿已答应站在我这边，出面帮助调停。所以我才敢说派兵船来、两国绝交那种狠话。

这个故事自然是假的。因为身兼驻墨公使之职的伍廷芳，从未去过墨西哥。而且，伍廷芳在驻外任上，一切交涉，事无巨细均会电告清廷外务部，不会做这种擅自恐吓、擅自威胁的事情。比如，他以停止华工赴秘为筹码与秘鲁政府交涉前，已将这一筹码告知了外务部。

三、程璧光与“海圻号”未抵达墨西哥

1910 年，墨西哥全国大约有 3 万华人。不少原本在铁路、矿山、农场工作的华人，经过多年积累，已成为殷实的商户，开始从事零售业。比如在墨西哥北部的托雷翁城，也就是中文史料中常见的“莱苑埠”，有 600 多名华人在经营餐馆、旅店、洗衣房和杂货铺。康有为

在这里也有投资。

1911 年，墨西哥革命党人马德罗起事，意图推翻迪亚斯政权。5 月 15 日，叛军攻陷托雷翁城，与深怀仇华情绪的当地人（很多人认为华人抢走了他们的工作）一起抢劫了城内的华人店铺，并疯狂屠杀华人。在华墨银行中，暴徒先是杀死了大厅里的雇员，后又用大镰刀在尸体上乱砍，将头和四肢丢到大街之上，可谓残忍至极。

美国领事馆的工作人员 George C. Carothers，在报告中如此描述他所见到的华人商铺惨状：

> 我们去中国洗衣店。有四人被杀害，这家洗衣店差不多也被毁坏了。炸弹投到了房顶上，窗与门不是被摧毁就是被偷走，机器碎成了片，一切能被货车运走的东西，都被拿走了。接下来去“Puerto de Shanghai”。这座建筑物的门和窗都被摧毁了。几个月前迁到这座建筑物里的中国银行也被毁了，保险箱被炸开，里面的东西被拿走，家具被摧毁，所有文件和贵重物品都被偷走了。

事后统计，有超过 300 名华人在这场屠杀中遇害，占到了当地华人人口的一半，经济损失在百万墨元以上。⑤

事发后，清廷驻墨代办沈艾孙致电外务部，询问是否可以出动军舰前往墨西哥护侨，并建议清廷向墨西哥政府索赔 3000 万墨元。沈提醒外务部，此次事件中华人损失最大，各国都有意参照中国提出的金额制定索赔规格，事关国家颜面，中国在这一问题上“不得不力争上游”。其电报原文如下：

> 派舰系美嘱，美不肯居名，自应我认作由欧来美游历最妙。华损最巨，各国视我为准，不得不力争上游，索三千万姑备磋磨。昨宫宴，总统极联络，请慰京墨使。如来问，乞告由

墨交涉。艾孙。（驻墨代办沈艾孙呈外部华侨损失索三千万姑备磋磨电）

据沈的这份电报，派军舰前往墨西哥护侨，是美国政界人士的提醒与建议，但美方不愿出面直接邀请中国，所以军舰赴墨，最好以“由欧来美游历”的名义。

清廷一度计划派海容号巡洋舰赴墨。这是一艘甲午战争后向德国采买的军舰，排水量 2950 吨，全长 100 米、宽 12.5 米。后于抗战期间在江阴自沉于长江，以延缓日本海军循长江而上。但清廷又担心此举“使华侨生骄，而墨民益愤”，始终犹豫不决。

这种犹豫不决，将事情拖到了六月份。

6 月 12 日，外务部回复沈艾孙，称墨西哥的乱局已渐渐平息，之前拟派遣海容号去墨西哥的计划已经作罢，将改派程璧光率领的海圻号巡洋舰前往美国，顺道经过一下墨西哥的港口——该舰现在正奉命参加英王加冕礼。外务部特别叮嘱沈艾孙，要他向墨西哥政府传递信息，海圻号只是“就近赴美洲游历”，旨在联络各国感情，“并无他意”，没有其他的用意。

外务部的电报原文如下：

申。据美使转美外部接驻墨美使电，墨乱渐平。海部前派海容业已作罢，另派海圻，于英加冕礼成后，开往纽约、古巴及墨东方口岸。除另电张使外，希向墨外部声明：该舰就近赴美洲游历，系联交谊，并无他意。执事务加镇定，随时慰谕华侨，冀免痕迹。外务部。[⑥]

电报中的“执事务加镇定，随时慰谕华侨，冀免痕迹”一句，显然是在提醒沈艾孙，命他在安抚华人时，不可将海圻号的到来，明确解读为派军舰过来示威。

8月10日，程璧光一行率海圻号到达纽约。程璧光等人在美国活动了一周左右。其间觐见了美国总统，会见了国务卿与海军部长，拜访了已故美国总统格兰特之子并前往格兰特之墓献花，参观了美国海军在纽约的造船厂，参观了伯利恒钢铁厂……以及美国华侨商会组织的各种欢迎会。由这些活动可知，对海圻号而言，前往墨西哥并非急事。⑦

一周后，海圻号沿美国海岸线南下，于8月20日抵达古巴。程璧光等人在古巴停留了10天左右，与该国总统就华工权益保护有过一番交流。稍后，海圻舰奉命取消了墨西哥之行，启程回国。彼时，墨西哥政府已表态同意赔偿，但距离签署赔偿协议还有很长一段距离。

四、不能算作赔偿的赔偿

1911年6月底，中国驻美公使张荫棠率团队抵达墨西哥首都，开始搜集证据，与墨西哥总统、外长频繁会晤，磋商“托雷翁大屠杀”的善后事宜。大约同期，清廷拨发的一万两救济银两，也抵达了墨西哥，发放到了受难华人手中。

据张荫棠事后写给清廷的报告，交涉初期，墨西哥总统表态愿意向中国道歉，且原则上同意在“将来”查办凶手并讨论赔偿问题，同时也以“两军激战，伤及外人”是在所难免之事为由自辩。张则聘请了两位美国律师，负责调查华人被害的事实，汇总为一本“华侨被害事实节略”的小册子，将之呈交给了墨西哥政府。

稍后，墨西哥方面拿出一份报告，声称是华人先开的枪，张荫棠将报告带回做了进一步调查，发现该报告的证人是一名参与屠杀华人的士兵，不具备可信度。张还找到了一位叫作黄琳的华人医生来作证，推翻了墨西哥方面提交的报告。墨西哥总统的答复是派人与中方一起去托雷翁城调查。两国组成的调查团于8月中旬到达托雷翁。共同调查的结果是：该地华人共303人被杀害，财产损失70余万墨元；其他地区发生300余案，华人被害20人，有8人死于土匪，财产损失20余万；“华人先开枪”一事并不存在。

与这一调查结果出炉大约同期，海圻号奉命终止前往墨西哥，返程归国。

在赔偿标准上，张荫棠原计划是每位被害者25000墨元。墨方认为太高，张也觉得若过于坚持，可能会引起墨西哥人的恶感，使华人在当地的处境进一步恶化，遂作出了一些让步。最终，墨方承诺赔偿中国310万墨元。⑧

1911年12月16日，两国代表签署了一份《中墨赔款证明书》。在证明书的开头，墨方先是表达了对中国的歉意，然后强调：墨政府一贯认为“革党或乱匪所为”，政府“一概不能担任其责”，这一次之所以愿意赔偿，是一种特殊处理，旨在“以昭情谊”，将来再发生类似的事情，“不得以此作为成案”，不可以援引这次的做法作为处理依据。中方则承认此事是承了墨西哥政府的“美意”。关于此节的原文如下：

> 墨西哥共和国政府力持：凡一国革党或乱匪所为，其国除国际法所承认诸特别例案外，一概不能担任其责。而上段所言情事，墨西哥共和国政府以为亦不在国际法承认诸特别例案内，然对于受有损伤亡失诸中国人民，仍情愿按照此次证明书所定给以赔偿，以昭情谊，将来不得以此作为成案。又，中墨两国政府于上段所言情事，均愿免将来再有辩论。故和洽议结办法，中国政府于此事承认墨国政府之美意。

亦即，这次赔偿不能算作赔偿，而须算作墨方的“美意”。

张荫棠还在报告中提到，美国驻墨大使给他提供了许多有益的建议。比如，该大使告诉张，墨西哥正处在“新旧党争势之际”，虽然不畏惧中国的武力干涉，但他们顾及名誉，均不想在国际上落下不好的名声。他建议张荫棠，若墨方拒绝赔偿，中方“可将残杀华人，及不肯偿恤情形，宣布东西各国”，将华人受害的惨况在国际上广为宣传，给墨方施加舆论压力。该大使还提醒张荫棠，须在墨西哥政界“多方运动，乃能于事有济”。

遗憾的是，《中墨赔款证明书》原本约定于1912年7月1日前在墨西哥首都交付赔款，但清廷稍后即被民国取代，迪亚斯政权也被马德罗推翻，这一赔偿协议不得不延缓到1913年2月执行。1913年，又发生了马德罗被刺杀之事，赔款之事遂不了了之。

参考资料

①萨苏，李峰．中国海魂：从郑和到钓鱼岛[M]．武汉：长江文艺出版社，2011.

雾满拦江．历史真的很有料[M]．北京：中国华侨出版社，2012.

②董经胜．1910年前中国向墨西哥的移民和中墨关系[A]．朱鸿博．国际新格局下的拉美研究[C]．上海：复旦大学出版社，2007.

③伍廷芳．伍廷芳集（上）[M]．北京：中华书局，1993:306.

④刘成禺．世载堂杂忆[M]．沈阳：辽宁教育出版社，1997:143.

⑤杨立．一段尘封的历史：墨西哥托雷翁称排华血案[J]．历史月刊，2008,(4).

⑥王彦威，王亮．清季外交史料[M]．长沙：湖南师范大学出版社，2015.

⑦池仲佑．海军大事记[A]．左舜生．中国近百年史资料续编[C]．上海：上海书店出版社，1938:P353.

⑧陈翰笙．华工出国史料汇编第一辑[M]．北京：中华书局，1985:1287.

本文还参考了：

梁碧莹．艰难的外交：晚清中国驻美公使研究[M]．天津：天津古籍出版社，2004.

巴拿马万国博览会金奖的含金量

关于“巴拿马金奖”，一般是指 1915 年的“巴拿马万国博览会金奖”。该博览会的举办地，是美国旧金山。

该奖项究竟是怎么回事，有多少含金量，可参见王勇则所著《图说 1915 巴拿马赛会》一书的整理研究。

扼要来说就是：

1.“巴拿马金奖”不是头等奖。

此次博览会共设有六个级别的奖项。从高到低依次是：大奖（荣誉奖中的最佳者）、荣誉奖（也称名誉奖，95 分以上）、金奖（85 分以上）、银奖（75 分以上）、铜奖（60 分以上）、鼓励奖（入围赛品，无奖牌有奖状）。

也就是说，中文世界广泛炒作的“巴拿马金奖”，并不是最高荣誉，只是第三级别奖项。

2. 奖项总量很大，以各国雨露均沾为第一要务。

此次活动共计约有 20 万件展品，举办方颁发了 25527 个奖项，铜奖以上（包括铜奖）者获颁奖牌，共计 20344 块。

中国的获奖数量，因当年官方统计不完善，缺乏准确数字，有 1211 枚、1100 枚、1218 枚等多种数据。王勇则依据官方出版的《中国参与巴拿马太平洋博览会记实》，统计得出总数是 1076 枚（包括不发奖牌的末等奖），且认为这是一个保守数字，即“中国赛品获奖总数至少为 1076 枚，最多应该不过 1200 余枚”。

大体而言，各国奖项总量与其参展物品数量成正比，雨露均沾。

中国是参展物品最多的国家，号称有 10 万件（有说法称只有约 2 万件获得拆箱展出的机会），所以是东道主美国之外获奖总量最多的国家。日本与中国大体相当，获奖 1100 余枚；意大利、荷兰、新西兰等国获奖数也在 400-500 枚之间。

在得奖数这个问题上，日本似有意要与中国一争雌雄。其中一次激烈交锋，发生在"谁是东方茶叶的首席代表"上。据中方的报告书披露，争锋过程是这样的：

"日人忌我已甚，声言彼国得奖之数，决不能少于我国。而我国之茶不能与彼国得同等奖。……当审查会预拟之奖励日本各县之茶给金牌，而另给大奖章以示日本茶之名誉。我国各省之茶得金牌，亦另给大奖章以示中国茶之名誉。乃日本力争除日本茶得一大奖章外，台湾茶（注：当时台湾被日本侵略控制）须另给一大奖章。我国乃继起而争：如台湾茶另得大奖章，我国之各省茶亦须各得大奖章，卒得审查会之允许。而我国在赛会上得不失败于日本。"①

大意就是，日本就各县茶叶向主办方索要三等金牌，就整个日本茶索要头等大奖；中国代表团也随即提出各省茶叶须得金牌，整个中国茶须得头等大奖；日本又把殖民地台湾之茶单独拿出来索要头等大奖，中国代表团又随即提出中国各省茶叶（当是取各省与被日本侵占的台湾同级别之意）都必须得头等大奖。

这种角力，也是中、日两国展品获奖数量相近的一个重要原因。

3. 奖项标准比较宽松，有很大争取空间。

赛会设有审查官 500 人，美国人士占十分之七，其他与会国占十分之三。中国获得了 16 个审查官名额。评选规则是先分部分类筛选，选出入围展品并粗定奖项等级，再交给高级审查员来最终敲定。

中国开局不利，分部分类筛选所得"总奖数未逾一千，大奖仅二十余枚"，身在高审委员会的中国官方参展负责人陈琪遂展开活动，要求增加获奖展品、改变奖项等级。主要是替民国中央政府、各级官厅以及各省展品争取奖项。

比如，前文提及，中国茶叶给的本来是一枚大奖，为了对抗日本，陈琪的诉求是赣、皖、闽、湘、浙、鄂、苏七省皆有茶叶参展，应该给七枚大奖。各省送展的农产品，像蚕茧、桐油、茴香、酱油、竹笋等等，陈琪也要求重新评估，“择优各给大奖”。

商务印书馆的书籍、财政部印刷局的文化品、交通部的铁路模型与黄河大桥模型、汉冶萍钢铁公司的铁轨……等等，陈琪也都要求重新评定奖项。

主办方抱着与人为善的态度，基本上应允了中方的争取。比如七省茶叶给了七个大奖，十二省的农产品也给了十二个大奖。担任博览会中国代表的严智怡后来说：

“赛品审查，会场虽有统一办法，然东方历史及一切习惯，美人亦不能深悉。故对于程度上之批评，亦不肯专执己见，往往为竞奖者之言是听。”“赛品中即有特别可贵之处，彼亦不能全解，但循竞奖者之意给奖而已。”[②]

所谓“不肯专执己见，往往为竞奖者之言是听”“但循竞奖者之意给奖而已”，意思就是：虽然订有评奖规则，但主办方不是很懂中国的那些产品，只要中方代表提出异议，基本上都会答应中方的诉求。

这种做法，自然是因为博览会并非真的竞赛（尽管中方将之称为“赛会”），主办方要的是其乐融融的影响力（展示 1906 年大地震后旧金山重建的伟业），而不是严苛审查参会的三十多个国家带来的展品。中国与日本在展会上互相角力，主办方并不想深度介入此事，所以，他们对日方索要奖牌之事大体应允，对中方索要奖牌之事也取相近的态度。

这也是陈琪的争取能够生效的主要原因。最终，中国在博览会上的大奖，从 20 余枚增长为 62 枚；名誉奖有 64 枚，金牌共计 258 枚。总奖牌（状）数，也上升至 1200 枚左右。[③]

具体到酒类，直隶官厅选送的高粱酒、河南官厅选送的高粱酒、山西官厅选送的高粱汾酒，获得了头等大奖章。不过，前两者并无品牌名称，其实是作为“省农产品大集合”而得奖，直隶的得奖展品是“豆类花生高粱酒羊毛猪鬃”，河南的得奖展品是“豆类高粱酒酱菜蘑菇”。这种以省份为单位，将送展农产品打包以得大奖的模式，也是陈琪为了与日本代表团竞争，而刻意想出来的办法。另有 2 种酒获得了第二等荣誉奖，19 种酒获得了三等金牌，其中很多也是打包形式。至于贵州，唯有一项由“贵州省公署”提供的“酒”获得了一枚银牌，也就是第四等级奖章，该“酒”无品牌名称。[④]

总体而言，中国选送参展巴拿马博览会的商品，主要以传统土特产为主，与美国、意大利等国工业展品众多，有着较为明显的差距。而且，虽然依赖传统土特产获得了奖牌数量第一（不计入东道主美国），但这些特产在与其他国家的比较中，似乎并未显出优势。一如历史学者梁碧莹所总结的那般：

> 在赛会上，印度的红茶和日本的绿茶因由机器制造，色香兼美，几乎夺去中国茶叶的市场。华丝是传统的产品，赛会上的意大利丝和日本丝由机器制造，光泽、洁白度、弹力远远超过中国，几乎夺去华丝的席位。中国又称“瓷国”，而在赛会上，日、德、法、奥等国推陈出新，尤其是日本的瓷器，以其颜色鲜明夺目，引起美国人的兴趣。……从总体上看，此次美国博览会，世界各国展品以新发明为胜，而中国则以仿古为多，更新者少。日本采取变通的办法，既模仿西洋，又依照东方，两者结合，满足了世人的胃口，故日本展品给人耳目一新的感觉。[⑤]

中国代表团也承认，虽然在出发前做了种种预备，希望在博览会上为中国产品打开销路，但实际结果确实很不理想：

“商品销路甚滞，将来结果恐难良佳，……有令人无可问津之憾。”[⑥]

参考资料

①江苏省长公署实业科 . 江苏办理巴拿马赛会报告书 [M].1917:205-206.

②上海图书馆编 . 中国与世博：历史记录（1851-1940）[M]. 上海 : 上海科学技术文献出版社 ,2002:189.

③王勇则 . 图说 1915 巴拿马赛会 [M]. 上海 : 上海远东出版社 ,2010:214-246.

④刘景源 . 酒典集萃 [M]. 北京 : 中国商业出版社 ,1996:313-316.

⑤梁碧莹 . 民初中国实业界赴美的一次经济活动——中国与巴拿马太平洋万国博览会 [J]. 近代史研究 ,1998,(1).

⑥江苏省长公署实业科 . 江苏办理巴拿马赛会报告书 [M].1917:213-214.

值得注意的是，代表团在报告中说，问题并非中国产品的质量不行，而是代表团成员都是些擅长“办理赛会”者，缺乏有商业广告经验的人才。这种总结缺乏说服力，原因是：多选商界和实业界人士前往参会，本就是代表团吸取往届教训，在筹备期间相当注意的事情。代表团的领队、身为“巴拿马赛会事务局局长”的陈琪，即出自南洋劝业会 , 对商业与赛会都很有经验。笔者认为，代表团之所以在报告中未提及商品质量问题，主要是不愿得罪众多当道之人。毕竟，参会展品是以省为单位来筛选筹备的。说产品普遍不如他国，不但开罪各省当道，也会引起国内民族情绪的反弹。

本文还参考了 :

孙鑫伟 . 怎样获得巴拿马金奖 [N]. 大象公会 ,2016-5-18.

张宗昌“大炮开兮轰他娘”考

民国军阀张宗昌名下，有一批如下风格的诗作：

大炮开兮轰他娘 / 威加海内兮回家乡 / 数英雄兮张宗昌

远看泰山黑糊糊 / 上头细来下头粗 / 如把泰山倒过来 / 下头细来上头粗

忽见天上一火链 / 好像玉皇要抽烟 / 如果玉皇不抽烟 / 为何又是一火链

大明湖，明湖大 / 大明湖里有荷花 / 荷花上面有蛤蟆 / 一戳一蹦跶

什么东西天上飞 / 东一堆来西一堆 / 莫非玉皇盖金殿 / 筛石灰啊筛石灰

遗憾的是，这些以“大炮开兮轰他娘”为代表、挂靠在张宗昌名下的诗作，并不是张宗昌写的。

20世纪90年代，有人撰写“文史资料”，以亲历者的身份称，自己曾在“昔日任山东省银行行长的林朗苏先生处”，读到过张宗昌的诗集《效坤诗钞》，其中便有“大炮开兮轰他娘”与“忽见天上一火链”。[①]

然而，据祝淳翔《张宗昌〈效坤诗钞〉纯属子虚乌有》一文的考据：（1）“遍查各大图书馆书目，都检索不到《效坤诗钞》（或

诗抄），而民国文献里亦不见该诗钞的任何记述”。意即，所谓的张宗昌诗集，其实并不存在，或者说只存在于后人的所谓“回忆资料”当中。（2）“所谓张宗昌打油诗之中，至少有两首在清代笑话集或戏曲里就已出现”，比如“忽见天上一火链”这首诗，道光年间的《涂说》一书中就有记载了，还曾被挂靠在张献忠与李自成等人名下。显然，是有人刻意将这些比张宗昌年龄还大的诗作，挂靠在了张的名下。[②]

另一项有力的证据，是民国时代——尤其是张宗昌沦落至人人喊打地步的20世纪二三十年代，报纸媒体刊发了大量讽刺、嘲笑张宗昌的故事与轶闻。其中却没有任何一则，与写诗有关。

试举几则民国时期传播甚广的张宗昌笑话：

（1）张宗昌有一次捉到了一个临阵想逃（不抵抗、不参加内战）的兵士，大发雷霆，立刻要下手令“着即枪毙”，不过“毙”字不会写，所以想改打二百棍，但是，写“棍”字也不是容易事；最后莞尔笑曰：“还是发慈悲把你放了吧！”[③]

（2）长腿将军张宗昌横行齐鲁时，部下只有一个毕庶澄头脑较新，在青岛常常教军官们练习田径赛与拳术。有一次，张长腿带了几个姨太太，从济南到青岛游览，毕庶澄请他到操场上去视察田径赛，当发令员立在跑道的起点，鸣枪一声，运动员拼命奔走的时候，张长腿对毕庶澄道：“听得枪声，拔脚就逃，将来还能打仗吗？好小子！你怎么教他们练这一套逃的本领？”毕庶澄答道：“大帅，这是赛跑，看谁跑得快罢了。”张长腿道：“逃得愈快愈好吗？妈特皮，我看你这小子疯了！”[④]

（3）早年，张宗昌为山东督办时，一日，至某女学校参观，见一班女生，端庄流利，刚健婀娜，大悦，乃命副官处，每人各赏五元，作为见面礼。副官对以“女生非普通女儿家，似不可言赏”。张怒曰：“本督办走南到北，不知见过多少女子，没有不给赏钱的，女生难道不是女子吗？”[⑤]

除此之外，当时还流传着很多小段子。比如：“张宗昌听闻狗肉将军的名称后，严禁绰号，命令鲁省军民人等，一律呼狗为犬”“张宗昌有三不知：一不知他自己的兵有多少，二不知他自己的钱有多少，三不知他自己的小老婆有多少”“张宗昌在路上遇一少年，少年遽呼为父。张愕然，命左右拘之，鞫讯之下，始证实无讹。盖此少年生母为临城一妓，‘原任’张宗昌太太之一，但遗弃已久，故不复忆。”⑥

这些笑话与段子，核心主旨，全是在讽刺张宗昌没文化（不会写字）、少见识（对田径比赛一窍不通），为人粗鲁不堪（张口便是“妈特皮”、以赏妓女的思维对待女学生）。这也是当时流传的所有张宗昌笑话的共同主题。20世纪八九十年代流传的各种“张宗昌歪诗”，虽也是讽刺张宗昌没文化，但在民国报纸期刊中，却是毫无踪影。

最合理的解释自然是：张宗昌其实没写过这类歪诗，所以在报纸期刊嘲讽张宗昌最来劲的20世纪二三十年代，没人拿“张宗昌写歪诗”来说事。

其实，在民国报纸期刊中，也可以见到“张宗昌之诗”。

1926年《新鲁旬刊》在济南创刊。因该报是张宗昌为自己创办的舆论阵地，张写了一首四言诗为祝词。这首诗说不上有什么亮点和特色，唯用词走的仍是学究路线。与后世流传的“大炮开兮轰他娘”风格，相去甚远。该诗的具体内容，见下图。⑦

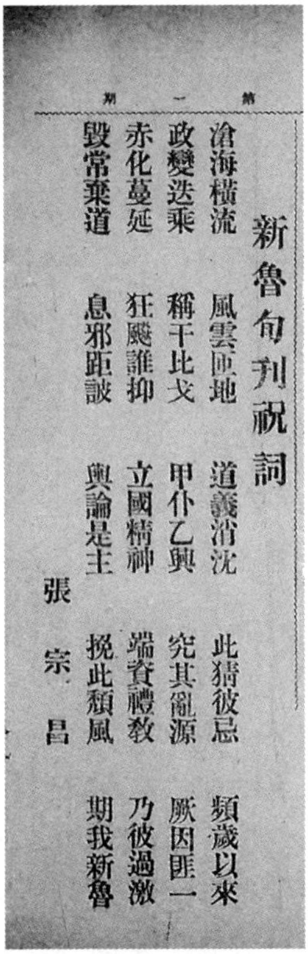
第一期

新魯旬刊祝詞

滄海橫流　風雲匝地　道義消沉　此猜彼忌　頻歲以來
政變迭乘　稱干比戈　甲仆乙興　究其亂源　厥因匪一
赤化蔓延　狂飆誰抑　立國精神　端賴禮教　乃彼過激
毀常棄道　息邪距詖　輿論是主　挽此頹風　期我新魯

張宗昌

署名张宗昌的「四言诗」

不过，这种“祝词”，大概率是张宗昌身边的文人墨客所拟，至多只能说明张认同这种学究风诗作。要了解张宗昌的文字能力，仍须通过家书之类材料。

被北伐军击溃后，张宗昌一度逃往日本寻求支持，其间给自己的爱妾朱义庸写过一封家书，内容如下（略长，因颇能见张宗昌在家庭中的性情，故全文照录，不耐者可跳过）：

义庸太太：你回国以后，我身边只剩有六太太与小蓉两人，顿时冷静了许多。日前接到你从大连打来的电话，获知新太太同你回到大连后，产一小子，母子都平安，甚为欣慰。你们要我取一名字，我在当日即已发一回电，谅早收到。我想新太太是我们游日田□（该字笔者未能辨识），住在昭和馆时，他受的孕。他们小一辈的名字，都是乐字排行，就取名昭乐罢。你几时回到天津，可马上到北京去望望老太太，告诉老太太，我在日本一切都好。我两年多没有在老太太膝前尽孝，心里万分难过，你替我去请请安，在北京宅子里多耽搁两天，各位太太，谅都安好，他们的钱够化不够化，都替我问问，钱不够化，总得替他们想法子。我不久就也要回来快了。住在别府，总不比本乡本土好，我很想回北京。你走后，我的心更觉得安顿不下来，每天总是闷得慌，日本没有什么好朋友，又没有什么好玩的，住久了，真教人心里发烦。你在日本也住不惯，现在回到大连，总可高高兴兴的了。一班旧人都碰见过了么？惦记不惦记我？听说国内各方面情形，近来都还平静，不再会向我们这一帮人算旧账，我也托了人给我说好话，再等几个月回过来，当可不妨事，你动身时，我交代你办的事，你前回信中，没有提及，是不是都办好了？回信要告诉我知道。我每天很惦记你，昨晚还做梦，梦见我们两人同坐船回国，迷迷糊糊的像已到了塘沽，上了岸，一会儿又好像坐在北京铁狮子胡同你的屋子里，但你又不见了。醒转来，心里发跳。我真有点想老家。再者，我已有子四人，本不算少，今又在海外得子，可称喜事，老太太也必欢喜。这一次你伴送新太太回国，照料他生产，很操了一番心，将来我把昭乐承继在你名下，好不好？⑧

这封家书表意流畅准确，传情活泼生动。可知张宗昌虽然没有接受过多少正规学校教育，但他的文字表达能力，是合格的。

所有挂名张宗昌的“烂诗”里，只有“大炮开兮轰他娘”这首多少有点事实的影子。但也仅是影子而已，并非事实本身——1925 年 5 月，媒体报道过一则“张宗昌开大炮求雨”的新闻：

> 济南通信云：山东军务督办张宗昌氏，因鲁境今年亢旱，将成灾祸，特在济祷天祈雨。上星期五（五月八日）令人在济南城外之衡山（方言译音）上鸣大炮一百二十响，为农求雨。但祷后天仍不雨。……一般无知农民，咸谓新督办能如此顾念民瘼……⑨

“开炮求雨”只是作秀，实则张宗昌在山东的统治极为暴虐。1927 年出版的《张宗昌祸鲁小史》里说，横征暴敛无度。1925 年 6 月抽“建营房捐”500 万；7 月抽“军事善后特捐”1200 万；11 月抽“军事善后附捐”500 万；12 月垫借次年半年年田赋 500 万。1926 年 2 月“漕米并征”1300 万；7 月发行公债 2000 万；9 月抽“讨赤军事附捐”1500 万；12 月抽“讨赤军事特捐”1500 万。此外，他还将山东的正规田赋征收到了 1935 年。此外，他还在山东境内查封报纸、迫害记者，钳制民意。⑩

这种暴虐，引来了舆论对“开炮求雨”一事不遗余力地进行嘲讽。

最初的新闻，仅报道张宗昌放炮 120 响，从报道的前后语境看，其性质大约属于向神灵致敬的礼炮。新闻传开后，很快就在转载中发生了变异。有媒体说，张宗昌去向菩萨求雨，“一连求了几天，一点儿雨珠也没有，当时他愤怒极了！即把很大的皮鞭把菩萨打了五百下，并限他三日下雨，否则立刻拆毁庙宇，丢掉金身”⑪。有媒体说，张宗昌当日率省府官员集体拜龙王求雨，结果龙王不给面子，张大怒，“击龙王数掌”，打了龙王几个耳光。然后又“用炮击天，凡数小时”，以发泄他对上天的不满，“但天仍不雨”⑫。还有人说，张宗昌之所以开炮求雨，是因为他太无知，听信了属下某策士的一知半解，该策士从报刊上读到一篇翻译文章，说“震动空气可以得雨”，向张献策。

张于是架起大炮对着苍天轰了三天，半滴雨也没轰下来，反闹得城内百姓“纷纷震恐”，担忧此举会冒犯苍天[13]。

不难看出，所有变异，全都朝着一个方向：将张宗昌塑造成一个无知、愚蠢、荒诞的武夫。

这种不约而同的塑造，究其本质，是一种共通的社会心理在起作用。

对这种社会心理，孔子的弟子子贡，在《论语》中有一番很具象的感慨。他说：“纣之不善，不如是之甚也。是以君子恶居下流，天下之恶皆归焉。”——商纣王很坏，但并没有坏到传言中那种程度。所以，君子以身居下流为耻。一个人坏事干多了，就会变成吸谣体质，天下间的一切坏事，都会被算到他头上。

以暴虐手段统治山东的张宗昌，恰好就是这样一个“身居下流”者。所以，“以大炮礼敬苍天求雨”，在民国舆论里变成了“鞭打菩萨”与“炮轰青天”，然后又在后世的所谓“回忆资料”里变成了“大炮开兮轰他娘”。甚至于那些以前被用来讽刺张献忠的歪诗，也被转移扣在了张宗昌头上。

换言之，舆论对张宗昌的文化水平极尽嘲讽之能事，但扩散这种嘲讽的驱动力，从来就不是“张宗昌的文化水平很低”这件事。甚至于连这件事是否属实，也不是很重要。

参考资料

①荔翁 . 张宗昌歪吟丘八诗 [J]. 河南文史资料 ,1994.(3).

②祝淳翔 . 张宗昌《效坤诗钞》纯属子虚乌有 [N]. 澎湃新闻 ,2020-4-28.

③张四 . 张宗昌宽大 [J]. 论语 ,1932,(6).

④佚名 . 张宗昌之笑话 [J]. 艺海周刊 ,1940,(20).

⑤佚名 . 张宗昌的粗鲁 [J]. 周末观察 ,1947,(12).

⑥佚名 . 趣闻 [J]. 革命军日报（副刊）,1927,(78).

佚名 . 张宗昌的三不知 [J]. 向导 ,1927,(185).

佚名 . 东南西北中发白 [J]. 小广州人杂志 ,1949,(69).

⑦张宗昌 . 祝词 [J]. 新鲁旬刊 ,1926,(1).

⑧海天 . 一个旧时代的军阀家庭：亚仙老七口中的张宗昌 [J]. 礼拜六 ,1949,(839-840).

⑨佚名 . 张宗昌为鲁祈雨 ,[J]. 农商公报 ,1925,(11).

⑩佚名 . 张宗昌祸鲁小史 ,[M].1927:6-7.

⑪洪学辒 . 张宗昌求雨打菩萨 [J]. 星火 ,1927,(1).

⑫佚名 . 祸国殃民贪污残暴之张宗昌 [J]. 逸经 ,1936,(7).

⑬阿难 . 张宗昌开炮求雨 [J]. 说文月刊 ,1943,(9).

孙殿英盗慈禧墓逃脱法网的玄机

军阀孙殿英有民国第一盗墓贼之称。1928 年 7 月，他的部队用炸药盗挖了清东陵的慈禧、乾隆墓，引起举国哗然。但在事后，孙殿英并未受到任何惩处。何以如此？

一、文强的说法

流行的说法出自文强。

此人 20 世纪 40 年代在军统局担任过要职。晚年撰写文史资料《孙殿英投敌经过》时，文强称孙殿英盗墓后，为了逃脱法律制裁，曾将乾隆脖子上“最大的两颗朱红的”的朝珠送给戴笠做见面礼，又将一把“有 9 条金龙嵌在剑面上，剑柄上嵌了宝石”的九龙宝剑委托戴笠送给蒋介石或者何应钦，还委托戴笠将一颗翡翠西瓜送给宋子文，将一颗“夜间在百步之内可照见头发”的夜明珠送给宋美龄，将“两串朝鞋上的宝石”送给孔祥熙夫妇。①

不过，文强的说法有一个致命的漏洞。那就是：孙殿英盗挖清东陵的时间，是 1928 年 7 月；同年 8 月，事迹败露，孙的部下谭温江被捕，国民政府成立特别军事审判法庭处理此事；至 1930 年中原大战，孙殿英投靠阎锡山、李宗仁一派参与反蒋，谭温江等人被释放，孙盗挖东陵一案不了了之。而孙殿英与戴笠相识，却是在 1933 年，此时的孙早已从盗墓案中摆脱。

1933 年，冯玉祥在张家口组织“察哈尔抗日同盟军”，与南京国民政府对立。孙殿英是冯的重点拉拢对象，也是南京方面的重点策反对象。据孙殿英部中校参谋王任之回忆，“何应钦三次派蓝衣社头子刘健群来沙城游说孙殿英”[②]，查戴笠档案也能见到，该年戴笠与蒋介石有多封往来电函，谈及如何拉拢孙殿英。此外，文强自己也在回忆文章中说，戴笠与孙殿英相识于 1933 年，见面时孙送了两颗红宝石给戴做见面礼，戴回南京后将之上交了。

也就是说，孙殿英确实贿赂过戴笠（这符合他一贯的行为模式），也很可能确实通过戴笠向国民政府的其他军政要人送过从清东陵里盗出来的东西。但贿赂的时间是 1933 年，晚于他从盗墓案中脱身（1930 年）。

二、“高等军法会审处”里的玄机

孙殿英盗发慈禧、乾隆之墓，被媒体报道之后，举国哗然，要求严惩的舆论极盛。因案件主犯是现役军人，非普通法院能够审理，逊清宗室、文化名流以及北平总商会等机构，均曾请求组织特别法庭，且要求参加陪审。

最终，因孙殿英牵涉到诸多政治派别的利益，国民政府决定组织封闭的“高等军法会审处”审理此案。

当时的孙殿英部，在名义上属于蒋介石的第一集团军。

孙部原为张宗昌的直鲁联军的一分子。1928 年夏，孙向北伐军“投诚”，接受了蒋介石第一集团军的番号。同年 7 月，蒋介石倡议整理全国军队，欲将现有的 200 个师减至 50 个。这个倡议被认为是蒋欲借机削弱非嫡系部队，遭到了阎锡山、李宗仁等人的极力抵制。按蒋的计划，孙殿英部也将裁员过半，由军改旅。孙对部队裁员之事极为抵制，对蒋的观感很不好；但蒋派在北平的代表何成濬立场强硬，对孙明言：若不肯整编裁兵，则将停发孙部的粮草与饷弹。

孙殿英铤而走险去盗发皇陵，正发生在各方势力因裁军之事而互相角力期间。当时主政北平的，是担任北平卫戍总司令的阎锡山。盗墓案发生后，很自然地成了蒋、冯、阎、桂四大集团军之间的一个重要博弈点。[③]

组织特别军事法庭，是阎锡山的主张。代阎锡山坐镇北平的朱绶光（卫戍司令部参谋长），最初拟定的审判官人选，包括了杨杰（第一集团军总参谋长）、冷遹（第一集团军第四军团总指挥部总参议）等人。这些人全部属于蒋介石的第一集团军。

阎锡山如此安排，是欲将蒋介石推入一种进退维谷的困境。若审判结果对孙殿英有利，蒋必然会受到舆论的猛烈攻击；若审判结果对孙殿英不利，阎锡山等人也乐见孙殿英衔恨蒋介石，与之分道扬镳。

南京方面洞悉了阎的这一用心。所以，在接到朱绶光关于审判官人选的报告后，立即以中央政府的名义，指示须“由各集团军派员充审判官”。

于是，最终方案就变成了蒋、冯、阎、桂四个集团军各出一名审判官。审判长由阎锡山派系的商震担任，理由是事情出在阎第三集团军的控制地区。[④]

三、孙殿英逃脱法律惩罚

民国将领丁治磐，早年与孙殿英同属直鲁联军，比较了解直鲁联军内部的一些事情。

据他披露，1928 年 6 月份，蒋介石派了何成濬，前去与直鲁联军的高级将领徐源泉接触，试图促成徐接受第一集团军的番号，投入蒋的阵营。徐源泉表态同意，但为追求利益最大化，他与孙殿英等人脚踩两只船，同时也在与阎锡山接触，且决定“暂时先接受阎锡山的第三集团军第十一军团的番号”。直到 1928 年 7 月何成濬抵达北平，丁治磐部与孙殿英部，才转而正式接受第一集团军第六军团的番号，被置于徐源泉的麾下。随后就发生了裁军事件与盗墓案。

这种脚踩两只船的做法，给了孙殿英很大的活动空间。据丁治磐讲，“高等军法会审处”成立后，孙送了很多珍奇珠宝给冯、阎等人，“但有无送给徐源泉，因我在军中带兵，并不清楚”。徐源泉身为孙的直接上司，当日多次替孙向外界辩解，称盗墓者是土匪，孙的宝物是“剿匪所获战利品”。但是，徐也曾命令孙向北平卫戍部交出“金银器物珠玉玩具等二十七包”。这让孙对徐很不满，觉得“徐源泉未尽力保护他”。

不过，孙的这些活动不可能生效。原因也很简单，对冯、阎等人来说，判孙无罪，至多不过是让孙率部投靠自己；而判孙有罪，同样也能做到这一点——因为最终的判决书，会呈送给南京国民政府核定，才能正式生效。而对孙殿英来说，南京国民政府等同于蒋介石的第一集团军。

1929 年 6 月，“高等军法会审处”对外界释放消息，宣布已完成东陵案的终审，卷宗及判决书被送往南京。据《申报》当日的报道，该判决书“主张判决主犯孙殿英等七人以死刑，无期徒刑者二人，其余悉处有期徒刑。”

也许是早已预料到了“高等军法会审处”会做出这样的判决，1929 年春徐源泉部奉命南下时，孙殿英率部选择了离开。据丁治磐回忆：

> 我部在北方过冬后，就于民国十八年春调回南方，……由于孙殿英仍存离心，我们对孙殿英部严加注意。……当时我们和孙部分东西两路走，令孙从东路走到山东禹城附近渡河，意思是说你若愿意跟我们到南方来就渡河，不来就算了。结果孙就停在山东平原不渡河，双方即在此分道扬镳。⑤

徐源泉让孙殿英部与主力部队分开行军，做出“你若愿意跟我们到南方来就渡河，不来就算了”这样的暗示，大体可以理解为刻意给孙留下一条活路。否则的话，徐大可以主力部队挟持孙部一同南下，而孙部南下进入第一集团军控制区域的结果，必然是被分割瓦解，待“高等军法会审处”作出判决后，孙殿英大概率难逃一死。让孙殿英部与主力部队分开行军，既是为了便利孙部的脱离，也是为了在孙部脱离后可以比较好地向南京方面交代。

孙殿英脱队的时间是1929年春，“高等军法会审处”将审判的卷宗与判决书送往南京的时间是1929年6月。此时，蒋、冯、阎、桂之间已是剑拔弩张，第一次中原大战即将爆发。留在北方的游军孙殿英部，成了各方力量拉拢的目标。南京方面不愿刺激孙，使其彻底倒向阎、冯、桂阵营，所以对判决书迟迟没有做出的核定。被关押在北平陆军监狱、参与盗墓的孙殿英部将领谭温江等人，也在阎锡山等人的授意下被悄然释放。[⑥]

民国第一盗墓贼，就此逃脱了法律的制裁。

参考资料

①文强．孙殿英投敌经过 [A]. 中国政协文史馆．文史资料选辑 [C]. 北京：中国文史出版社，2000.

②王任之．孙殿英与抗日同盟军 [A]. 中国政协文史馆．文史资料存稿选编 [C]. 北京：中国文史出版社，1999.

③李宝明．“国家化”名义下的“私属化”：蒋介石对国民革命军的控制研究 [M]. 北京：社会科学文献出版社，2010,52-99.

④佚名．东陵案军法会审，将由各集团军派员充审判官 [N]. 申报，1928-9-10.

⑤刘凤翰，张力．丁治磐先生口述历史 [M]. 北京：九州出版社，2013:33-36.

⑥蒋介石日记 1929年12月10日记载：下午，得徐克成电，称：“孙殿英在自由县，截我洛阳部队之归路。”1930年8月21日又记载：孙殿英派员谒投诚，蒋评价“匪性反复，姑试允之，以观其后”。

日军为“古北口七勇士”立碑

说一说日军在古北口为抗日七勇士立碑一事的真伪。

“古北口七勇士”之事发生于1933年长城抗战期间，见于多种回忆资料。

黄杰时任第十七军第二师师长，参与了古北口南天门之战。据他回忆，“七勇士”出自关麟征的第二十五师，但具体番号不详：

“这是在当时二十五师（师长关麟征将军）攻上山去时，处于两面濒临峡谷及南天门至古北口的高地。由于二十五师部队受日本两面夹击，部队遂撤退下来。但其中有七个人不肯下来，决定做殊死战。因为第一次参加抗战，部队的士气高昂，大家都不惜牺牲性命。由于日本人与我们第一次交战，不了解详情，故轻视这七个人，因此不断以小部队攻击他们，但这七个人沉着应战，日本人来多少杀多少，竟也杀伤了近一连的人，直到这七个人都被杀死，日本人才拿下这个地方，日本人第一次与我们接触交战，就发生这种可歌可泣的悲壮之举，对中国人的牺牲精神感到很惊奇，故事后日本人特别为纪念这七个人立了一个碑。好似上面题着‘支那七勇士纪念碑’（注：“支那”二字系史料原文所有，下同）几个大字，并特别向碑敬礼表示崇敬，这确是一椿极富意义的事。”①

杜聿明当时是第二十五师的副师长，因师长关麟征负伤，该师实由杜聿明指挥。据杜回忆，“七勇士”出自第二十五师的一四五团：

“一四五团派出的一个军士哨因远离主力，未及撤退，大部队崩溃后，该军士哨仍在继续抵抗，先后毙伤日士兵百余名。后来日军用大炮飞机联合轰击，始将该哨歼灭。日军对这军士哨的英勇精神非常敬佩，曾把7个尸首埋葬起来，并题‘支那七勇士之墓’。”②

刘玉章是第二师下属的一名营长，曾奉命率部前往南天门支援第二十五师。据他回忆，七勇士所守卫的“军士哨”地名，唤作“八道楼子古堡”：

“二十五师由古北口向南天门转进时，有一段可歌可泣之忠勇事迹，确有大书特书之必要，缘该师有一班士兵七人，在八道楼子古堡中，誓死不退，日军劝降亦坚持不屈，终于全班殉国，日寇惊服壮烈，特为我殉国英雄，立碑修墓以为纪念。题为‘支那七勇士之墓’。可见我革命军的英勇精神，虽敌人亦为感动，诚属不朽。”③

另据第二十五师下属旅长梁恺回忆，“古北口七勇士”的事迹“原出自敌酋之传说”，系“日本文件所记”：

> 二十五师于古北口战事结束后，有人发现长城邻近一座小山，有一庞大土壕，还树立一块墓碑，上书“支那七勇士”。据云（日本文件所记）日军为清扫阵地，发现一处堡垒，派兵搜索前进，竟遭枪弹密发，日军伤亡多人，嗣加派兵力猛攻，由于守军顽强抵抗，仍未得手，而伤亡更大，乃改调炮兵施以轰击，以致堡垒全毁，迨至寂静无任何反击声后，日军始派人前往探窥，仅见七具尸体。日人认为守军七人，自知寡不敌众，如弃堡退却，或坐以待虏，当不致死，于此可见其忠勇，可敬可畏。因此就地合葬，以慰忠魂。”“此项事实之经过原出自敌酋之传说，且表谨仰之忱。我七勇士为国捐躯，当可瞑目于九泉矣。④

1934年，南京《政治月刊》曾刊登过一份材料，与梁恺的上述说法大体相近。该材料称：

> 古北口一役，……要多可歌可泣之处，其中尤以七勇士之事迹为著。此项消息，乃塘沽协定后自北平日使馆传出者，当非讹诈。先是廿五师奉命向南天门转进时，有某团士兵七人，守一山头，被敌层层包围冲锋五六次，均未得突围而出，遂由七人发誓同死该处，敌军不知虚实，以一连兵力来攻，该七人弹不虚发，沉着应战，卒将敌军一连消灭殆尽，敌军大哗。复以一连来攻，时该七人枪弹已绝，遂逐一就义，已去其六。及至日军某少队长带领士兵卅余人，搜索前进迨到达岭时，仅剩余之上等兵代理班长一人，且受重伤，突起，以一手榴弹向敌军掷去，敌军不察，自少队长以下因几全队阵亡，我负伤之上等兵，遂亦以剩刀自杀。其后日军敬其神勇，于该处建一极雄壮坚固之墓，代为收葬，题为‘支那七勇士之墓’。并闻日军第八师团之高级军官，皆曾亲往祭奠。[⑤]

战后，第二十五师一度驻守北平，与驻北平的日本使馆多有交涉往来，这是其能自日方获知“七勇士”事迹的时代背景。

美国米高梅电影公司支持中国抗战，曾“根据七勇士之资料，编成剧本，削成电影”，在拍摄期间得到过第二十五师的协助，师长关麟征、旅长梁恺、连长张绪滋等，均曾在电影中露面。据张绪滋回忆，拍摄时，“杜公（杜聿明）命令绪滋扮演日军中队长，学献花圈，祭奠七勇士，杜公作导演，命令我如何去挥刀，如何去学说两句日本话，如何装成日军中队长小胡子模样。”[⑥]

遗憾的是，这部电影并未在中国公开播映（张绪滋曾“看到自己上了银幕”，似是内部播放），七勇士的事迹也未在大众报刊媒体上做广泛宣传，而是多见于内部刊物。如陆军军官学校政治部的官方刊物《黄埔》，曾刊文向军官们完整讲述了这段壮烈事迹[⑦]。最遗憾的，则是第二十五师官兵在此役中死伤三分之二，具体到班的部署已很难还原，七勇士的具体姓名已无法查出，仅能知晓其番号属于一四五团。

参考资料

①季陆 . 黄馆长季陆先生访黄杰将军录音 [A].“国史馆”史料处 . 长城战役 [C]. 台北 :1980:321.

②杜聿明 , 郑洞国 , 覃异之 . 古北口抗战纪要 [A]. 中国政协文史馆 . 文史资料选辑 [C]. 北京 : 中国文史出版社 ,2000.

③刘玉章 . 古北口战役——第三次负伤 [A].“国史馆”史料处 . 长城战役 [C]. 台北 :1980:404-405.

④梁恺 , 李久泮 . 关雨公与第五十二军 [A].“国史馆”史料处 . 长城战役 [C]. 台北 :1980:333.

⑤佚名 . 华北各战役之回顾 [J]. 政治月刊 ,1934,(4).

⑥米高梅为七勇士拍摄电影一事。见：梁恺《关雨公与第五十二军》及张绪滋《战乱余生——伞兵司令张绪滋回忆录》相关章节。据云，该电影的中文译名是《中国七勇士》，但笔者未能查找到该片的相关英文资料。

⑦佚名 . 军队教育之目的及服从命令遵守纪律 [J]. 黄埔 ,1935,(5).

蒋经国日记里的章亚若之死

蒋经国日记于2020年2月份在美国斯坦福大学正式对外公开后，引起一项关注热点，那就是有人发现蒋经国在1954年10月30日的日记中，留下了这样一段文字：

> 梦见亡友继春……他在生时曾与章姓女相识，未婚而生孪子，当在桂林生产时，余曾代为在医院作保人，后来竟有人误传此孪子为余所出。后来章姓女病故，现此二孩已十有余岁，为念亡友之情，余仍维持他们之生活。

“亡友继春”，指的是蒋经国在赣南时很器重的下属王继春。王于1939年夏出任上犹县县长，1943年3月7日因病去世，年仅36岁，“死后一贫如洗，连双袜子都没有，只剩下装书籍的旧箱一个，破毯一床”。蒋经国在挽联里说他是“半世飘零，死犹做客，只赢得两袖清风，循吏传中夸首继；一生贫病，终未成家，最怕听满门鳏寡，杜鹃声里哭残春”。[①]

“章姓女”即章亚若，“孪子”即章孝慈与章孝严兄弟（二人在1954年尚未改姓蒋）。蒋经国这段日记，既否认自己与章亚若之间存在婚外情关系；也否认章亚若所生的双胞胎（孝慈与孝严）是自己的孩子。所以，不但读到这段日记的媒体人黄清龙“非常震惊”，仍然在世的蒋孝严听说后也“很惊讶”。[②]

不过，无论是在媒体上披露这段日记之人（黄清龙），还是对两蒋日记有研究的学者（林孝庭），都一致认定这段日记是一则谎言。理由是，蒋经国与章亚若之间的真实关系，见于他 1941-1942 年左右的日记。在那些日记里，蒋经国自称“慧风”，昵称章亚若为“慧云”。周末见不到来上班的章（章是蒋的秘书），蒋就会“自觉精神无寄托之处，心神不定”；又常自感对不起章，“不知其能谅我之苦心乎？”希望对方能体谅自己的难处。章怀孕后，蒋经国在日记里说，自己一度决心向妻子蒋方良说出实情，然后结束二人的婚姻关系，但又因孩子的问题而心存犹疑。章生下双胞胎后，蒋经国又在日记里说，“接电报知亚若已生二孪子，欣喜至极”。[③]

另一个可证蒋经国 1954 年那段日记为假的依据，是王继春的去世情形。章亚若生下双胞胎的时间是 1942 年 2 月，突然去世的时间是 1942 年 8 月。王继春的去世时间是 1943 年 3 月。按常理，若王继春是双胞胎的父亲，则其母去世后，理当将两个孩子送至父亲处抚养——王继春并未结婚，不存在家庭关系方面的障碍。尤为不可理解的是，王继春去世后，在蒋经国的操办下，举行了规模宏大的追悼会，与会者数千人，送来挽联六百多幅。追悼会的现场，却是“无妻、无儿、无女陪吊，只好由年过七旬的老父在灵前陪吊答礼”。此外，因痛惜王继春的英年早逝，蒋经国当时还写了一篇长达万余字的悼念文章《追念我的革命伴侣王继春》，发表在《中央周刊》上，文章里提到王继春的家人只剩下年迈的老父亲，无一字说他留下了两个年幼的双胞胎孩子。[④]

一种合理的推测是：蒋经国之所以要在 1954 年的日记里，写下这样一则谎言，主要原因是其父蒋介石会阅读他的日记。也就是说，这段日记是写给蒋介石看的。

蒋经国写日记的习惯始于 1937 年，主要是受蒋介石的影响（也是一种要求）。蒋介石自己有写日记的习惯，日记于他同时具有记事、反省、修身、发泄等诸多用处（不同时期侧重点有所不同）。他也希望儿子和下属，也能效仿自己每天写日记。作为督促，除口头要求外，他还会大批购买日记本分送给下属和蒋经国兄弟。

比如，1938 年 12 月 15 日，蒋介石的日程表里有“寄粤、桂各将领日记”一项，也就是给粤系和桂系的高级将领送去日记本，要他们写“阵中日记”；同月 27 日，日程表里又有“分送日记”一项，也是在给人送日记本。1941 年 11 月 30 日，日程表里有“分发明年日记本”一项，同年 12 月 5 日，日记里记载“寄经、纬日记本”，这些也是在给下属和蒋经国兄弟送日记本。1941 年 8 月 7 日，日程表里有“各部呈缴阵中日记”一项，1945 年 10 月 26 日，日记里记载“催呈各师阵中日记”，这些则是在向下属索要工作日记。⑤

蒋介石究竟从何时开始向蒋经国提出要求，说要阅读他的日记？这个问题很难考据出一个具体的日期，但可以做一个大致的判断。如前文所言，在 1941-1942 年间，蒋经国的日记中不但有章亚若的存在，而且还存留有“接电报知亚若已生二孪子，欣喜至极”这样的文字。考虑到迟至 1954 年蒋经国仍在日记中刻意说谎掩盖自己与章亚若的关系，可知此一时期的蒋经国日记尚具备一定的私密性，尚无须送交蒋介石阅读（若蒋介石看过这些日记，蒋经国也就无须在 1954 年说谎了）。但这种私密性并没有维持太长时间。在 1944 年 1 月 2 日的蒋介石日记里，有这样一段记载：“下午批阅经儿日记，于我亦得益非尠。此儿能不入固执与孤僻之途，而自趋于高明中庸之道，则庶几有成。”

次日，蒋介石又在日记中写道：“晚军事会报后与经儿谈话，父子互观日记办法，最有益于伦理与修养也。”

由此可知，蒋介石不但索阅蒋经国的日记，也会将自己的日记拿给蒋经国观看。

这种“父子互观日记”的习惯，一直维持到了蒋介石的晚年。比如 1971 年 1-2 月份，蒋介石曾集中时间阅读了蒋经国上一年度的全部日记，然后在自己的日记里写下了诸如“日间看经儿去年日记，精神为之一振”“看经儿去年日记，……前途大有可望”“看经儿去年日记有益”“看经儿去年日记解闷”“看经儿去年 6、7 月日记，心甚安乐”“经国日记今日全部阅毕，悲喜交集”等读后感。[⑥]

蒋介石的这些读后感，全部聚焦于“可继我事业”“足以继承我事业也”这一考察目标。如此也就不难理解，为什么蒋经国要在 1954 年的日记里，就章亚若和双胞胎的真实身份，撒下那样的谎言——该年，正是蒋介石欲确立蒋经国为继承人的关键年份，也是外界对蒋经国批评之声四起的年份，比如吴国桢在该年初公开上书蒋介石，点名批评蒋经国是社会进步的“一大障碍”，要求将其送往美国读书，不许介入政治。蒋经国与章亚若之间的婚外情，自也不免汇入到了这种批评的暗涌之中，且迟早会传入蒋介石的耳中。作为预防，在日记中掺入一段谎言，就成了一种最便利的“自证清白”的手段。

蒋经国的这段日记虽然不真，却也并非毫无史料价值。如前所述，它至少可以证实，蒋经国 1941-1942 年间那些记载了真实的“蒋章关系”的日记，蒋介石是没有读过的。进而，它也证伪了蒋孝严的某些说法——比如他在《章亚若死亡之谜》一文中说，“母亲曾要父亲尽快将身怀蒋家骨肉一事禀报祖父，并要求接纳。父亲于 1941 年 10 月为此专程前往重庆，伺机做了禀报。返回桂林后非常兴奋地跟母亲说，委员长对整件事表示了解，而且很高兴又有了两个孙儿”[⑦]——若蒋经国真在 1941 年就向蒋介石和盘托出了真相，那么，他 1954 年日记里的谎言，又是写给谁看呢？

这段日记也有助于今人重新审视章亚若的死亡。

自 1980 年代以来，对于章亚若在 1942 年 8 月的突然去世，中文知识界流传着各种各样的阴谋论。有说杀人者是知晓了真相的蒋介石，也有说杀人者是中统的陈立夫；有说杀人者是军统的戴笠，也有说杀人者是蒋经国在赣南的忠实下属。而蒋孝严在《章亚若死亡之谜》一文中，是倾向于相信最后一种可能性的：

“我确定母亲是被谋害的，主谋就在赣州专员公署，父亲身边的人，且深受经国先生器重和绝对的信任，出于对经国先生极端的忠诚和崇拜，……必须趁早去除经国先生政治发展的遗患——一个手无寸铁的弱女子章亚若。”⑧

之所以说蒋孝严是“倾向于相信”，是因为他在文章中并未提供有力的证据、以证实凶手是“护主心切”的蒋经国身边之人。相反，蒋孝严调查梳理得到的章亚若去世前后的情形，与蒋经国亲信王升所持的“在酷暑感染急性痢疾、抢救不及而终”之说，要更为契合。

据《章亚若死亡之谜》一文，章亚若去世的前一天，自外面用餐归来，途中曾发生呕吐，“回家进门时就跌跌撞撞，路都走不稳，而且脸色苍白”。家人认为章得了急症，找出万金油之类的药物给她服用，熬过了一个晚上。次日起床后，章再次呕吐，并伴有腹泻。于是由人搀扶，步行前往省立桂林医院就诊，住进了单人病房。入院后有医生给章扎了一针，不久后章感觉“天旋地转，眼前漆黑”（对人如此喊），然后晕了过去。医生闻讯赶来，要求陪护者（也就是负责照料章的蒋经国身边人）去买冰块，理由是“病人体温太高”；待陪护者买了冰块回来，章已病危，进入抢救阶段，医院开具的病危通知书里有“血中毒”的诊断。不久，医院宣布抢救无效，章亚若死亡。

上述症状，与“中毒型急性痢疾”几乎完全一致：

细菌性痢疾是由志贺菌属引起的肠道传染病，而中毒型细菌性痢疾则是急性细菌性痢疾的危重型。起病急骤，临床以高热、嗜睡、惊厥、迅速发生休克及昏迷为特征。……病死率高，必须积极抢救。……志贺菌内毒素从肠壁吸收入血，引起发热、毒血症及微循环障碍。……本病潜伏期通常为 1-2 天，但可短至数小时，长达 8 天。”⑨

考虑到如下几点：

（1）蒋经国 1941-1942 年间日记里对章亚若的感情是深厚且可信的。

（2）蒋介石在 1940 年代不知晓自己有一对双胞胎孙子，社会舆论也不知晓章亚若和双胞胎的存在（以报纸有无报道为准）。

（3）蒋孝严走访考据得出的章亚若去世前后的情形，与王升一再向他强调的诊断结论“急性痢疾”的症状高度一致。

据此，除非有更为直接而凿实的证据出现，否则最合理的判断应该是：章亚若乃是死于急症，而非谋杀。

参考资料

①蒋经国 . 追念我的革命伴侣王继春 [J]. 中央周刊 ,1943,(35-38).

②佚名 . 蒋经国日记 2020 年 2 月开放，所有权争议缠讼多年终获进展 [N]. 澎湃

新闻 ,2019-11-3.

③④蒋孝严 . 章亚若死亡之谜 [J]. 百年潮 ,2006,(8).

⑤郑惠 , 儿科学 [M]. 南京 : 江苏凤凰科学技术出版社 ,2018:146-147；另可参见：岑顺邦 . 抢救成人中毒型细菌性痢疾 19 例报告 [J]. 右江医学杂志 ,2001,(2).

两则“聘任教授不问学历”的假鸡汤

中文网络上流传着很多“民国大学聘任教授不问学历”的鸡汤故事。“梁启超向清华校长举荐没有学位的陈寅恪”“西南联大聘任小学学历的沈从文引起刘文典不满”，是其中最著名的两则。

这两则鸡汤，与真实情况不符。

一、梁启超向清华破格举荐陈寅恪？假的

流传说法称，梁启超举荐没有学位的陈寅恪，还说“我全部著作，不如他数百字有价值”。

这个故事最早出自陈哲三所著《陈寅恪先生轶事及其著作》。按照书中说法，1926年春，梁启超向当时的清华大学校长曹云祥推荐陈寅恪，希望他到国学研究院任教：

> 曹说：“他是哪一国博士？”梁答：“他不是学士，也不是博士。”曹又问：“他有没有著作？”梁答：“也没有著作。”曹说：“既不是博士，又没有著作，这就难了！”梁先生气了，说：“我梁某也没有博士学位，著作算是等身了，但总共还不如陈先生寥寥数百字有价值。好吧，你不请，就让他在国外吧！”接着梁先生提出了柏林大学、巴黎大学几位名教授对陈寅恪先生的推誉。曹一听，既然外国人都推崇，就请。

于是，陈寅恪被聘为清华国学研究院教授。

这则故事，有三处与史实不符。

首先，清华大学国学研究院聘请导师是在1925年，而非故事中说的1926年。

其次，梁启超对陈寅恪的研究能力并不了解。如桑兵所言：

> 梁与陈家可谓故交，但陈寅恪是晚辈，又长期求学于欧美，对其学问人品，似无从了解；所谓德、法等国名教授推崇之语，没有旁证。梁与陈所结识的欧洲学者，并非同一类型，前者多为思想哲人，后者则为东方学者或汉学家，担任过陈氏课程者，与梁并不相识；除几封信函外，当时陈尚无只字面世……在此情况下，梁不会大拍胸脯，极力举荐。①

第三，梁启超受聘尚晚于陈寅恪。吴宓时任国学研究院筹备委员会主任，他到天津请梁启超是在1924年2月22日，而曹云祥同意聘请陈寅恪是当月16日。

此事的真实情况，是吴宓费尽气力以辞职力争，才让清华答应聘请陈寅恪。

1925年，清华学校在曹云祥的主持下，刚刚设立大学部和研究部，尚未对教授资格作出明确规定。参考1932年校评议会通过的《国立清华大学教师服务及待遇规程》，可知要受聘为清华大学教授，必须满足下列三个条件之一：

> 甲 三年研究院工作或具有博士学位及有在大学授课二年或在研究机关研究二年，或执行专门职业二年之经验者；
>
> 乙 于其所任之学科，有学术创作或发明者；
>
> 丙 曾任大学或同等学校教授或讲师，或在研究机关研究或执行专门职业共六年，具有特殊成绩者。”②

以上条件，显示清华当日在聘任教授一事上，要求相当严格。具体到国学研究院，聘任标准也是三条：

（一）通知中国学术文化之全体；

（二）具正确精密之科学的治学方法；

（三）稔悉欧美日本学者研究东方语言及中国文化之成绩。

对于1925年的陈寅恪来说，后来清华大学有关教授聘任的条件，他一个都不满足。陈寅恪留学欧美十多年，在很多名校听过课，但没有拿一个学位；那时他还没有任何著作问世，更未在大学或研究院教过书。好在国学研究院的标准相对笼统，没有对学历、著作作出什么细致规定。即便如此，曾和陈寅恪在哈佛同学，深知其学术水平的吴宓，还是费了很大劲，才让曹云祥同意聘任陈寅恪为国学研究院教授，成为所谓“四大导师”之一。

吴宓后来回忆，他向校长曹云祥举荐陈寅恪后，“教务长张彭春认为陈先生留学虽久，学问亦好，然而一无学位，二无著作，不符合聘任教授条件，为保证今后教授水准，不应放松聘任标准，不同意聘请。”吴宓辩称，“陈先生前后留学十八年，他人不过四五年。陈先生学问渊博，能与外国教授上下其议论，堪称学侣。虽无正式著作发表，仅就一九二三年八月《学衡》杂志第二十期所节录的《与妹书》，寥寥数百字，已足见其学问之广而深，识解之高而远。”③

此事一度僵持，直至吴宓“往见曹校长，再申前议，并以去留争，聘事乃决。”吴宓在日记中也说，“介绍陈来，费尽气力”。可见破格聘任陈寅恪之艰难。

二、沈从文被西南联大破格聘任？假的

流传说法称，沈从文被破格评为教授后，刘文典怒骂其不够格，

只配拿四块钱工资。

有关刘文典、沈从文之间恩怨的故事，版本很多。

比如，毕业于西南联大外文系的许渊冲在《追忆逝水年华》中说，刘文典“轻视作家，公开在课堂上说：‘陈寅恪才是真正的教授，他该拿四百块钱，我该拿四十块钱，沈从文只该拿四块钱。’有一次跑空袭警报，他看到沈从文也在跑，便转身说：“我跑是为了保存国粹，学生跑是为了保留下一代希望，可是该死的，你干嘛跑啊！”

另据许渊冲《学林散叶》，在西南联大评沈从文为教授的会上，刘文典反对：“沈从文是我的学生，他都要作教授，我岂不是要作太上教授了吗？”

此事有一个明显的不实之处，即：沈从文当教授时，刘文典已不在西南联大任教。

对于刘、沈两人间的故事，刘文典之子刘平章，曾有过一些反驳。他说：

沈从文在昆明的那段时间，住在丁字坡旁边，也就是以前的唐公馆对门，而我们家住在龙翔街。住在丁字坡的人跑警报，往往是跑以前的英国花园或现在的圆通山后面。我们跑虹山，他们两人是不会遇到一起的，而且我们没跑几次就搬到了官渡。我觉得那时敌机要来了，大家都是慌慌张张地跑，一个人遇到另一个人还能说出“你跑什么？我跑是为……”这样的话，估计那已经不是一个正常人了。不知道是谁编出来的。

“沈从文评教授的时候，父亲已经离开联大到云大（指云南大学）了，所以并不存在这个问题。”④

对于“跑警报”一事，刘平章的第一点反驳不能成立，因故事中说到的跑警报，不是从各自家中跑，而是一起从学校跑，遇见的可能性很大。不过如他所说，正常情况下，一个人躲避空袭时，恐怕确实不会有嘲讽别人的闲心。限于没有可靠资料，此事只能暂时存疑。

至于刘文典反对沈从文当教授一事，则可证实并不存在。

沈从文被联大聘为教授是在 1943 年 7 月，当时刘文典已被西南联大解聘，身在滇南的普洱县，不可能在昆明参加讨论沈从文晋升问题的会议。[5]同年 8 月，刘文典受聘于云南大学。另外，刘文典在西南联大当教授时的工资是 470 元，沈从文是 360 元，故事中刘文典说的 400 块、40 块的比喻，也不合理。

此事的真实情况，是朱自清等人费尽心力，才得以让沈从文到西南联大任教。

西南联大对教授资格的要求，和前文所引清华大学的规定基本一致。按照 1941 年通过的西南联大《本校教师资格标准》，除教授外，副教授需具备有以下三项条件之一：

甲 三年研究院工作或具有博士学位者；

乙 于所学学科有重要学术贡献者；

丙 曾任大学或同等学校教授、副教授或讲师、或者研究机关研究、或执行专门职业共四年，有特殊成绩者。

讲师也要有下面三项条件之一：

甲 二年研究院工作或具有硕士学位者；

乙 于所学学科有学术贡献者；

丙 于专门职业有特殊经验者。

教员需要满足的是两项条件之一：

甲 大学毕业成绩特优，具有曾在大学或同等学术机关授课或研究二年者；

乙 于所任学科有专门知识或授课有特殊成绩者。

助教也要“具有大学毕业成绩特优之资格”。

以上规则虽是 1941 年才正式颁布的，但因其内容和 1932 年清华制定的规则几乎一样，可知西南联大一直以此为选拔教师的标准。

沈从文只有小学学历，但 1939 年已有包括《边城》在内的大量小说问世，成为著名作家，且曾在中国公学、武汉大学等校任教。从履历来看，沈从文大致满足讲师的丙项要求。因此，朱自清（清华国文系主任）和罗常培（联大中文系主任）帮沈从文谋职时，目标也只是讲师和助教。

即便如此，事情仍不顺利。朱自清在 1939 年 6 月 6 日的日记中写道："今甫提议聘请沈从文为师院教师，甚困难"。[⑥]

最终推动沈从文到联大任教的关键人物，是杨振声。他当时是联大常务委员会的委员兼秘书长，曾聘请沈从文编写国文教科书，了解沈的才华。杨振声在 1939 年 6 月 27 日的常务委员会议上，正式提出希望沈从文到联大任教。杨振声之子杨起回忆，沈从文是以"作家"，而非"学者"身份被引荐的，"这在当时的校委会和中文系还是很有阻力的"。当时还在联大外文系上学查良铮公开说："沈从文这样的人到联大来教书，就是杨振声这样没有眼光的人引荐来的。"[⑦]可见部分联大师生对于沈从文的到来，是很不满的。

好在经过常委会讨论，联大终于聘请沈从文，而且一下就给了副教授。联大常务委员会发布通知，"聘沈从文先生为本校师范学院国文学系副教授，月薪 280 元，自下学年起聘"。后来由于沈从文的课程受到学生肯定等原因，联大在 1943 年 7 月又晋升他为教授，通知说："改聘沈从文先生为本大学师范学院国文学系教授，月薪 360 元"。[⑧]

值得注意的是，沈从文的教职不是在联大中文系，而是在联大师范学院的国文学系。联大主体是北大、清华、南开三校；师范学院是 1939 年为帮云南解决中学师资问题，才和云南省教育厅合办的，学制只有一年。抗战胜利后，联大解散，师范学院被留在了昆明，成为现在云南师范大学的前身。师范学院在 1943-1945 年仅有毕业生 7 人，有 2/3 的学生都转到了文学院的中国文学系。

也就是说，沈从文最终还是因学历所限，不能被三校聘任，只能在地位较低的师范学院获得教职。

三、“破格之难”比“破格”有价值

陈寅恪、沈从文都是身怀真才实学之人。

遗憾的是，今人传颂他们被聘为教授的往事，添油加醋之中，往往集中于并不真实的“破格”二字，而忽略了当日的清华与西南联大对程序、规范的坚持。

吴宓以“国学研究院筹备委员会主任”的身份，不得不以辞职为筹码力争，才能让陈寅恪入国学研究院任教；沈从文已写出经典著作，且有在中国公学、武汉大学任教的资历，并有朱自清（清华国文系主任）、罗常培（联大中文系主任）、杨振声（联大常务委员会委员兼秘书长）力荐，也只能在低一层级的联大师范学院国文学系担任教职。

“破格”可以有，它为刚性的制度保留了一点弹性，但这弹性存在的前提，是必须有足够的“破格之难”；这种“破格之难”，才是民国大学留下的最重要的精神遗产。

参考资料

①桑兵．晚清民国的国学研究 [M]. 上海：上海古籍出版社，2001:136-142.

②清华大学校史研究室．清华大学史料选编第 2 卷 [M]. 北京：清华大学出版社，1990:174-181.

③卞僧慧．陈寅恪先生年谱长编初稿 [M]. 北京：中华书局，2010:89.

④章玉政，刘平章．刘文典笔下的日本 [M]. 合肥：合肥工业大学出版社，2012:219-220.

⑤章玉政．刘文典年谱 [M]. 合肥：安徽大学出版社，2011:274.

⑥商金林．朱自清日记中的沈从文 [J]. 汉语言文学研究，2011，第 2 卷第 3 期．

⑦杨起，王荣禧．淡泊名利功成身退——杨振声先生在昆明 [A]. 云南省昆明

市委员会 . 昆明文史资料集萃第 7 卷 [C]. 昆明 : 云南科技出版社 ,2009.

⑧郭建荣 , 张爱蓉 . 国立西南联合大学史料 2：会议记录卷 [M]. 昆明 : 云南教育出版社 ,1998:96、293.

本文还参考了：

韩戍 . 民国时期怎么评教授 [N]. 澎湃新闻 ,2015-1-11.

邓小林 . 民初至抗战前夕国立大学教师的聘任问题 [J]. 史学月刊 ,2004,(10).

对“杜月笙名言”的一点考据

中文互联网上流传着各种各样的“杜月笙名言”。比如：

（1）做人有三碗面最难吃：人面、场面、情面。

（2）人可以不识字，但不能不识人。

（3）锦上添花的事情让别人去做，我只做雪中送炭的事情。

（4）钱财用得完，交情吃不光，所以别人存钱，我存交情。

（5）前半夜想想自己，后半夜想想别人。

（6）不要怕被别人利用，人家利用你说明你还有用。

（7）头等人，有本事没脾气；二等人，有本事有脾气；末等人，没本事有脾气。

（8）男人之根本：老婆，老友，老本。

（9）对你吹拍的人，最可能背叛你。伤你最深的人，一定是你最爱的人。

……

这当中，有些“名言”一眼就能看出假来。比如“男人之根本：老婆，老友，老本”“对你吹拍的人，最可能背叛你。伤你最深的人，一定是你最爱的人”“前半夜想想自己，后半夜想想别人”，其用词之现代与中二，完全不符合杜月笙所处的时代背景。有些“名言”，如“做人有三碗面”“别人存钱、我存交情”“三种人”之说，则显得真伪莫辨，故笔者尝试对其略作考据。

一、“做人有三碗面”之说，出自小说家言

“做人有三碗面最难吃：人面、场面、情面”，这句“杜月笙名言”，最早出自一本名叫《杨度外传》的小说。

该书自称“这部小说是根据杨度的生平事迹创作而成的”，出版于 1984 年。书中叙及杨度由章士钊引见、成为杜月笙私人秘书这段情节时，虚构了一段杜月笙与杨度、章士钊三人的对话，其中如此写道：

> 杜月笙得意地想到，既然杨度目前处境穷困，自己更应该照顾他的面子，于是笑道：“听说晳子兄很重友情，兄弟也很爱交朋友。不瞒老兄说，兄弟为人处世有一本三字经，就是做人要吃三碗面：一是情面，二是体面，三是场面。这是三碗难吃的面，可是为了朋友，都要吃。”说罢朗声大笑。①

其实，杨度与杜月笙结识一事，介绍人乃是张尧卿，而非章士钊。小说以章士钊为杨、杜之间的介绍人，本已不合史实。再者，杨、杜等当事人，均未就见面谈话情形留下回忆资料。显然，上述内容乃是小说作者所虚构，并无史料依据。奈何中文知识界不查，反将小说家言视为信史，纳入了所谓的“杜月笙语录”之中。

二、“别人存钱，我存交情”，出自章君榖的虚构

“别人存钱，我存交情”，这句“杜月笙名言”，出自章君榖所著《杜月笙传（三）》，台湾传记文学 1986 年出版。据书中所述，这段话是杜月笙与张啸林断交时所言。杜告诉张自己有意离开上海，张认为杜在上海到处挂名担职，虽然得了声望名气，却也欠下了“至低限度也有个三五百万”的债务，待在上海尚无妨，离开了上海恐怕就

会有许多人要来讨还。杜回答道：

> 啸林哥，承你指教，不过呢，对于钱财，我有我的看法，我不说什么“生不带来，死不带去”“钱财是身外物”一类的话，我只是抱定一个主张，钱财用得完，交情吃不光！所以别人存钱，我存交情，存钱再多不过金山银海，交情用起来好比天地难量！[②]

与上一条“杜月笙名言”相同，这段杜月笙与张啸林的对话，也是作者自己虚构出来的。

章君穀的《杜月笙传》虽是传记文学，但写作风格其实更近小说（章本人就是一位历史小说作家），唯作品的整体框架是“根据访问笔记及口述录音的整理与反复研究而来”。刘绍唐（《传记文学》创办人）在该书前言中坦承，全书“除了只能凭藉口述资料外，几乎找不到任何直接的文字资料”，杜月笙“终其一生没有信函日记等材料遗留下来”[③]。考虑到杜、张谈话的另一主角张啸林也并未留下关于谈话的任何材料，可以确知“别人存钱，我存交情”这段名言，只能是章君穀的合理虚构，而非杜月笙真说过这样的话。

三、“头等人，有本事没脾气”之言，出自陆京士的回忆

“头等人，有本事没脾气；二等人，有本事有脾气；末等人，没本事有脾气”这句话，最早见于陆京士的回忆文章《写在〈杜月笙传〉之前》。

陆京士自 1928 年投入杜月笙门下，与杜交往接触甚深。陆在回忆文章中说：“杜先生品评天下人才，列为四等。有本领而无脾气者居上，有本领也有脾气者列中，无本领亦无脾气者下焉之，无本领反有脾气者不入流，属于劣等。”[④]

陆京士笔下的“四种人”，变成中文知识界广为流传的“三种人”，与南怀瑾著作在20世纪90年代的流行，有直接关系。1995年出版的《南怀瑾谈历史与人生》中，有这么一段文字：“以前有一位老朋友，读书不多，但他从人生经验中，得来几句话，蛮有意思，他说：‘上等人，有本事没有脾气；中等人，有本事也有脾气；末等人，没有本事而脾气却大。’这可以说是名言，也是他的学问。”⑤

此处，南怀瑾仅模糊声称这句名言来自他的“一位老朋友”；2000年之后，南再开讲座时，则明确说这句名言出自“我的老朋友杜月笙”。不过，杜比南年龄上大了三十岁，1951年杜去世时，尚毫无名气的南仅三十出头，人生履历与杜并无重合之处；迄今为止，也无材料能够证实杜、南二人在生前有过直接交往。亦即，杜月笙不可能是南怀瑾的“老朋友”。

当然，这并不妨碍杜月笙的名言，通过南怀瑾这一畅销文化商人的转述，传遍中文互联网。只不过，流传的是南怀瑾改造过的“三种人”版本，而非陆京士总结的最原始的“四种人”版本。

关于如何“做人”，笔者所见出自杜月笙之口者，只有其门人沈琪的一段回忆：“人之所重于余者，非因某有特别能力，能为人所不能为之事也。余所恃以立身于社会者，唯‘信用’二字而已。”⑥

参考资料

①田遨．杨度外传[M]．郑州：河南人民出版社，1984:365.

②章君穀．杜月笙传（三）[M]．台北：传记文学出版社，1986:175-176.

③刘绍唐．为本社出版《杜月笙传》说几句[A]．章君穀．杜月笙传（一）[C]．台北：传记文学出版社，1986.

④陆京士．写在《杜月笙传》之前[A]．章君穀．杜月笙传（一）[C]．台北：传

记文学出版社 ,1986.

⑤南怀瑾 . 南怀瑾谈历史与人生 [M]. 上海 : 复旦大学出版社 ,1995:256.

⑥沈琪 . 忆杜前理事长月笙先生 [A]. 恒社旅台同仁 . 杜月笙先生（镛）纪念集 [C]. 台北 : 文海出版社 ,1976:68.

子虚乌有的“国粹泄密案”

“宣纸工艺泄密案”“景泰蓝工艺泄密案”与“蚕药配方泄密案”，号称改革开放初期的“三大国粹泄密案”，是三十年前曾被媒体热烈报道和讨论过的话题。迄今也仍有许多人信以为真。

比如某本2017年出版的专著如此写道：

> 在改革开放之初，我们就曾因为麻痹大意、保密意识不强，而泄露了三大国粹的秘密，以至于‘国宝技术秘密’被他国轻易窃取。一是中国宣纸制造技术泄密。……二是蚕药制造技术泄密。……三是景泰蓝技术泄密。

先说“宣纸工艺泄密案”。此案早在20世纪80年代，即流传得沸沸扬扬。常见的说法是：

> 安徽泾县纸厂生产的宣纸，在世界上首屈一指。1981年几位日商要求参观在泾县纸厂帮助下建立起来的一个宣纸厂，并进行技术交流。日商来厂后，第一天听介绍情况，参观生产宣纸的全过程；第二天座谈；第三天对生产宣纸的全部过程进行了录像。在参观和座谈中，日商对宣纸生产技术上的问题，询问甚详，还索去了某些原料，并以帮助化验为名用瓶子装去

了造纸用的井水。就这样，生产宣纸的全部技术，包括原料样品，都被人家搞去了。[①]

泄密之说越传越广，给安徽泾县和当地的宣纸厂，造成了巨大压力。1990 年，《文汇报》的记者前往泾县调查采访时，发现“凡宣纸厂门口都没有厂牌，厂牌都静静倚靠在厂长办公室内”，宣纸厂所有的运输车辆，也都刷掉了厂名标志。藏起厂牌、刷掉厂名的目的，据说是为了防止外商循着厂牌、厂名，潜入进来偷盗技术。连记者前往宣纸厂采访，也必须“持有县保密委员会介绍信才能观看抄纸、压榨、焙纸、剪修等后道工序。”

该记者最后得出结论：“正宗的中国宣纸生产技术并没有泄密，杂志所披露的‘泄密事件’只是发生在浙江某一个县里。那里一家生产一般书画纸（比宣纸低一等级）的厂家，对外商宣称自己生产的是宣纸。外商打着合作幌子，摄录了生产过程，便以为取到了真经。”[②]

1990 年 7 月 8 日，人民日报在第 8 版上转载了《文汇报》的这篇文章，算是对“宣纸技术泄密案”给出了一个近似官方的结论。

宣纸技术研究专家潘祖耀的看法，则与《文汇报》的报道略有不同：

泄密与保密的问题，泄密的已经泄密，仿宣纸早几十年就出来了，现在想保密的也难以保密。但我们在认识上要站得高一点，问题的关键是，我们现在处在信息社会时代，靠的是高科技、高技术领先，而宣纸生产方式仍是劳动密集型，许多生产环节仍然依赖强体力劳动，而这种生产方式不是时代特点的东西，这样的东西就是不保密，人家外国也不会仍然按照你的一套去做。外国人所要做的就是用现代科学技术来研究你的东西，用更先进的东西来代替你，来超过你，这是现代科技发展的规律。与其这样在泄密与保密问题上争论，不如加快研究，使宣纸这门工艺技术进入世界造纸技术先进行列，永远保持领先的水平。③

再说“景泰蓝工艺泄密案”。

此案也与“日商”有关。1982年7月22日，《美洲华侨日报》刊文《景泰蓝的教训》，称日本人“收买了一个日本华侨”，让他以代理商的名义回国，去景泰蓝工厂“参观”，此人在参观中“从头到尾拍了照片”，从而使得中国的景泰蓝制作技术被日本窃取，“MADE IN JAPAN”的景泰蓝已在国际市场上与中国产品展开了竞争。文章警告说：“在不久的将来，当那家日本工厂以先进的设备大量生产景泰蓝，在国际市场上把我们彻底打垮的时候，我们的工厂就要关门；我们的工人就要失业。”④

当时，由北京市珐琅厂和北京华艺景泰蓝厂提议，景泰蓝的制作工艺（主要是三项：①铜胎成型；②釉料配方；③焊药配方），已获轻工业部的审批，被定为绝密级国家机密。曝出这样的新闻，很自然地引起了轻工业部等机构的高度重视，调查也随之展开。

第一次调查的结果是：日本人生产的同类产品“七宝烧”没有掐丝品种，所以来中国窃走了景泰蓝制作技术中的掐丝和鳔丝工艺。第一次泄密发生在1976年，日本稻叶的“七宝烧”株式会社来华考察，参观了北京工艺美术厂掐丝工艺的革新设备和实际生产过程，并拍了照片。第二次发生在1979年，日本的“七宝烧”工作人员参观了北京市珐琅厂，拍了一些工人制作产品时的照片。

1993年，已过去了十年的“景泰蓝工艺泄密案”再次引起了舆论关注。于是，国家保密局、轻工总会、国家科技保密办等多个部门机构组成联合调查组，重新调查此案。调查结论是：北京工艺美术厂在70年代接待日本访客时，确实存在违反接待方案的情况，但并未造成景泰蓝的制作工艺泄密。具体情况如下：

（1）中国的景泰蓝在制胎、抛光、釉料等主要工艺方面，要比日本的“七宝烧”落后。日本制胎时采用模具可以一次成型；中国的景泰蓝仍要靠分段拉伸和焊接。日本的釉料经过化学检测科学配料后无杂质，细腻透亮色彩丰富，附着力强；中国的景泰蓝还在用煤火烧、大锅炼、铁锹翻，杂质多，色相少，附着力也差。

（2）因釉料的附着力不够，烧制过程中容易从铜胎上脱离造成“崩蓝”。为防止崩蓝，景泰蓝采用了“掐丝制作锦地工艺”，将铜丝做出各种图案花纹黏在铜胎上，这也成了景泰蓝的一种特别的风格。日本的“七宝烧”因为釉料对铜胎的附着力强，所以用不着这项工艺。日本的“有线七宝烧”掐丝也很少，用不着盗窃中国的掐丝设备。

（3）景泰蓝之所在以国际市场上不敌“七宝烧”，是因为国内的景泰蓝工厂遍地开花，质量参差不齐，竞相压价出售。这种劣势，并不是泄密造成的。⑤

1993年12月6日，经中国轻工总会保密委员会批准，“景泰蓝工艺不再列为国家机密”。《北京工业年鉴》如此解释这一举措：“由于我国对景泰蓝工艺封闭自守，长期沿用手工操作方式，束缚了景泰蓝生产的发展。为此，中国轻工总会于1993年7月会同国家保密局、国家科委、北京市国家保密局、市科委和中国工艺美术公司、北京工美集团总公司，对景泰蓝技术现状，及解密后产生的利弊进行了充分的调查研究，提出了解除景泰蓝国家秘密及其密级的意见。”⑥

最后再简略说一下“蚕药配方泄密案”。

所谓蚕药配方，指的是于溪滨1979年完成研究的“柞蚕空胴病防治法”。此案常见的表述是：“日本人在一次国际蚕业学术会上，对中方代表极尽东道之谊，规格之高，令中方代表受宠若惊。原来中方在学术报告上将独创治柞蚕流行病的配方、施药方法甚至病源研究都和盘托出，日本人不过是回报以东方式的答谢罢了。”⑦

所谓“国际蚕业学术会”，应该是指1980年在日本京都举行的第十六届国际昆虫学大会。于溪滨在会上宣读了自己的论文《柞蚕空胴病的研究》并当选为国际野蚕学会副主席。

此事之所以在20世纪八九十年代被误认为是一次“国粹泄密”，可能与中国人当时刚刚接触到专利制度有关系。事实上，于溪滨在国际学术会议上所做的，不过是一个常规性的学术报告，并不涉及产品专利问题。该报告同时还公开发表于1979年的《蚕业科学》和1980年的《辽宁农业科学》上，人人皆能查阅，并不是什么国家机密。[⑧]

学术上的进步，须仰赖研究成果的自由交流。于溪滨的“蚕药”，其实只是针对“柞蚕空胴病”研究的一个小的起步。直到今天，“柞蚕空胴病的研究基础仍十分薄弱”“目前，关于柞蚕空胴病致病机理、病原菌侵染过程及传播机制等仍不清晰”“由于空胴病发病原因复杂及耐药性等问题，现尚未有防效稳定的药剂投入柞蚕生产”。[⑨]

综上。所谓“三大国粹泄密案”，其流行说法，皆与事实存在不小的差距。

参考资料

①谢希德 . 创造学习的新思路 [N]. 人民日报 ,1998-12-25(10).

②李继祥 , 李素贤 . 商品经济大观园 [M]. 沈阳 : 辽宁人民出版社 ,1988:9-10.

③佚名 . 宣纸技术有没有泄密 [N]. 文汇报 ,1990-6-27.

④曹天生 . 中国宣纸 [M]. 北京 : 中国轻工业出版社 ,2000:278.

⑤佚名 .《美洲华侨日报》文章：景泰蓝的教训 [N]. 参考消息 ,1982-8-17.

⑥韩江雪 . 景泰蓝“泄密”始末 [J]. 经济月刊 ,2000,(4).

⑦北京市经济委员会 . 北京工业年鉴 [M]. 北京 : 企业管理出版社 ,1994:234.

⑧关立勋 . 公关实例典范集成（上）[M]. 天津 : 天津人民出版社 ,1995:785.

⑨于溪滨 . 柞蚕空胴病的研究 [J]. 蚕业科学 ,1979,(3).

于溪滨，潘莲英，康慧娟，胡凤岐，张文全．柞蚕空胴病的研究 [J]. 辽宁农业科学，1980,(1).

⑩孙影，杨金琛，尚铭宇，何瑶，季明刚．柞蚕空胴病研究现状及进展 [D]. 第十七届沈阳科学学术年会会议论文，2020.

布鲁诺究竟因何被烧死？

作为长期存在于教科书中的历史人物，乔尔丹诺·布鲁诺(Giordano Bruno）被罗马教廷处以火刑这一“为科学而献身”的故事，在中国具有极高的普及度。但是，近些年，关于布鲁诺之死，中文知识界流传着这样一种“正本清源”的说法：“布鲁诺被处决，与科学一点关系都没有。他不是因为研究科学被烧死的，他被处死的原因，是因为宣扬异教、宣扬巫术、否认教会的圣统制。”

这是一种有必要细加分辨的说法。

首先，此说非是凭空而来。2005 年《自然科学史研究》刊文《布鲁诺再认识——耶兹的有关研究及其启示》，介绍了英国科学史学者耶兹（Frances A. Yates）对布鲁诺的新研究。文章称：

> 早期西方科学史界对布鲁诺形象的解读多把他看作是为科学献身的殉道士，后来哲学史界又将布鲁诺解读为为自己的信仰和思想自由而献身的殉难者，其中有些学者还将布鲁诺看作是一个勇于打破中世纪亚里士多德主义禁锢、开拓近代文明的先驱。而耶兹认为以往对布鲁诺的研究，使他的观念从历史背景中孤立出来，用占据当代主导地位的哲学历史、哲学观念和科学观来对其进行描述，而现在需要做的是在当时的历史文化背景下重新描述、理解布鲁诺。……耶兹认为：布鲁诺就是一位具有强烈宗教改革意识的激进的赫尔

墨斯法术传统的追随者，是古埃及法术宗教的信仰者，他本身就是一位法术师。他试图通过法术的方式发现自然的秘密，以便控制、利用自然，他所有的哲学和“科学”层面的探讨都从属于其宗教使命。不论什么思想，只要与他的复兴古埃及法术宗教的使命相合就都会为其所用，为此他丝毫不理会当时基督教的禁忌。无疑，正是这一点在很大的程度上导致了宗教裁判所对他的反感。[①]

略言之，在耶兹看来，布鲁诺很可能是一名在欧洲四处传播法术、致力于推动宗教改革的“赫尔墨斯式法术师”；而在宗教裁判所眼里，他是一个胆大妄为、不知悔改的宗教异端者，是为自己所信仰的赫尔墨斯法术传统而死，而非为捍卫科学真理而献身。

类似的说法，也见于《剑桥科技史丛书：科学与宗教》。该书称布鲁诺是“一位叛教的僧侣”，对正统的基督教持强烈的对抗立场，认为“罗马天主教代表了对一种更早的、未受玷污的宗教的败坏”，而那种更早的、未被玷污的宗教与埃及有关，可以追溯到赫尔墨斯的文本——“别人从赫尔墨斯文本中看出对基督教的预见时，布鲁诺却看到别的东西。……他的世界图景受到一种巫术哲学的影响，这种哲学几乎成为他的宗教。他把摩西描述为一位魔法师，从埃及人那里学到他的魔法，然后破解了法老的魔法师的咒语。在布鲁诺看来，真正的十字架是埃及人的十字架——充满了召唤星界影响的魔力。基督教的十字架是一种微弱的衍生物。”

基于这些背景，作者的结论是：虽然布鲁诺认同哥白尼天文学，倡导无限宇宙及多元世界，也长期被视为科学的殉道者，“但是很难相信这就是决定他命运的原因”“审讯他的人更关心的是他的神学和教会纪律方面的事情，以及他同其他著名异端的接触，而不是他的哥白尼主义。”[②]

以上论述，大体代表了西方科学史近代以来对布鲁诺的一种重新认识。这种认识包括了如下几个基本事实：

（1）布鲁诺是哥白尼学说的拥护者和传播者。但他拥护和传播哥白尼学说，动力并不在发展天文学，而是因为哥白尼的学说契合了他在宗教、哲学上的独特见解。他并非从现代天文学的角度去理解哥白尼的日心说。

（2）布鲁诺的宗教、哲学见解，与罗马教廷格格不入，甚至是对罗马教廷的批判与否定。这是他让罗马教廷最为愤怒之处——1600年2月17日布鲁诺被烧死，2月19日出版的《罗马通告》，将其描述为"最顽固的异端分子，用他臆想的各种教条来反对我们的信仰，特别是反对最神圣的圣母和圣徒，这个恶棍顽固地想为他们而死，并说他正在作为殉道者自由地死去。"

（3）在布鲁诺去世后很长时间，教会才将哥白尼的《天球运行论》列入禁书目录，教会中也有许多哥白尼主义者没有遭到相似的命运。布鲁诺的被杀害，信奉哥白尼的学说确实不是唯一的原因——不过，布鲁诺对罗马教廷的批判与对哥白尼学说的拥护，二者仍然密不可分。

但是，这些事实的发掘与补充，并不能得出"布鲁诺宣扬邪恶的宗教理论、通过研究巫术与魔法来组织邪教团体"这样的骇人结论。

前文提到，耶兹在否认布鲁诺是"为科学献身的殉道士"时，批评了后世学者是在用当代理念去解读16世纪之人的行为。遗憾的是，中文知识界依据耶兹等人的研究，将布鲁诺说成"研究巫术与魔法的邪教徒"，也是在用当代理念去解读16世纪之人的行为——与当代人对"魔法"的定义不同，文艺复兴时期流行的赫尔墨斯主义"将魔法实践看作宗教行为，一种参与神圣的当时"，信仰基督教的费奇诺、米兰多拉、批判基督教的布鲁诺，都受到了赫尔墨斯主义的影响，亦即：在当时，"基督教和非基督教都将魔法视为宗教仪式，这在神秘主义社区是司空见惯的观念，直到19世纪和20世纪魔法新定义兴起为止"。③

据1940年发现的审讯布鲁诺的部分记录（大多数审讯记录已消失），他被指控的罪行至少包括8项：

（1）对抗天主教信仰；（2）对上帝及其化身持错误主张；（3）对救世主持错误主张；（4）对领圣餐持错误主张；（5）宣称存在多个世界及其永恒性；（6）相信人的灵魂可以转生；（7）从事魔术及预言；（8）否认圣母玛丽亚的童贞。④

这8项指控中，只有第5项涉及科学，也就是哥白尼的学说。但这并不意味着哥白尼学说在布鲁诺之死中无足轻重，而是恰恰相反。

在长达七年的漫长审讯中，为了求生，布鲁诺不断调整自己的立场，比如他承认自己赞颂英格兰女王的行为是错误的；在威尼斯的宗教法庭上，他忏悔称："截至今天我所做的所有错事，和所有我信仰过的异端邪说……我痛恨它们，我忏悔我所做过的、说过的、相信过的或怀疑过的关于天主教的所有事情。"在罗马的宗教裁判所，布鲁诺也曾表示愿意悔改，甚至在1599年4月"实际上承认了自己有罪"。但对建基于哥白尼学说的宇宙观的坚持，最后仍将布鲁诺送上了审判台。

这是一件相当意味深长的事情——宗教法庭在审判过程中鲜少提及哥白尼，但布鲁诺在自我辩护中，却不断提及哥白尼的学说，比如罗马教廷坚持认为只有上帝是无限大的（布鲁诺则主张宇宙无限大），布鲁诺的辩护理由是："对于上帝来说，在小于无限大的宇宙里显示自己，是不值得的。"⑤

这种调和论调，自然无法说服罗马教廷。裁判所法官还曾讯问布鲁诺，问他是否愿意更正自己的宇宙观，布鲁诺的回应是：自己关于地球运动和太阳起落的观点，有着合理的依据，并未破坏《圣经》的权威。

1599年12月21日，布鲁诺宣布不会收回自己的主张。1600年1月20日，宗教裁判所宣布将其送往世俗法庭，交给罗马总督。2月17日，布鲁诺被烧死在了罗马鲜花广场——身死之日，他的核心身份不是一名科学家，他的核心罪名也不是发表科学见解，但他的死与科学是有关系的，他死于强权对学术的裁决——尽管在他的身上，科学见解与宗教理念之间，存在着许多今人很难理解的复杂关系。

参考资料

①刘晓雪，刘兵．布鲁诺再认识——耶兹的有关研究及其启示 [J]. 自然科学史研究，2005,(3).

②布鲁克．剑桥科学史丛书：科学与宗教 [M]. 上海：复旦大学出版社，2000：40-41.

③格里尔．解密失落的符号 [M]. 北京：新世界出版社，2013：128-129.

④沈致远．科学是大众的 [M]. 上海：上海教育出版社，2008：265.

⑤哈里斯．无限与视角 [M]. 长沙：湖南科学技术出版社，2014：261-283.

如何理解牛顿晚年沉迷炼金术

先说笔者的结论：“牛顿晚年沉迷炼金术”之说是一个误解。他确实收集了许多炼金术的资料，写下了许多与炼金术有关的手稿，做了许多炼金术师曾经做过的实验，但他所沉迷的，非是点石成金的欲望，也非长生不老的魔法，而是试图在冗繁的炼金术资料中，找到与自己的科学假说相契合的科学证据。

牛顿与炼金术之间的关系，在他生前并不为大众所知。原因是他留下的与炼金术有关的手稿，在长达 200 余年的时间里，并没有被公之于世。

1727 年，也就是中国的雍正五年，牛顿去世。他的亲属收集整理了他住宅中的所有论文与手稿。为了维护牛顿的历史形象，将与炼金术有关的手稿定性为“不宜发表”尘封了起来。1936 年，包括与炼金术有关的手稿在内的这批文件（与科学相关的部分已于数十年前捐赠给了剑桥大学），被拿到英国索斯比拍卖行分成 322 份公开拍卖，共计拍得约一万英镑。

稍后，这些与炼金术相关的手稿（还包括不少牛顿传记资料）被经济学家凯恩斯（J. M. Keynes）聚拢到了自己手中。依据这些手稿，凯恩斯写成文章《Newton,the Man》，称牛顿“不是理性时代的第一人，而是最后一位魔法师”。这篇文章被收录进了英国皇家学会 1946 年出版的《牛顿诞辰 300 周年文集》。牛顿与炼金术之间的关系，由此形成了一个重要的科学史话题。①

一般认为，炼金术源于古希腊的亚历山大和阿拉伯世界。依据世界由土、气、水、火四元素构成的古老理论，炼金术士们相信只要找到正确的方法，就可以将一种物质变成另一种物质。这种努力主要集中在两个方向：（1）找到一种可以将铁、铅等贱金属转变为黄金、白银等贵金属的东西，这种东西通常被称作“哲人石”；（2）提炼出一种可以使人长生不老、青春永驻的物质。

理论前提（比如四元素说）的错误，决定了炼金术士们的努力不可能获得成功。他们无法收获金子，也不会窥见长生不老的秘密，却大概率变成骗子。与牛顿同时代的约翰·弗里德里希·伯特格尔（Johann Friedrich Böttger）就是其中之一。他向奥古斯特二世（萨克森选帝侯兼波兰国王）吹嘘自己掌握着点石成金的秘术，反被精明的奥古斯特关进地牢，除非造出金子才能获得自由。伯特格尔一度逃出监狱，很快又被抓回。利用设在地牢中的实验室，伯特格尔帮助奥古斯特找到了制造精美瓷器的方法，但无法提供真正的炼金术，仍使他被囚死于地牢之中。

早在17世纪60年代，牛顿已读过当时伦敦有名的炼金术士乔治·斯塔基的著作。1670年前后，他开始大量阅读炼金术资料，并编写了索引，对从炼金术著作中收集到的术语与表述实施分组——虽然几乎所有炼金术士都声称自己掌握了炼金术，但他们不但全部对配方秘而不宣，且使用的术语也各不相同。牛顿对炼金术的实验研究，至少持续到1696年（资料研究则持续到去世）——那一年，他离开了剑桥，前往英国皇家造币厂担任督办。

牛顿为何会对炼金术感兴趣？对于这个问题，《剑桥科学史》的解读是这样的：

> 18世纪最重要的炼金术士是牛顿。……牛顿在他的大部分职业生涯中，四处搜寻炼金术的文献，搜集了大量的记录，并且亲手抄录整篇文章。他埋头于紧张密集的实验周期中，并就他的

> 发现撰写了大量的报告。他试图找到炼金术士有关普遍生命灵魂（universal animating spirit）的证据，通过这些证据，他相信上帝不断地在影响世界：对他来说，通过对以太的思索，万有引力、炼金术和上帝是紧密联系在一起的。牛顿对于炼金术的追求并不从属于他的自然哲学，而是构成了他的宗教努力的一个基本组成部分，他致力于从尽可能多的方面研究上帝的活动。②

这种解释，将牛顿在自然科学、炼金术与神学三个方面的努力，统一在“研究上帝的活动”这个大方向上，是有牛顿自己的话为证的。1675年，牛顿从朋友处得到一份炼金术手稿，他在手稿的前段写了这样一段文字：

> 炼金术处理金属并不像无知的俗辈们所想的那样，……相反，它（炼金术哲学）是有益的，能给人以启迪，首先是助你了解关于上帝的知识，其次是助你找到从创造物中发现真正的药物的方法，你的职责是要通过了解上帝奇妙的作为以颂扬上帝，教导人们如何好好地生活，并要时时帮助你的邻人，保有一颗善良的心。

在牛顿的世界观中，“上帝”是极为重要的存在。上帝创造了世界（也许还不止创造了一个世界），通过科学研究洞悉世界运转的规律，相当于认识到上帝所创造的世界的美妙。牛顿认为，这种认识本身就是一种对上帝的虔诚赞颂。他还相信上帝会将自然的奥秘告知他所选中的人，这种告知也许就藏在那些炼金术资料当中，只是传统的炼金术士们对此并无察觉。牛顿留下的炼金术手稿总计约有65万个单词，远远超过了他在物理和数学研究上的文字总和；他的神学研究手稿总字数则超过了130万个单词。由这种体量对比，也不难看出在他的价值体系当中，“通过了解上帝奇妙的作为以颂扬上帝”是处在核心位置的。（值得注意的是，牛顿在神学方面的考据与研究，与当时主流神学有着很大的差距，甚至可以说是对主流神学的批判，是一种“离经叛道”。）

但《剑桥科学史》说牛顿对炼金术的研究“并不从属于他的自然哲学”，这个论断却有待商榷。

首先，牛顿审视炼金术所使用的学术理论，已非传统炼金术士的“四元素说”。他很早就受到了罗伯特·波义耳（Robert Boyle，1627-1691）——化学家、物理学家，牛顿亦师亦友的敬重者——的“微粒哲学”的影响。这种哲学认为，构成物体乃至整个世界的是一种自然界中最小的粒子；这种粒子是上帝创造的，是上帝赋予了他们运动和活性；粒子们相互凝结可以形成第一级微粒，第一级微粒相互凝结可以形成第二季微粒……直到形成各种复杂的物体。依据这种假说，只要能找到一种作用剂，可以破坏稳定的微粒，将其解体为最小的粒子，再在某种活性要素的作用下，这些粒子就可以重新凝结为一种新的物体。基于这种新的学术假设，追求将贱金属转变为贵金属的炼金术，很自然地进入到了波义耳与牛顿的视野当中。

其次，除了学术工具，牛顿与波义耳这对“新炼金术士”，与传统炼金术士最大的区别，在于彼此的追求是相反的。传统炼金术士追求财富与地位，所以最在意如何“点石成金”，也就是把金子变出来；牛顿与波义耳追求对科学假说的证实或者证伪，所以最在意的反是如何破坏金子，将其解体为最小的粒子，也就是把金子给变没——金是一种非常稳定的金属，若有一种作用剂能把金破坏为最小的粒子，也就等于对“微粒哲学”的证实迈出了第一步。基于这种追求上的不同，波义耳与牛顿对传统炼金术士是缺乏好感的，比如波义耳曾将这些人称为“不学无术之辈，只会用骗人的伎俩愚弄观众”。

在炼金术研究的中后期，为了对一些实验现象作出解释，牛顿将“粒子力”的概念引入到了“微粒哲学”当中。比如，他观察到硝酸能溶解银而不能溶解金，王水能溶解金却不能溶解银（按现代化学的解释，这种观察并不完整），于是作出一种推测："是否可以说，硝酸的微粒已细微到既足以钻进银中也足以钻进金中，但却缺少使它钻进金中去的吸引力？而王水的微粒已细微到足以钻进金中也足以钻进银中，但却缺少使它钻进银中去的吸引力？"③

在今天看来，这种推测显然是错误的。硝酸、王水与金、银之间所发生的一切，须以多种元素之间的化学反应来解释。牛顿执着于用"唯一的微粒"来作大胆的假设，自然不会有结果。

但这并不意味着牛顿的努力没有价值，也不意味着牛顿不是在追求科学，更不意味着牛顿在走传统炼金术的老路，科学之树是在无数次的"假设－证伪／证实"当中发育起来的，没有任何一位科学家可以保证自己的假设永远走在正确的路径上，牛顿也不例外。

略言之，在牛顿那里，神学与科学是自洽的，研究炼金术也与研究科学、荣耀上帝是一体的。中文知识界常见的"牛顿晚年转向神学、沉迷炼金术"之说并不成立——所谓的转向是不存在的，所谓的沉迷也只是误解。

参考资料

①袁江洋．牛顿炼金术手稿的历史境遇 [J]. 自然辩证法通讯 ,1990,(2).

袁江洋．牛顿炼金术：高贵的哲学 [J]. 自然科学史研究 ,2004,(4).

赵振江．牛顿的手稿 [J]. 科学文化评论 ,2006,(1).

②罗伊·波特．剑桥科学史第 4 卷 :18 世纪科学 [M]. 郑州：大象出版社 ,2010:434.

③ B. J. T. 多布斯．牛顿的炼金术和他的物质论 [J]. 科学史译丛 ,1986,(3).

本文还参考了：

艾利夫．牛顿新传 [M]. 南京：译林出版社 ,2009.

明治维新前的识字率神话

中文知识界长期流传一个神话：明治维新前夕，日本民众的识字率已高达 40% 以上。

这种说法，不止见于通俗历史读物，也见于学术著作。某部严肃的学术著作中，便如此说道："江户末期男子的识字率是 40%—50%、女子是 15%。武士及农村的村长之类的干部几乎 100% 识字，城市商人识字率也达到 80% 以上"。作者还给这段话标注了两个注释，显示这种说法在学术界流传已久。

还有一些学术论文，则将明治维新前夕日本民众的识字率提升到了一个新的高度，且认为比同期的欧洲（法国）还要高："江户幕府末期，日本民众的识字率高达 60%—70%，而彼时的欧洲只有 20%—60%，法国则不到 10%"。

这个神话，常被用来比较中国的清末新政与日本的明治维新。

许多人依据这些数据，得出结论：明治维新前夕，日本民众的识字率远高于中国。再将这个结论，与清末新政的失败、明治维新的成功相结合，推导出一种认知：晚清中国的"国民性"不足，国民程度太差，是新政无法成功的重要因素；而清末新政的不成功，导致了中日两国的国运，在近代大不相同。

国运，与国民的受教育程度之间，当然是有关系的。但"明治维新前夕，日本民众的识字率远高于中国"之说，却并非史实，而是一个统计上的陷阱。

中文知识界之所以会流传这个神话，一个重要原因，是部分日本学者也说过相似的话。比如，北冈伸一在《日本政治史：外交与权力》中这样写道：

> 在江户初期，识字对武士来说，并不是理所当然的事情。不过，在江户后半期，不识字的武士就是例外了。据说识字者的比例，即识字率（literacy）在幕府末期的成年男子中为40%—60%；成年女子为10%—20%。这在传统社会是惊人的高水准，即使在现在，在此水准以下的国家也为数不少。由教育的普及带来的各种效果，其一就是文书行政成为可能。一旦识字率超过10%，通过文书复杂有效地传递内容，就成为可能。①

“据说”二字，显示北冈伸一并未考据过上述数据的真实性。

其实，江户时代并没有留下关于民众识字率方面的全面调查。江户时代日本识字率奇高的神话，最早产生于来到日本的西方人，比如1811年被日本俘虏的俄国船长戈洛夫宁，在他的《日本幽囚记》中说，他接触到的日本人都拥有读写的能力。

虽然江户时代没有留下民众识字率方面的全面调查，但日本学术界在这方面也有一些研究，可供参考。比如，教育学者八锹友広在《十九世纪的识字率调查》一书的研究结论是，在江户晚期：日本6岁以上儿童，能写自己姓名者，男性约为89%，女性约为39%，能写自己的姓名和村名者，约为63.7%，能够记账者约为22.5%，能够写普通信件者约为6.8%，能够写普通公文者约为3.0%。

遗憾的是，中文知识界在转述八锹友広的这一研究结论时，往往对写姓名与村名、能够记账、能够写信、能够写公文这几个层次不加区分，笼统称之为“识字率”。

比如，某学术著作如此写道：

江户末期，日本老百姓的识字率普遍得到提升。男子约40%以上，女子约10%都接受过家庭以外的教育。日本教育学者八鍬友広的《十九世纪的识字率调查》中对6岁儿童的识字率做了统计，结果显示滋贺县识字率高达75%（男子约为90%，女子约为40-50%），冈山县的识字率近60%（男子约为70%，女子约为60%）。平民阶层的识字率得到了极大的提高。②

单看这段表述，会很自然地产生一种“八鍬友広的研究证实了明治维新前夕日本民众识字率极高”的错觉。

其实，若将表述中的“识字率标准”，注明为“能够认识、书写自己的姓名与村名”，这种错觉就会很自然地消失掉——所谓的“高识字率”其实很平常，主要是低标准所致。

下表是滋贺县1877-1893年的“自署率”调查表，引自八鍬友広的论文《明治期滋贺県における自署率调查》。由该表可知，所谓“滋贺县识字率高达75%”，其实是“自署率有75%”——“自署率”指的是能够写出自己的名字和住址的比例。明治时代尚且如此，江户末期的情况自然也不会更好。

（论文网址：https://www2.sed.tohoku.ac.jp/library/nenpo/contents/64-2/64-2-01.pdf）

“文部省年报”における滋贺県自署率调查（率）

年次		自署可			自署不可		
和暦	西暦	男子	女子	合计	男子	女子	合计
明治10	1877	87.55%	38.76%	63.08%	12.45%	61.24%	36.92%
明治11	1878	87.99%	42.64%	65.46%	12.01%	57.36%	34.54%
明治12	1879	87.46%	47.13%	67.48%	12.54%	52.87%	32.52%
明治13	1880	85.49%	49.35%	67.73%	14.51%	50.65%	32.27%
明治14	1881	87.50%	47.33%	67.67%	12.50%	52.67%	32.33%
明治15	1882	90.58%	50.15%	70.42%	9.42%	49.85%	29.58%
明治16	1883	90.79%	55.43%	73.23%	9.21%	44.57%	26.77%

明治 17	1884	91.61%	58.50%	75.45%	8.39%	41.50%	24.55%
明治 18	1885	90.14%	58.49%	74.65%	9.86%	41.51%	25.35%
明治 19	1886	90.56%	54.60%	73.06%	9.44%	45.40%	26.94%
明治 20	1887	87.11%	53.48%	70.23%	12.89%	46.52%	29.77%
明治 21	1888	89.32%	58.73%	73.99%	10.68%	41.27%	26.01%
明治 22	1889	88.98%	65.22%	77.50%	11.02%	34.78%	22.50%
明治 23	1890	88.18%	61.28%	74.52%	11.82%	38.72%	25.48%
明治 24	1891	88.88%	60.90%	74.83%	11.12%	39.10%	25.17%
明治 25	1892	88.40%	64.58%	76.69%	11.69%	35.42%	23.31%
明治 26	1893	87.03%	66.89%	77.29%	12.97%	33.11%	22.71%

①“文部省年报”第 5 年报 ~ 第 21 年报により作成。

②数字は，六岁以上の住民のうち自署可能な者と可能でない者の比率。

③明治 13 年までの数値はに，当时滋贺に属していた现在の福井の一部が含まれる。

下图是滋贺县、冈山县、鹿儿岛县 1886-1891 年的“男女民众不能自署率”调查。引自日本学者斉藤泰雄的论文《識字能力 · 識字率の歴史的推移——日本の経験》。其结论与八锹友広的研究大体相近。（论文网址：

https://home.hiroshima-u.ac.jp/cice/wp-content/uploads/2014/02/15-1-04.pdf）

自署の不可能な者の県別、男女別比率

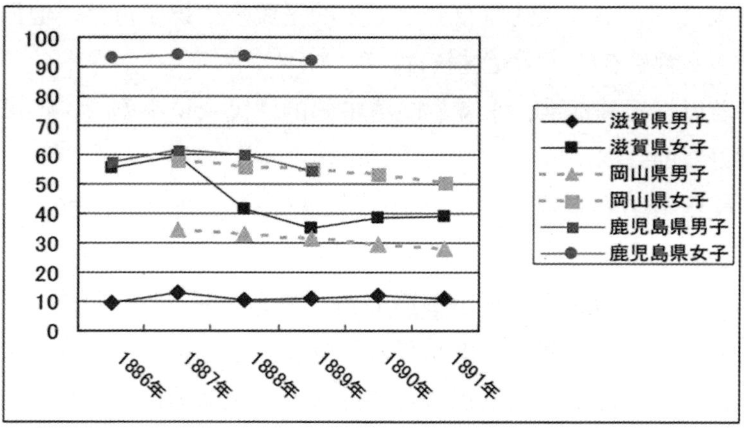

＜出典＞文部省“帝国文部省年报”各年度版から作成

这种“高自署率”，与“寺子屋”的发达有直接关系。

寺子屋是明治维新之前，日本平民接受教育的主要机构，主要以庶民子弟为教育对象。据统计，江户末期日本全国共有约15000—20000所寺子屋。

寺子的教育内容，完全以日常实用为目的。比如，流行甚广的寺子屋教材《商卖往来》中，收录了361个词语，包括与商业贸易直接相关的词汇65个、商品名称211个，这276个词占到了总词数的77%。另一种供农村民众使用的教材《农文往来》，则主要收录农家书信中常用的单词、短句和短文。[③]

明治十四年（1881年）的一份调查统计显示，长野县常盘村882名满15岁以上的男人，能写名字为76%，能写信为4%，能读懂告示为1%。从写姓名到写信、读懂告示，二者之间，存在着断崖式的下跌。若以前者为“识字率标准”，数据自然会很好看，但也很容易造成错觉——毕竟，在现代日常语境里，说一个人“识字”，往往等同于这个人拥有写信之类的基本文字表达能力。[④]

比较符合常识的数据，可以参考日本国立教育研究所的《日本教育的现代化》一书中的说法：“自十八世纪以来，在全国，不仅在城市，而且在农村，都建立了寺子屋。根据不完全了解的情况看，在德川时期末期，估计大约有百分之二十的平民多少识了点字，他们当中的大多数都曾在寺子屋受过教育。”[⑤]

若以相同的标准，来考察晚清中国的“民众识字率”，也可以得出很好看的数据。

美国清史学者罗友枝（Evelyn Rawski），在《清代教育与民众识字》一书中研究认为：“来自19世纪中后期的信息显示，在中国，30%至45%的男性和2%至10%的女性懂得读写。这一群体，既包括那些具备充分的识字能力的精英阶层成员，也包括处于与其相对的另一端的人士，即那些只认识数百字的人们。粗略地说，几乎平均每个家庭就有一位识字之人。”[⑥]

罗友枝把识字能力区分为两种，一种叫作“完全识字能力”（full literacy），另一种叫作“功能性识字能力”（functional literacy）。前者致力于学习儒家经典，后者致力于掌握日常生活所需的基本认读书写能力。罗友枝将“识字率”的标准放宽至“那些只认识数百字的人们”，于是得出了晚清中国“30%至45%的男性和2%至10%的女性懂得读写”这样的结论。[7]

在罗友枝之前，金陵大学教授、美国学者卜凯（John Lossing Buck），也曾利用1933年全国性的中国乡村调查的数据，得出结论：在1930年代，中国男性“稍受教育者”约为45.2%，女性约为2.2%；中国男性识字者约为30.3%，女性约为1.2%。卜凯还亲自在安徽芜湖附近农村调查了102家农户共计512人，结论是“已受教育者占百分之四十四”。

在卜凯之前，1924年冬至1925年春，李景汉调查了北京的1000名人力车夫，结论是：能够阅读白话报者为333人，无力阅读白话报者为667人。[8]

这种以低标准统计得出的“高识字率”，主要得益于清末遍布城乡的私塾。

乾隆时期，曾有地方官估计认为，中等县城乡蒙馆的数量一般在200所左右。1905年废除科举改良私塾，部分地区曾留下私塾数量的统计，如1905年浙江嘉兴有蒙馆“一百数十处”，1907年杭州城内外有私塾203处（次年的数据增至280余处），1908年安徽绩溪县有私塾328所；1909年，河南省上报称，该省南阳、汝宁、光州三府分别改良私塾1547、2004、3284所。[9]

私塾数量上的繁荣，对应着收费的低廉。齐如山在直隶高阳县村塾读书，“花钱都极少，每一学生，每年不过小制钱五百文”；舒新城在湖南溆浦入塾就读，学费也不算高，“据母亲说，当时只费了她三个半天的工夫，到秋末的棉田摘野棉花，就把我千二百文一年的学费换得了”。[10]

幕府时代的日本教育，可以区分为藩校（贵族与武士，教授如何做统治阶层的合格一员）与寺子屋（平民，教授满足日常生活所需的内容）。清末的私塾，也可以区分为“短学”（贫寒子弟，学习写字、记账等基本技能）与“长学”（富家子弟，学习四书五经以走科举之道）。私塾费用本就低廉，“短学”相对于“长学”又要更为低廉；这些“短学”在平民教育中，起到了与日本“寺子屋”相似的作用。

也就是说：（1）“明治维新前夕，日本民众的识字率已高达40%”之说，是将标准极低的“自署率”，等同于“识字率”。（2）若使用相同的低标准，则晚清中国的识字率，与日本明治维新前的识字率，并无本质区别。（3）基于“明治维新前日本民众识字率远高于中国”这一伪史实之上的、关于“国民程度”与“国民性”的分析，都不成立。

尊重常识，远离统计陷阱，才能看明白事情的本相。

参考资料

①北冈伸一 . 日本政治史 : 外交与权力 [M]. 南京 : 南京大学出版社 ,2014:8-9.

②汤丽 . 日本近世平民女性的地位研究 [M]. 北京 : 外语教学与研究出版社 ,2015:140.

③朱玲莉 . 日本近世寺子屋教育研究 [M]. 北京 : 中国社会科学出版社 ,2010.

④李长声 . 昼行灯闲话 [M]. 南京 : 译林出版社 ,2015:128.

⑤日本国立教育研究所 . 日本教育的现代化 [M]. 北京 : 教育科学出版社 ,1980:19.

⑥尤陈俊 . 法律知识的文字传播：明清日用类书与社会日常生活 [M]. 上海 : 上海人民出版社 ,2013:43.

⑦刘永华．清代民众识字问题的再认识 [J]. 中国社会科学评价 ,2017,(2).

⑧徐锡龄．中国文盲问题 [M]. 南国书社 ,1932.

⑨ ⑩ 左松涛．变动时代的知识、思想与制度 [M]. 武汉：武汉出版社 ,2011:82-83.

希特勒歧视中国人

在中文知识界，长期流传着各种“希特勒爱中国人”的故事。这些故事往往由几个基本情节构成：（1）希特勒落魄时曾受到中国人的帮助；（2）他发迹后对中国人抱有极大的好感；（3）他痛恨侵略中国的日本人。

其常见表述是：

> 希特勒贫困潦倒时，曾受过一对中国夫妇的援助。所以他喜欢中国人，喜爱中国文化。希特勒骂所有国家都是劣等民族，唯有称赞中华民族是优秀民族。……他曾提出‘二分天下’的设想。……全世界由德国和中国共同管理。……对于日本，希特勒则由当初鄙视升级为后来的痛恨。

相信此类故事之人，显然并未读过完整的希特勒《我的奋斗》一书。因为在《我的奋斗》一书中，希特勒只提及过一次中国人，而且用词充满了歧视。

希特勒说：“有一种不可思议的认知错误：认为黑人或者中国人可以变成德国人，因为他学会了德语，并愿意在将来讲德语，甚至为德国政党投赞成票。我们的布尔乔亚主义者永远不能清楚地看到：这种‘德意志化’的过程，实际上是一种‘去德意志化’。……这种过程不是‘德意志化’，而是在摧毁德国的元气。”①

也就是说，在希特勒看来，中国人永远不可能实现他所期望的“德意志化”，不可能变成他所认同的德国人，反之，让中国人成为德国人，会“摧毁德国的元气”。

这种歧视，与希特勒的种族观念有直接关系。

他将人类分成了三大等级：第一等级是“文化的创造者”，即雅利安人；第二等级是“文化的占有者”，可以依赖雅利安人创造的文化取得成功；第三等级是“文化的毁灭者”，这些人的存在会破坏雅利安文化，必须将其驱逐摧毁（如犹太人）。

《我的奋斗》一书中的那段话的实质，就是将中国人与黑人并列视为最末等级的“文化毁灭者”，否认中国人可以进入第二等级成为“文化的占有者”。

20 世纪 30 年代，希特勒的这段话曾引起中国驻德大使刘崇杰的不满和抗议。德国政府一度承诺在再版时会删掉这一段，但最后并没有付诸实施。②

日本人是希特勒眼中的第二等级种族。他认为，日本人比雅利安人要低级，“就种族而言，是缺乏创造力的民族”；日本在科学和技术方面取得的成就，应归功于雅利安种族的创造；如果失去了雅利安种族给予的外部影响，日本文化必将逐渐僵化，失去生命力——比如 19 世纪之前，日本人曾长期陷入沉睡，直至雅利安人东来，将其唤醒。③

总而言之，希特勒歧视所有的东亚人，但程度有所不同，对中国人的歧视很深，对日本人的歧视略浅。如美国学者温伯格所总结的那般：“首先，毫无问题，他对东亚人有某种恶感；这种恶感是在提及‘黄祸’时表达出来的；……。第二，希特勒不赞成中国热；在他那个时代，中国热在德国是很流行的，作为对‘黄祸’的一种抵消力量。第三，他对日本的感情稍见和善。”④

再说一下《我的奋斗》的发行与被禁史。

截至 1945 年，《我的奋斗》已被译为 16 种语言，原作与译本共计发行了 1000 多万册。

“二战”结束后，鉴于希特勒户籍地与该书出版社均在慕尼黑，美军决定将包括《我的奋斗》版权在内的希特勒遗产，交由巴伐利亚州管理。

该书自此被禁止出版。巴伐利亚州政府专门设置了机构，来处理该书的盗版和翻译事宜，以阻止其扩散。

这种控制只能维系到 2015 年——按照法律规定，作者去世 70 年后，其作品的版权将自然失效。为应对这一现实，巴伐利亚州政府在 2016 年推出了《我的奋斗》的学者注释版，“加入大量标注并放进当时的历史背景”，对希特勒的言论进行批驳——有民意调查显示，当时过半数的受访德国人认为再版该书没有问题。

此外，因希特勒生前已将该书的部分世界版权售出——如美国的版权售给了霍顿·米夫林出版公司，英国的版权售给了哈金森出版社——故在德国之外，该书的出版始终没有中断。近 20 年来，《我的奋斗》在印度、土耳其、印尼，均曾一度成为畅销书。[5]

《我的奋斗》在中国的畅销，始于民国。最早的中译本，由上海黎明书局出版于 1934 年，译自美国米夫林出版公司的英文节本。最重要的中译本，由教育部下属国立编译馆于 1935 年翻译发行——德国由一战的战败国迅速重新崛起为欧洲强国，其“经验”对当时苦求救国良策的国人具有极大的吸引力。[6]

1949 年后，《我的奋斗》在中国成了禁书。

1979 年上映的电影《小花》中，葛存壮饰演的国民党将领丁叔恒，有一个在桌前看希特勒《我的奋斗》一书的特写镜头。当时弄到这本书极为不易，“北京图书馆拒绝外借，街上更买不到”，摄制组只好找关系请托以宋庆龄的名义去借。宋愿意帮忙，但告诫借书之人：“你可以给摄制组去借，但我现在必须讲明，谁也不能看。你首先不能看。借来后直接拿到摄制组。从头至尾要由你保管，不能转手他人，拍完，立刻还到北图去……”[7]

20 世纪 90 年代，由西藏文艺出版社出版的《希特勒自传：我的奋斗》，也曾畅销一时，但并未得到巴伐利亚州政府的授权。

参考资料

①希特勒 . 我的奋斗 [M]. 香港 : 现代出版公司 ,1969.

②柯伟林 . 德国与中华民国 [M]. 南京 : 江苏人民出版社 ,2006:191-192.

③王扬 .1894-1938 年德国对华政策研究 [M]. 武汉 : 湖北人民出版社 ,2015:98.

④格哈特 · 温伯格 . 希特勒德国的对外政策 [M]. 北京 : 商务印书馆 ,1992:24.

⑤董鼎山 . 出版自由与希特勒思想——对《我的奋斗》仍在不断再版的思考 [J]. 博览群书 ,1998,(11).

芮虎 . 打开“20 世纪最危险的书”[J]. 看历史 ,2012,(9).

⑥徐蓝 . 近现代国际关系史研究第 3 辑 [M]. 北京 : 人民出版社 ,2013.

⑦朱玖琳 . 宋庆龄与电影的不解之缘 [J]. 世纪 ,2013,(1).

“斯坦福监狱实验”算不算骗局？

1971年8月，美国心理学家菲利普·津巴多（Philip George Zimbardo）领导的研究小组，在斯坦福大学心理学系大楼的地下室，做了著名的“斯坦福监狱实验”。

研究小组以在报纸上刊登招聘启事的方式，来征集实验的志愿者，被选中者每天可以得到15美元的报酬。应征者需要接受面试，以确认他们不是怪人，没有任何被逮捕的经验，也没有心理与生理问题，“心理面的各个向度都在平均值附近”。最后筛选出20余名正常、健康的年轻人，以随机分派的方式，9人成为“狱警”（分为三班），9人成为“犯人”，余者候补。

实验的设计时长为两周。按津巴多的表述，实验的目的是观察这些原本高度相似的年轻人，在作为“狱警”和“犯人”，共同经过两周的监狱生活之后，他们的人格是否会发生变化，亦即特定的监狱情境会给这些人带来什么：

> 经过事先挑选，我们的受试者普遍代表了中产阶级、受教育的年轻人，他们是学生的同质团体，有许多相似的地方，藉着随机分派，将他们分为“狱警”“犯人”两个角色，但事实上这些人不但可以比对，而且随时可以互换角色。“犯人”并不一定比“狱警”凶残邪恶、充满敌意，“狱警”也不一定是强烈寻求权力的权威者。……两个星期后，这些年轻人是否

还是难以辨别？他们的角色会不会改变他们的人格？①

实验由9名“犯人”在家中被参与合作的真警察突然逮捕开始，他们被蒙住眼，由警车送入模拟监狱，早已等候在那里的“狱警”命令他们脱光衣服，伸直双臂，打开双脚，面墙站立，向他们身上撒粉除虫，“有些“狱警”开始嘲笑“犯人”的生殖器大小，评论最小的尺寸，或嘲笑他们的睾丸不对称”。然后“犯人”们被扔进三间牢房，获准穿上囚服（不许穿内衣裤），以丝袜套头（代替剃光头的程序），穿上塑料拖鞋（脚踝上串有锁链），并获得一个数字代号（抹去个体色彩）。“狱警”与“犯人”们由此开始在模拟监狱中扮演各自的角色，进行各种互动。

但实验没有如预期那般进行两周，而是在第六天被紧急叫停。原因是“狱警”们的做法越来越极端，开始操控“犯人”做任何他们想做的事情——其中一位“狱警”在第五天命令一半“囚犯”扮演雄骆驼，另一半“囚犯”扮演雌骆驼，集体模拟表演性行为。

津巴多后来在《路西法效应》一书中感慨，实验的初衷，更倾向于评估外在的制度性因素，究竟能将一个人的内在天性压迫到什么程度，“也就是观察好人与恶劣环境的斗争”——换句话说，“犯人”们才是整个实验的重点观察对象。但实验的走向超出了估计，较之“犯人”们的表现，“狱警”们身上发生的变化更为惊人：

有些志愿者被随机指定扮演“狱警”角色后，很快便开始滥用新取得的权力，他们残酷成性，日夜无休地贬低、鄙视、伤害“囚犯”。……其他“狱警”虽然并未有虐待倾向，但是显得冷酷、苛求，对于受难同胞们的处境极少流露出同情。只有少数“狱警”可被归类为“好狱警”，他们抗拒了权力的诱惑，而且有时候能为“囚犯”的处境着想，多少为他们做点事，比方说赏个苹果或塞根香烟给人之类。②

津巴多认为，实验强有力地证实了“恶劣的系统与环境产生的毒害，可以让好人们做出有违本性的病态行为”，善恶之间的界限并非牢不可破，而是相当脆弱。“狱警”柏登（Burdan）在实验过程中被记录下的言行与自我剖析，可以很形象地说明这一点：

（1）实验未开始时，柏登说自己是“一个爱好和平、崇尚非暴力的个体，我不能想象自己要如何才能成为一个粗暴的‘狱警’”。

（2）实验开启之刻，柏登曾怀疑大部分参与者是否真的可以“严肃看待这场实验”。

（3）第一天，柏登的感受是“最怕‘犯人’会把我当作坏蛋”，觉得装腔作势讲话的自己像是一个笨蛋。

（4）第二天，柏登从车子里走出来时，“突然希望人们注意到我的制服”，且开始习惯用警棍“打墙打椅子打铁栅门来展现我的权力”。

（5）第三天，柏登行使了允许或禁止‘犯人’父母进入探访的权力，“这是第一次我有机会如我所愿地操弄权力”，几乎完全的控制权让这段经历成为“实验中我最享受的一段”。

（6）第四天，柏登用手铐和蒙眼对付‘犯人’的做法受到了指责，但他强硬回应说“这都是必要的安全措施”。

（7）第五天，柏登羞辱为难了一位‘犯人’，原因是“我就是不喜欢他”；新来的‘犯人’用拒绝吃晚餐的方式抗议，柏登采取了强迫喂食，“我让食物从他脸上滑落，不敢相信这是我做的；我恨我自己强迫他吃，但是我更恨他不吃”。

（8）第六天，实验被紧急中止，柏登很高兴脱离模拟监狱，“感觉好极了”，但他觉得有些“狱警”并不开心，原因是“他们的钱会变少而且他们都乐在其中”。③

如今，“斯坦福监狱实验”已成为心理学中的经典案例。但近五十年来，对它的质疑，也从未终止过。

实验样本量过小、研究报告发表在非同行审议的期刊、研究人员参与到实验中——比如津巴多的学生杰夫（David Jaffee）担任了“典狱长”等，均是实验招致非议的因素。津巴多近年公开披露的一些原始录音、视频资料，也引起了不小的争论，比如扮演“典狱长”的杰夫，曾要求一位“不活跃”的“狱警”“积极参与”“变得更强硬一点”——质疑者据此认为，并非权力让“狱警”们变得残酷，而是实验的组织者要求“狱警”们残酷，进而认为“斯坦福监狱实验”乃是一场骗局。

针对这种质疑，津巴多的回应是，在实验的第一天，“狱警”们并没有真正进入角色，“录像显示他们曾偷笑着让‘囚犯’更加遵守规矩一些”，所以“典狱长”杰夫找到一位无法进入角色的狱警，说了如下这样一番话：

“我们真的很希望你能变得更加积极主动并参与进去，因为‘狱警’们必须认识到每一个‘狱警’都必须成为一个“强硬的狱警”。这里的‘强硬’，我是指你必须变得更加严格、坚定，并且你必须有所行动。这对于这个实验来说非常重要，因为我们是否能让这个东西变得真正像一个监狱，也就是我们这个实验的目的，很大程度上就取决于‘狱警’们的行为。”

津巴多强调，“我们从未更加具体化（教他们）如何去变得更加‘强硬’，并且当时有明确警告禁止使用任何武力。”实验不允许武力打击“囚犯”，但允许创造无聊、沮丧、恐惧、以及无力感等情绪。这些回应，在他出版的《路西法效应》一书中，其实已提及过。

这番回应所道出的，其实是“斯坦福监狱实验”的先天不足——无论如何设计，这个模拟监狱里的权力体系，都无法等同于真实的监狱。即便津巴多努力使用真警察，用突袭的方式前去逮捕“囚犯”，被选中担任“囚犯”角色的志愿者们仍第一时间反应过来“这只是实验”。“囚犯”如此，“狱警”也是如此，实验的设计者出面要求不能进入角色的狱警“变得更强硬一点”，也就成了不得不为的事情。当实验的目标止于“观察好人与恶劣环境的斗争”，也就是以囚犯的反应为主要观察对象时，这番“变得更强硬一点”的针对“狱警”的要求，对实验尚无大碍。但当“狱警”的变化压过“囚犯”的反应，成为主要观察对象时，这种要求就成了对实验的干扰。

其他指责“斯坦福监狱实验”为骗局的证据，也是大体相似的情况。比如某参与实验的“狱警”称自己的过激行为是遵从实验设计者的要求，目的是为了让实验能够进行下去；某中途因精神崩溃退出的“囚犯”则称自己退出的真实原因是担忧实验影响考试，所以故意表演精神崩溃寻求退出（他原本以为扮演“囚犯”既可安心学习功课，还可以挣到一些钱）——这些都是“模拟监狱”难以避免的问题，是一种无法与真实监狱比拟的“先天不足”，而非有意制造的骗局。

尽管“斯坦福监狱实验”因先天不足存在着种种争议，但它仍是心理学史上最受关注的实验之一。因拥有极高的大众知名度，甚至还被多次改编为电影。

参考资料

①②③菲津巴多 . 路西法效应 [M]. 上海 : 三联书店 ,2008.

第二编

鉴往知来

“跪拜礼”的堕落

说一说跪拜礼，也就是俗谓的磕头。

跪拜礼最初的形态，源于古人“席地而坐”的生活习惯。

先秦时期，人们日常生活中，往往以臀部压在脚后跟的方式坐在席上。若要行跪拜礼，须挺直了腰，让臀部离开脚后跟。这种跪拜礼可分为三种。一种叫“肃拜”，行礼者拱手触及地面；一种叫“顿首”，行礼者手碰地面后头顿在手面上；第三种叫“稽首”，行礼者须用头直接碰触地面。在今天看来，这三种跪拜礼大体都能算入“磕头”的范畴。

行这种跪拜礼时，受礼者和施礼者在空间上，始终处于同一平面，位置差不多是平等的，所以尊卑之分并不明显。在台湾学者甘怀真看来，先秦的拜礼是一种敬礼，“并不限定为卑者礼敬尊者之仪节”。这种礼仪，主要用于宾客与主人之间，常见的情形是：一方先以躯体动作表达敬意，另一方也以相同的躯体动作回礼。当然了，先秦时代的君臣也会行跪拜礼，且按照身份等级，臣拜君是一种常态。但君臣行礼时，仍“同在一平面之空间上”（站立时君臣间另有一套“揖礼”）。①

除了“臣拜君”，先秦时代也存在“君拜臣”。如《韩非子》里说，西门豹治邺，因对人力物力的汲取搞得很好，魏文侯曾对他“迎而拜之”。秦始皇统一六国后，曾命人制定过旨在彰显帝威的新君臣礼仪，但具体内容已不可知。西汉建立在反秦浪潮之上，故仍存留着一些先秦遗风。《史记·郦生陆贾列传》里说，郦食其见刘邦时，刘邦正坐着让两女子为其洗脚，所以郦食其也只对刘邦“长揖不拜”，站着行了个揖礼，以维护自己的人格。《汉书·贾谊传》里也说，汉文帝在未央宫之宣室殿召见贾谊，两人相谈甚欢，“至夜半，文帝前席”——文帝不断将自己的坐席向贾谊挪近。可知君臣二人是在一种平等的空间里交流。

可以说，先秦时代的跪拜礼，与后世流行的跪拜礼，实是不同的两码事。先秦人普遍跪坐，其跪拜礼，不过是宾主、君臣于平等的跪坐状态中，以一种简便的身体动作，来表达敬意。而后世的跪拜礼，受礼者或坐在椅子里，或站在施礼者跟前，彼此早已不再处于平等状态；施礼者须从站立变成伏地状态，行礼时的身体动作幅度很大，也早已超出了“简便”的范畴。其彰显尊卑的用心，已远远超越了表达敬意。

所以，清代历史学者赵翼才会说，“古人之拜，只如今之鞠躬”——先秦时代的跪拜礼，其实相当于后世的鞠躬礼。

先秦版“跪拜礼”的消失，是一个渐进的过程。

消失的原因有二。第一个原因是板凳与椅子的前身“胡床”，自东汉末年开始传入中原，跪坐慢慢被垂脚坐取代。当权力的弱势方不得不跪拜垂脚而坐之人时，因双方处于一种不平等的空间，尊卑之意会体现得非常强烈。其中的一个典型案例，便是南北朝时代的“侯景之乱”（公元 548 年）。侯景失败后，《梁书》特别记载了他称帝时竟然在胡床上垂脚而坐，以彰显其是不知礼仪的禽兽——当时的主流坐姿，仍是跪坐或在床榻上盘膝，垂脚而坐被视为极不文明。被迫跪拜在一个垂脚而坐之人的脚下，对当时的士大夫们而言，是一种巨大的耻辱。

第二个原因，也是最重要的原因，那就是中国古代的政治环境，自魏晋南北朝以来，一直在变坏。其中最主要的标志之一，便是“三纲五常”成为不容置疑的意识形态，君臣间的尊卑差距越拉越大。君王们越来越习惯和喜欢端坐在高处，来接受臣僚们的跪拜，以享受那种“君尊臣卑”的快感。所以，汉代之后再无君拜臣之礼；南北朝时代的后周天元帝下诏，将大臣跪拜皇帝的礼节，首度升级为必须三拜；到了明朝，皇权又将之升级为：臣子见君王必须五拜、百官见亲王和东宫必须四拜、儿子见父母也须四拜（正所谓家国一体，政治秩序侵入了家庭伦理），再后来，又衍生出了今人所熟悉的五拜三叩和三拜九叩。[②]

在这个渐进的过程里，简便被复杂取代了，平等被尊卑取代了，致敬被屈服取代了。

跪拜文化的“屈辱性”，在清朝达到了巅峰。有清一代，大臣必须跪着回答皇帝的问话。乾隆为表示对军机大臣的体贴，会美其名曰给他们“赐座”，实际上只是让他们跪在毡垫上，略舒服一些而已。赐毡时还会特意下诏，强调不给毡垫才是常例，目的是“以示君尊臣北，预防专擅之渐”。这“赐座”诏书，可谓完美诠释了何谓“如坐针毡”。[③]此外，清代还发展出了“磕响头”的讲究，即须将头砸在地上发出砰砰的声响，以示敬意虔诚。

上有政策，下有对策。在跪拜问题上，清代的朝臣们充分发挥了自己的才智。首先，他们会在膝盖处常年包覆上棉布，以减轻肉体的疼痛。其次，为避免长跪，他们还总结有一套“先进经验”——“无论奏对何事，必以三语为率，并须简浅明白，不须上再问”，与皇帝议事必须规避事情的复杂性，将之说得越简练越好。其三，为避免“磕响头”磕得头破血流，有些朝臣入宫之前，还会去贿赂太监，以求获知在哪块地板上磕头，发出的声响最完美。

因坚持跪拜礼，清廷在近代的对外交往中，遇到过不少麻烦。

比如，英法等国公使要求觐见同治，清廷曾坚决要求他们行三拜九叩大礼。谈判僵持数月，最后以清廷被迫同意西方各国公使行五鞠躬礼、日本公使行三作揖礼，以替代跪拜大礼告终。[④]

19 世纪中叶以后，清廷使臣出访海外日渐频繁。这些使臣们惊讶地发现，西方各国确实通行鞠躬礼和握手礼，其“君臣平等”之风令人羡慕。比如，1866年，随斌椿使团出访欧洲的同文馆学生张德彝，惊讶地发现欧洲君臣只行垂手免冠之礼，绝无“山呼跪拜”，且居然还以同等礼节对待大清使团。两年后，另一位使臣孙家谷去到欧洲，也被英国女王的“礼节不过进退三鞠躬而已”震惊。

这种对比，唤起了晚清知识分子对“跪拜礼”的反思。1897年，梁启超痛陈跪拜礼乃是清廷落后统治的一个缩影，希望变法先从“天子降尊”开始，只要拜跪之礼仍然存在，清廷便会一直是世界其他国家嘲笑的对象。

不过，支持将跪拜礼作为国粹永远保存下去的人，也同样不少。湖南士绅、著名学者叶德辉，便是其中一位代表人物。他写文章痛批梁启超：“（梁）竟欲易中国跪拜之礼为西人鞠躬，居然请天子降尊，悖妄已极。”显然，这位专门搞经学研究的学者，已经完全忘了：先秦时代的跪拜礼，其内涵是平等、致敬和简便，恰与他所反对的鞠躬礼本质相同。

好在，人性天然追求人格上的平等。将“跪拜之礼”强行定性为“国粹”，也不能阻止这种追求。所以，清廷尚未灭亡，已有广东、广西、江苏、江西等省，将下级拜见上级的礼节，由下跪改为作揖。民间的步调也大致相似。梁实秋回忆说，“民国前一两年，我的祖父母相继去世，由我父亲领导在家庭生活方式上作维新运动，革除了许多旧习，包括过年的仪式在内。我不再奉派出去挨门磕头拜年。我从此不再是磕头虫儿。”

辛亥革命后，民国政府颁行新《礼制》，全面废除了跪拜礼，改为男子脱帽鞠躬；女子亦同，但无须脱帽。流风所及，连宣统小朝廷也不得不放弃君尊臣卑的陋习，颁诏宣布免除君臣跪拜，承认中国古礼当中只有彰显君臣平等的“坐论而答拜”，没有强调君尊臣卑的三跪九叩。据茅海建考证，这份诏书是康有为起草的，颁布于1917年。⑤

当然，也有一些人仍顽固地沉溺在跪拜礼带来尊卑快感之中。据袁克文回忆，其兄袁克定便要求那些求见者都必须向他下拜。别人跪拜，袁克定则“坐而受焉”。这种做派让拜谒者们“愤且怨”。反倒是其父袁世凯遇人下拜时，往往“咸起答揖”以示谦恭。[6]

还有一些人，则是考虑到长辈们年岁已高难以启蒙、又不愿引发矛盾，遂继续行跪拜礼。曾任国民政府军令部部长的徐永昌，便是其中之一。1930年正月初一，徐永昌与妻子一起去给一位老先生拜年，他行跪拜礼，而妻子鞠躬。拜完年出来，妻子埋怨他为什么不预先说要跪拜？徐永昌解释说：“我意是可各自随便，各行其心之所安，而且我自来向老先生拜年是跪拜，不能因已娶而变礼也。”意即，他不愿改行鞠躬礼的原因，是不想引发老人不必要的情绪。次年，徐永昌新居落成，全家一起在落成仪式上行了跪拜礼，来祭祀祖先。徐解释说，自己之所以不用鞠躬来代替跪拜，是“恐父母有知不懂何以如此”——徐觉得，在另一个世界的父母，或许理解不了鞠躬，所以还是继续跪拜为好。

还有一些人，则是将跪拜当成了一种传统文化，继续付诸实践。比如，据香港新亚书院学生汤承业回忆，该校在1950年代的新年元旦，仍有“学生自动下跪拜年，老师亦欣然接受”的风气。

不过，较之叶德辉要将跪拜礼弄成国粹，较之袁克定强迫他人向自己跪拜，新亚书院学生的这种“自动下跪”，倒也无足深责（如果师长没有提倡和施压的话）。毕竟，一个人是否愿意跪拜，那是他的自由。正如一个人是否愿意放弃自己的人格，是他的自由。也正如一个人在跪拜时是否觉得人格受到了侮辱，是他的自由。

参考资料

①甘怀真 . 中国古代君臣间的敬礼及其经典诠释 [J]. 台大历史学报 ,2003,(6).

②李为香 . 中国古代跪拜礼仪的基本形式与内涵演变 [J]. 中南大学学报（社会科学版）,2014,(5).

③赵树国 . 从君臣礼仪、官员思想意识看明清专制皇权的强化 [J]. 历史教学 ,2013,(23).

④王开玺 . 试论中国跪拜礼仪的废除 [J]. 史学集刊 ,2004,(4).

⑤茅海建 . 学术随笔集：依然如旧的月色 [M]. 上海 : 三联书店 ,2014:166.

⑥袁克文 . 辛丙秘苑 : 寒云日记 [M]. 太原 : 山西古籍出版社 ,1999:26.

“书同文”的成与败

说一说秦始皇的“书同文”。

所谓“书同文”，就是统一文字。春秋战国时代，各国文字的写法与读音存在诸多差异。秦灭六国后，为便于政令的传达与执行，嬴政遂命李斯等人“书同文字”（《史记·秦始皇本纪》），制定全国通用的标准文字。

按许慎的总结，这场文字改革，乃是以“罢其不与秦文合者”（《说文解字·序》）为目的，旨在废除与秦国文字存在差异的六国文字。共造出三篇字书，分别是李斯的《仓颉篇》、赵高的《爰历篇》和胡毋敬的《博学篇》。

这三篇字书中的新文字，因取自“《史籀》大篆”（殷周时代的古文字）而在字形与笔画上有所改动，所以被命名为“小篆”（有学者认为，小篆这种字体之前已经存在，李斯们的工作是对其进行整理）。与大篆相比，小篆的特点是造型更华丽、字体更齐整，笔画也更简略。

秦始皇的“书同文”，即是欲凭借着强大的国家机器，在全国范围内强制推行小篆。对于这项改革，后世评价以高度赞誉最为常见，主要是说此举以“笔画规整的小篆作为通用文字颁行全国”，实现了文字统一，“使政令能够在全国各地顺利推行，也使不同地域的人民能够顺畅沟通，有利于文化的交流和发展”①。

但这并非史实。

“书同文”改革之后，秦王朝共计存在着八种文字，分别是：大篆、小篆、刻符、虫书、摹印、署书、殳书、隶书。按启功的研究，大篆是古文字，小篆是秦始皇致力推广的官定文字，隶书则是自底层新兴的一种简化俗体。其他五种属于有特定用途的特殊文字。

最终成为通用文字的，并非小篆，而是比它更容易书写，也更容易辨认的隶书。在秦帝国存在的短短十余年里，作为一种钦定文字，一种官方意志的产物，秦小篆大体只用于一些朝廷的重要场合（比如泰山祭天刻石），从未在民间普及。后世学者几乎一致公认，秦小篆是“中国文字发展史上最短命的文字之一”[②]；“在汉字史上，小篆只起到了官样文字的作用，而不是一种流通文字，也不是汉字发展过程中的一个主要环节”[③]。

出土文物可以证实这一点。

1975 年，在湖北云梦睡虎地 11 号秦墓出土了一批秦简，共计千余枚近 4 万字。这批秦简虽然有多位书写者，但字体颇为统一。与秦小篆大不相同，这批文字的造型与笔画，实际上介于古隶书与汉隶书之间，一般称作秦隶。它们的具体情状，可参见下图。

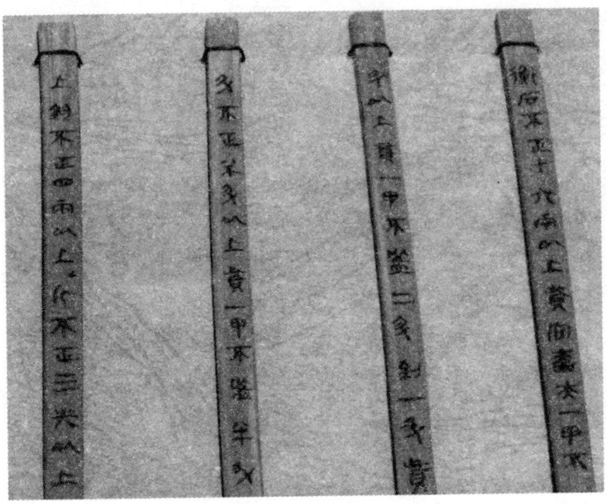

睡虎地秦简《效律》（部分）

显而易见，虽然官定小篆在笔画上，已比古文字大篆更简略，但云梦秦简里的这批隶书，又要比小篆更容易书写。它们不但笔画更少，形体也已化繁为简；不但字形向扁方发展，笔道也在变圆为折。扼要说来便是：秦小篆“不切实际地保留了较多的象形成分，使得笔画圆转、笔速迟缓”，隶书则“化圆为方，折笔简疾”[④]，是一种更有效率的信息传递工具。

所以，许慎才会在《说文解字》里说：秦帝国统一之后，“烧经书，涤除旧典，大发吏卒，兴戍役”，没完没了搞事情，结果便是“官狱职务繁，初有隶书，以趋约易”——这些事全都摊到底层秦吏们的头上，导致他们有大量的文书工作需要去做；更容易书写的隶书，而非雍容华贵的钦定小篆，就成了他们一致的选择。

秦帝国灭亡后，小篆成了一种装饰性文字，有时会被用于碑额与印信。但留存至今的汉碑与汉简，主要是隶书，很难见到小篆。

也就是说，秦始皇的“书同文”，实际上是失败的。

既然民间（主要是底层秦吏）已流行更易书写和辨认的隶书，秦始皇与李斯们“书同文”时，为何不在现成的隶书上做整理，反要另起炉灶推广更难写的小篆？

这或许是因为，隶书的“出身”太过卑微。

关于隶书的由来，汉晋之际的知识界，流传过“程邈狱中造隶书”的故事。大意是：程邈是秦帝国底层衙门里的一个狱吏，因事被判入狱十年。程在狱中不愿虚度光阴，整日推敲自己从前做文书工作时常用的那些字，对它们做了改进，更便于书写。出狱后，这套新文字得到了秦始皇的青睐，“以为御史，使定书”，于是就有了隶书。

这种故事，可信度自然是低的，底层囚犯被始皇帝看中，更接近演义而非史实。但它的广泛流传，至少意味着在两汉魏晋之人看来，隶书的创造者（或曰整理者）只能是底层使用者。

在当代，则有学者认为，秦国隶书的源头其实是兵器铭文。秦制，工匠造出兵器后，须刻上“工隶臣某”这样的文字，“这类文字是刻画上去的，须用很大的力气，因而也形成了与篆书完全不同的握笔（刀）方法和运笔（刀）方法”[5]。刻字时多用直线和折笔（隶书的基本特征），要远比多用曲线和圆笔（大篆和小篆的基本特征），省力太多。这种说法，未必是正确答案，但却是一种很合理的解释。

消灭六国后，秦始皇自认为是史上最伟大的征服者。为了配得起这一伟大，他搞了许多事，不但给自己创造了“皇帝”的名号，还废除了针对君王行之已久的谥法。在他眼里，从前的名号没有一个配得上他，当代及后世之人也没有一个有资格对他作出历史评价。

不难想见，当秦始皇决定废除东方六国的文字，来一场“书同文”的大变革时，绝不会选择“出身”卑微的隶书。只有那经过李斯等人整理、得到了嬴政审核通过的小篆，“结字纵长，结构均衡对称，线条匀整，行笔宛转圆通，一派端严整饬、和谐典雅的典范美形态”，才配得上用来记录秦始皇的赫赫功绩——今天所能见到的秦小篆，如“泰山刻石”“琅琊台刻石”“峄山刻石”“会稽刻石”，全部是在歌颂秦朝帝王。[6]

有学者如此评价秦始皇的这种做法：

> 秦灭六国之后，本该顺应时势，采用简便的隶书。但是秦国为了保持征服者的尊严，竟然采纳李斯的主意，断然逆历史的潮流而动，下‘书同文’之令，以早已过时的小篆作为标准字体强迫推行，并以严刑峻法作为后盾。……秦亡之后，各级政府迅速改用隶书作为通行文字，足以说明秦的‘书同文’非但不是功劳，而且是逆历史潮流而动。[7]

并不是所有的问题，都可以靠着强力解决。秦始皇死后，秦帝国土崩瓦解。早已用惯了隶书的秦吏们，迅速投入了新王朝的怀抱。在新时代，是隶书，而非秦始皇钟爱的小篆，实现了真正的“书同文”。

参考资料

①中国历史七年级上册 [M]. 北京 : 人民教育出版社 ,2016:44.

②王立群 . 千古一帝秦始皇（下）[M]. 郑州 : 大象出版社 ,2016:320.

③王蕴智 . 殷周古文同源分化现象探索 [M] 长春 : 吉林人民出版社 ,1996:235.

④殷伟仁 . 隶书之源非小篆 [J]. 江海学刊 ,1995,(3).

⑤马超 , 胡长春 . 六国文字与隶变关系的再思考——黄惇先生《战国竹简墨迹的笔法问题》一文阐微 [J]. 南京艺术学院学报 ,2017,(1).

⑥王祖龙 . 楚简帛书法论稿》[M]. 武汉 : 湖北美术出版社 ,2016:213.

⑦史式 . 皇权祸国 [M]. 沈阳 : 万卷出版公司 ,2013:24.

张鲁的骗术与胡适的脚痛

张鲁是东汉末年割据汉中的一位二线军阀。他“以鬼道教民”，统治汉中近三十年，所倚仗的核心手段，是一种叫作“五斗米道”的巫术。这种巫术，与同时代的黄巾军领袖张角宣扬的“太平道”同出一脉，其基本套路是：

> 教病人叩头思过，因以符水饮之，得病或日浅而愈者，则云此人信道，其或不愈，则为不信道。①

大意是：病人来了，先让他叩头反思做过什么坏事，再给他喝一碗符水。过些时日，如果病好了，就宣传说是信道的功效；病没好，就责备此人的心还不够虔诚。在这个基本套路上，张鲁的“五斗米道”又增了许多细节，比如让病人拿出五斗米来；设置一间“静室”，让病人待在里面自我反思，与外界隔绝；然后将病人的姓名与过错写成三份文书，一份扔到山上，一份埋到土中，一份沉到水里。

以上种种，乃是巫、医不分时代的一种典型骗术。这种骗术能够奏效，主要依赖两个要件：（1）受众获取的信息严重不完整；（2）建构一种错误逻辑。具体来说就是：

张鲁与张角们不会告诉他们的信众，究竟有多少人喝了他们的符水，活下来与死去的比例是多少；又有多少人没有喝他们的符水，活下来与死去的比例又是多少——如果样本足够大，这两个比例应该是大致相同的（考虑到安慰剂效应，只能说“大致相同”）；也不会告诉他们的信众，有些病可以自愈，有些病则不能。信众们获取到的信息，实际上是一个“幸存者偏差”陷阱，他们看到了许多病愈者（这也是他们愿意看到的），却忽略了数量同样庞大的病故者。于是，喝符水与病愈，一种单纯的时间上的先后关系，就可以被张鲁与张角们渲染为因果关系，再打上一个补丁——病好了是五斗米道/太平道的神力、病没好是自我反省不够，就形成了一个荒唐的、却又“严丝合缝”的逻辑闭环。

此类骗术看似粗糙，但身在局中之人，若无获取信息的渠道、甄别信息的能力与解读信息的工具，要看穿骗局并不容易。比如，即便是胡适这样的人物，也曾在1921年不慎陷入到了与“五斗米道信众”相似的思维陷阱当中。该年3月30日，胡适在《题陆仲安秋室研经图》一文中如此写道：

> 我自去年秋间得病，我的朋友学西医的，或说是心脏病，或说是肾脏炎。他们用的药，虽也有点功效，总不能完全治好。后来幸得马幼渔先生介绍我给陆仲安先生诊看。陆先生有时也曾用过黄芪十两，党参六两，许多人看了，摇头吐舌，但我的病现在竟好了。

陆仲安是一位从事传统医学的名医，《秋室研经图》是一幅描绘陆阅读经书情形的画作。胡适愿意给画作题文，是因为他觉得，陆用“黄芪十两，党参六两”治好了自己的病，而这种病那些“学西医”的朋友们“总不能完全治好”，所以自己对陆心存“佩服与感谢”。

30岁的胡适，此时已是名满天下的知识界风云人物，他的这篇文章，很自然地成了陆仲安的金字招牌。很快，“胡适患肾脏炎被陆仲安治好”“胡适患心脏病被陆仲安治好”之类的说法，就在传统医学圈子中流传开来了。

有幸的是，关于“去年秋间得病”，胡适留下了颇为详细的日记资料。据1920年八九月间的日记，胡适所患之病是脚肿痛，有时候会疼到无法行走，比如“脚上风气很厉害，站了三点多钟，竟不能走路了”。协和的医生、胡的朋友谢恩增怀疑是“积劳致心脏有病”（也就是《题陆仲安秋室研经图》中“或说是心脏病”的由来），建议他不要出门，在家中静卧修养。

安徽医科大学教授、资深流行病学专家祖述宪，依据胡适1920-1928年日记中对脚肿痛症状的诸多描述，诊断胡适所患乃是一种“由化脓性链球菌引起的皮肤淋巴管炎症”，这种病常由脚癣感染引起，在磺胺类药物与抗生素发明之前，只能依靠休息自愈。按胡适的自述，他早在1906年就患上了这种病，此后时好时坏——也正因为这个病已伴随多年，知道于性命无碍，尽管有时肿痛得厉害，他还是在日记里将之称为“小病”。②

据胡适日记，他的脚肿痛在1920年秋频繁发作，其间经谢恩增、陆仲安等人治疗，1921年10月份又发作；1922年11月份再次发作；1923年四五月份一度严重到“有两日竟不能走路”的程度；1924年9月份、1928年3月份，也均有发作。也就是说，胡适在1921年3月份声称陆仲安治好了自己的脚肿痛，只是一种幻觉——因缺乏足够的医学知识，胡适不知道自己的脚肿痛消失是休息自愈的结果，遂与那些“五斗米道信徒”一样，将“找陆仲安看病—脚肿痛消失”这个先后关系，错解成了因果关系。

当然，随着脚肿痛的不断复发，以及对自身病情认知的加深——1928年，医生黄钟开始使用奥姆纳丁（Omnadin）为胡适治疗感染，在没有磺胺药物与青霉素的前提下，这种治疗已可算是对症下药——胡适很快也意识到了问题所在，此后再不说“陆仲安治好了我的病”，只承认“陆仲安是我的朋友，偶曾吃过他的药”，且多次在给友人的书信中，对坊间广为流传的“陆仲安治好了胡适的心脏病/肾脏炎/糖尿病”等说法，做了明确辟谣。

胡适讲究科学实证精神，“大胆假设小心求证”是他的名言。这样的人物在成为患者时，也不免被虚幻的因果关系所蒙蔽，余者可想而知。这也正是现代医学检验药物效果时，不能轻信患者“我吃了他开的药后病就好了”这种证词，而必须做大样本随机双盲实验的缘故。

值得一提的是，在胡适掉入陷阱之前三十年，1892年，加拿大医生、约翰·霍普金斯医院的创始教授之一威廉·奥斯勒（Sir William Osler 1849–1919），出版了著名的现代医学教科书《医学原理与实践》（The Principles and Practice of Medicine）。

在书中，奥斯勒罕见地承认，流行于世的大多数传统/非传统药方，虽然均声称有效，实际上是可疑的。比如：

（1）有许多据说是治疗猩红热的特效药剂，但全都没用。

（2）肺炎是一种自限性疾病，不管用什么药，它都是按自己的规律走。我们目前所记载的任何治疗方法都不能缩短它的病程，更不可能治愈它。

（3）我们还没有可靠药物治疗紫癜。

（4）脑膜炎病人剧烈头疼，给他做孢疗徒然增加痛苦。

（5）对于帕金森病，没有满意疗法可以推荐。砷剂、鸦片、颠茄可以试试，但应该如实告诉病人家属，此病无药可治，除了尽量解除不适，没什么可做的。

……③

不迷信传统，不害怕同行们的侧目与指责，敢于承认许多药方无效；不依赖“我吃了他开的药后病就好了”这种不可靠的病患证词，来追求成为“神医”，敢于依赖科学实证，承认许多疾病还没有治疗办法。威廉·奥斯勒能够获得“现代医学之父”（the Father of Modern Medicine）的美誉，绝对不是一种偶然。

参考资料

①陈寿 . 三国志 [M]. 北京 : 中华书局 ,2011.

②祖述宪 . 思想的果实：医疗文化反思录 [M]. 青岛 : 青岛出版社 ,2009.

③朱石生 . 春风化雨：奥斯勒与现代临床医学 [M]. 北京 : 新星出版社 ,2020:110-112.

杜甫活着时，他的诗无人转发

公元 769 年春天，杜甫由岳阳前往长沙，途中写了一首题为《南征》的诗。诗里有一句凄凉的感慨：“百年歌自苦，未见有知音。”

此时，距离杜甫去世只剩下大约一年时间。这句感慨，是他对自己毕生写作的最终总结：我写的东西，我的《新安吏》《潼关吏》《石壕吏》，我的《新婚别》《垂老别》《无家别》，我的《春望》《兵车行》《茅屋为秋风所破歌》，在我所生活的这个时代，无人转发，无人赞赏，没有知音。

这番总结，不是矫情，也不是自怨自艾，只是一个沉重的事实。

杜甫是个喜好交友的人，与同时代的知名诗人几乎全有往来，这些被他记录在了自己的诗中。但同时代的知名诗人，却几乎无人评价过杜诗，连李白这样的友人，在《戏赠杜甫》中，也只是回顾了两人交往中的玩笑话——“借问别来太瘦生，总为从前作诗苦”，李白笑杜甫太瘦，杜甫自嘲是因为作诗太苦，对杜诗本身，李白没有任何评价。赞赏杜诗的同时代之人，目前可见者只有三人，衡阳判官郭受、韶州牧韦迢与一位身份不明的任华，都是文坛的边缘人物。①

“未见有知音”是一种无视。除了无视，杜甫关怀现实的写作风格，还招来过同时代之人的批评与攻击。今人已无法得知这些攻击的具体内容，但韩愈嘲笑过这些攻击是“群儿愚”，是“蚍蜉撼大树，可笑不自量”。杜甫也在《戏为六绝句》中“寓言以自况”，拿了庾信与初唐四杰说事，借题发挥，做过一番回应——他说，庾信上了年纪后，诗赋更为老练，可笑的是，“今人嗤点流传赋，不觉前贤畏后生”，今天的某些人，对庾信的作品指指点点，搞得死去的前贤，怕了你们这些活着的后辈。他还说，今天的某些人，喋喋不休批评初唐四杰，但“尔曹身与名俱灭，不废江河万古流”，你们这些人的肉体与名字会彻底消失，初唐四杰的文章会万古流传。

这些无视、批评与攻击，究其实质，是时代对杜甫的一种刻意过滤。樊晃是唐玄宗开元时代的进士，做润州刺史（今天的江苏镇江一带）期间，他编纂了一本《杜工部小集》。这是杜甫去世后流传的第一本诗集。樊在序言中说：“时方用武，斯文将坠，故（杜诗）不为东人所知。江左词人所传诵者，皆公之戏题剧论耳，曾不知君有大雅之作。”

所谓“戏题剧论”，大约是游戏笔墨、诙谐趣味之意，也就是读了让人爽、让人开心的东西。《饮中八仙歌》中，“知章骑马似乘船，眼花落井水底眠”“李白斗酒诗百篇，长安市上酒家眠，天子呼来不上船，自称臣是酒中仙”这样的段子，就是典型的“戏题剧论”。

作为同时代之人，樊晃的这段文字，透露出了历史的玄机：并不是杜甫没有名气，才导致他对时代的忧思，无法进入时代的视野；而是时代拒绝聆听他的忧思，拒绝转发他描写时代之痛的“大雅之作”。从安史之乱中爬起来的中唐，要的是升平气象，要的是可以成为饮宴聚会极好谈资的“戏题剧论”，不是“万里悲秋常作客，百年多病独登台”。

这种拒绝转发，也见于唐代人自己编选的唐诗集。现存“唐人选唐诗”尚有 10 种，4 种选有李白之诗，5 种选有王维之诗，5 种选有王昌龄之诗，4 种选有钱起之诗。他们与杜甫大体生活在同一个时代，但只有 1 种集子，选了 7 首杜甫的寻常诗。②

杜诗的被无视，是刻意拣选的结果。唐人高仲武编纂的诗集《中兴间气集》，就是一个典型案例。据高仲武在序言中自述，他是这样选诗的：

（1）选诗时段："起自至德元首，终于大历暮年"。至德是唐肃宗的年号，起于公元756年；大历是唐代宗的年号，终于公元779年。

（2）选诗方式："博访词林"，四处寻访；"述者数千"，进入视野的诗人多达数千人。

（3）选诗标准有二：一是主旨健康，须"著王政之兴衰，表国风之善否"，不能"苟悦权贵、取媚薄俗"；二是文风"体状风雅，理致清新"，要有艺术性。

这个选诗时段，杜甫的创作力相当旺盛。仅公元760-770年这人生的最后十年，杜甫就写了1100多首诗。高仲武寻访这个时代的诗人，杜甫是一个无法回避的存在；相当多的杜诗，也完全符合上述三条标准。但结果是：高仲武选取了26名诗人的100多首诗，其中没有杜甫。

不选杜甫的原因，其实也很简单。上面这三条标准，只是拿来装点门面，真正的选诗红线，高仲武在序言中已说得很明白：

"唐兴一百七十载，属方隅叛涣，戎事纷沦，业文之人，述作中废。粤若肃宗先帝，以殷忧启圣，反正中原。伏惟皇帝以出震继明，保安区宇，国风雅颂，蔚然复兴，所谓文明御时，上以化下者也。仲武不揆菲陋，……"

大意是：唐王朝立国至今170年，之前的战乱让文人流离失所，写作中断。直到先帝平定中原、皇上继承遗志让世道清平，"国风雅颂"，也就是文学创作才再度复兴。我高仲武自不量力，要编纂一本《中兴间气集》，来歌颂先帝和皇上的功绩。

"吏呼一何怒！妇啼一何苦！"的三吏三别；"国破山河在，城春草木深"的《春望》；"县官急索租，租税从何出？"的《兵车行》；"朱门酒肉臭，路有冻死骨"的《自京赴奉先县咏怀五百字》……当然不应该、也不可能出现在高仲武的《中兴间气集》中。

时代重新发现杜甫的伟大，是他去世半个世纪之后。

那时节，盛唐已是遥远的传说，现实世界正一步步坠入晚唐，种种压抑与乱象，让韩愈与白居易这些知识分子深感忧虑。杜甫去世时，韩愈只有两岁，白居易还要等两年才能出生。他们越过了时间与空间，在杜甫对时代的忧思中寻找到了共鸣。韩愈说“李杜文章在，光焰万丈长；不知群儿愚，那用故谤伤”，只有蠢货才会去诋毁李白与杜甫那些光芒万丈的文章；白居易说“诗人以来未有如子美者”，在他心中，谁也比不上杜甫。

遗憾的是，韩愈也好，白居易也罢，他们对时代的忧思，也像杜甫一样，遭到了时代的抵制。白居易虽有着鼎鼎诗名，但他清楚这名声的实质，在《与元九书》中，他说“文章合为时而著，歌诗合为事而作”，然而现实世界却是：

> 凡闻仆贺雨诗，而众口籍籍，已谓非宜矣；闻仆哭孔戡诗，众面脉脉，尽不悦矣；闻《秦中吟》，则权豪贵近者相目而变色矣；闻乐游园寄足下诗，则执政柄者扼腕矣；闻宿紫阁村诗，则握军要者切齿矣。……今仆之诗，人所爱者，悉不过杂律诗与《长恨歌》以下耳。时之所重，仆之所轻。

大意是：众人知晓我写了劝谏皇帝改善民生的贺雨诗，已是喧嚷不休，认为不合时宜；知晓我写了感慨孔戡刚正不阿却不得重用的悼念诗，全都很不开心；见到我写的描绘悲惨现实世界的《秦中吟》，豪门权贵们脸上已有痛恨的神色；见到我写给你的感慨小人当道、志士沉沦的《登乐游园望》，当朝的执政者已开始扼腕；见到我描写军人掳掠的《宿紫阁山北村》，手握重兵者已开始切齿……我知道，时代喜欢我的诗歌，只是喜欢杂律诗和《长恨歌》之类。时代喜欢的东西，我不在意、不重视；我在意、重视的东西，时代不喜欢。

再后来，唐末的战乱与流离，让一部分读书人想起了杜甫遭遇的战乱与流离，想起了他对时代的记录与忧思，“诗史”的称号渐渐得到公认。再后来，经历“熙丰新政”乱局的苏轼，也在杜甫的诗中找到了共鸣，他赞扬李白与杜甫都是“凌跨百代”的绝世之人，又说在古往今来的所有诗人当中，应该以“杜子美为首”，因为与杜甫相比，李白“岂济世之人哉”——杜甫是一个关怀现实、忧虑民生的知识分子，但李白不是。再后来，是文天祥在狱中的感慨：

“凡吾意所欲言者，子美先为代言之。”

我对这个世界想说的话，杜甫早就替我说完了。

参考资料

①曾枣庄 . 杜甫在四川 [M]. 成都 : 四川人民出版社 ,1983.

②吴河清 . 今存“唐人选唐诗”为何忽略杜甫诗探源 [J]. 河南大学学报（社会科学版）,2007,(4).

本文还参考了：

胡大浚 , 王为群 . 杜甫诗歌研读 [M]. 兰州 : 甘肃人民出版社 ,2011:80-86.

李国文 .《与元九书》读后——试论中国文学离完蛋还有多远 [J]. 钟山 ,2005,(4).

“开元盛世”中的普通百姓

今人在描述唐代“开元盛世”时，通常会从经济繁荣、科技发展、文化昌盛、民族和睦、中外交流等方面举证，很少有人关注普通百姓的真实生存状况。

和多数人想象中的安居乐业不同，玄宗时代的唐朝百姓，常常被迫逃亡。

武则天时，“天下户口，亡逃过半”——农民将朝廷分给的田地抛弃或卖掉，逃到地主庄园或寺观中，充当佃农。玄宗即位后，情况更加严重，他在开元九年（721 年）的“禁逃亡诏”中承认，“四海清宴，百年于兹，虽户口至多，而逃亡未息”。[①]

导致百姓逃亡的原因，除天灾外，主要是兵役、徭役沉重。

在府兵制下，符合标准的人，从 20 岁—60 岁，每年要服役 120 天。唐高宗、武则天时期，唐朝不断对外用兵，出现“征求不息，人不复业，则相率为盗”的情况。玄宗亦好大喜功，他在位期间，边防军数量最多曾达 60 余万。唐朝的徭役包括军需役、漕运役、土木工程役、地方杂役等。仅以土木工程役来说，玄宗多次扩建兴庆宫、华清宫，新建“花萼相辉楼”等，都要常年征召劳役。

百姓服兵役、徭役期间，不仅不能从事农业生产，还要倒贴路费，很多人因之生活困顿乃至倾家荡产。两害相权取其轻，民众往往选择从国家户籍中逃亡，自愿没入大地主家做佃农——虽然做佃农每年缴纳的粮食要比国家正税多出不少。[②]

唐玄宗对增加朝廷、内库收入兴致浓厚，重用了一批善于搜刮财富的“聚敛之臣”，如杨崇礼、杨慎矜、王鉷、宇文融等。

史书记载：杨崇礼、杨慎矜父子对各地上缴的绢布考察极严，发现些许污渍、破损，即要求地方补缴；王鉷利用边关将领瞒报士兵死亡人数的漏洞，继续按照原有户籍，向阵亡者家属追缴税收，以至“天下之人苦而无告”。据统计，依仗非法的加税手段，玄宗的个人内库，可得“岁贡额外钱百亿万”。[③]

“聚敛之臣”当中，宇文融提议的“括户”政策最为有效。

“括户”，即是将逃入地主庄园中的百姓，强制寻回，重新给他们分配土地，为朝廷纳税、服役。经过四年“括田”，全国户籍新增“客户八十余万”，朝廷当年增收“缗钱数百万”。为安抚这些重新分得田地的百姓，玄宗免去其六年纳绢义务，但治标不治本。这些被“括户”出来的百姓，很快又因繁重的兵役、徭役和非正规搜刮，再次走上逃亡之路。[④]

事实上，即便没有上述兵役、徭役以及额外的搜刮，仅仅负担正规的国家赋税“租庸调”，也已超出了普通百姓所能承受的范畴。

有学者计算过玄宗时期唐代农民的产出与负担：

“均田、租庸调制下农民负担和农民生活的真实情况如何呢？贞观年间唐太宗到灵口时，见到这里农民一丁授田三十亩，敦煌户籍残卷中各丁授田的平均数，也在三十亩左右或略多，我们按一丁授田三十亩计算。当时的粮食产量，……亩产一般为一石，三十亩共收三十石。丁男为户主的一夫一妇五口之家，主要就是靠这三十石来生活的。这三十石中，……按唐代规定，……所缴租庸调户税地税共为七石七斗五升。三十石收获物在上缴这些租税外，还余二十二石二斗五升。

“一夫一妇的五口之家所需口粮，据《唐六典·尚书刑部》所载，……全家五口每日需口粮七升二合，全年共需口粮二十五石九斗二升。但缴纳租税后只剩下二十二石二斗五升，还缺少三石六斗七升，也就是说每年还缺少一个月以上的口粮。何况农民除吃饭以外，还需要种子、农具、肥料等生产资料和衣物往来等日常必不可少的开支，那就更加入不敷出了。……至于像敦煌户籍残卷中所记述的那样，贫苦农民授田数额还要低予三十亩这个平均数，如果一户只能授田十亩、五亩，那是连租调也缴不起的。”④

所以，史书里关于开元、天宝年间的民生，往往说的是：“豪弱相并，州县莫能制”“朝士广占良田”“天下户口逃亡，色役伪滥，朝廷深以为患”……玄宗多次颁布诏书，斥责“王公百官及富豪之家”兼并了自由民的土地，造成朝廷控制下的户口和税源减少，也多次出台优惠政策，吸引“逃户”回归，但终究无济于事——《通典》记载：“开元之际，天宝以来，兼并之弊，有逾汉成、哀之间”。

依靠无偿劳役，及“括户”增加的收入，唐玄宗得以享受超越前代的奢华。

玄宗在位期间，大兴土木，将温泉宫扩建为华清宫；将“五王宅”改为兴庆宫；在长安、洛阳修建行宫，各有 1000 多个房间。他还征召民夫，在骊山建了一座会昌城。

开元十三年（725 年），唐玄宗去泰山封禅，从准备到结束，前后持续有一年时间。封禅大典前，玄宗带着长达数百里的队伍，自洛阳出发，前往泰山。王公大臣上万人、骏马数万匹的食宿都由沿途州县负责解决，百姓负担剧增，破产者不计其数。

玄宗是中国历史上第一个让全国人为自己过生日的皇帝。从开元十八年（730 年）起，每年这一天（先称“千秋节”，后改为“天长节”）全国放假三天，在长安或洛阳举办盛大的庆祝活动。开元二十四年（736 年）千秋节，玄宗曾下诏：“今兹节日——与父老同宴，自朝及野，福庆同之，并宜坐食”，这或许就是《妖猫传》中“极乐之宴”的原型。

玄宗喜欢在各种宴会上重赏群臣。如开元十八年（730 年），赏赐宰相以下赴宴官员每人 5 千缗；又如天宝十三年（754 年），赏赐不同品级的官员绢40—80匹。玄宗还任命了“检校进食使”，让各地进献美食。“水陆珍羞数千，一盘之贵，盖中人十家之产”，一道菜的花费就相当于10户中等人家的财产。[⑤]

受玄宗宠幸之人，同样可以肆无忌惮地消耗国家财富。

在宫中，为杨贵妃织锦的刺绣工人，多达700人，负责雕刻、熔造的，亦有数百人。杨贵妃兄弟姐妹住宅的豪华程度，可以和皇宫相比，“每构一堂，费逾千万计”。如果看到谁家的住宅更好，就拆掉自己的，重新建造，以至“土木之工，不舍昼夜”。杨贵妃的三个姐姐韩国夫人、虢国夫人和秦国夫人，时常扈从玄宗，前往华清宫，她们所乘的车都“饰以金翠，间以珠玉，一车之费，不下数十万贯”，拉车的名马带的也都是黄金驾具。

玄宗为安禄山在长安修建住宅，下令“但穷壮丽，不限财力”，一切器物、装饰都用最华贵的，以至“虽禁中服御之物，殆不及也”，比玄宗自己用的还要贵重。玄宗叮嘱手下：“胡眼大，勿令笑我”——安禄山是胡人，眼界大，不能让他笑我小气。

如果只看唐玄宗封禅、贺寿、建宫殿、大摆筵席，以及开疆拓土、万邦来朝，确实称得上“开元盛世”。

但若将视角拉向民间，就会发现，所谓的“开元盛世”，不过是玄宗一人的盛世，至多，也只是玄宗集团的盛世。

“开元盛世”的由来，既有玄宗执政时期官方宣传的因素，也有安史之乱后唐朝知识界的“事后美化”。

从杜甫身上，可以清晰地看见这种“事后美化”。

杜诗《兵车行》《丽人行》（约750年前后），曾讽刺过玄宗和杨贵妃的骄奢；“安史之乱”前夕，杜甫也写出过“朱门酒肉臭，路有冻死骨”“入门闻号啕，幼子饥已卒”的诗句。可见当时他眼中并无所谓的“开元盛世”。但在经历了安史之乱后，杜诗中却出现了这样的句子——“忆昔开元全盛日，小邑犹藏万家室。稻米流脂粟米白，公私仓廪俱丰实”（公元764年前后）。

这种怀念，当不得真。

参考资料

①张德美．论唐代流民问题及其对策[A]. 法史学刊第二卷[C]. 北京：社科文献出版社,2008.

②黄新亚．唐初徭役考辨[A]. 唐史论丛第4辑[C]. 西安：三秦出版社,1988.

③李志生．论宇文融括田括户对开元之治的影响[J]. 河北学刊,1994,(5).

④孙翊刚．中国赋税史[M]. 北京：中国税务出版社，2003:175.

⑤许道勋,赵克尧．唐玄宗传[M]. 北京：人民出版社,1993:156-163.

《推背图》的所谓“精准预言”

先说结论：《推背图》的预言功能是假的，完全不存在。

若对《推背图》的产生历史、版本演变有基本的了解，很容易破除笼罩在它身上的那些神秘光环。

一、作者不是李淳风、袁天罡

就现存资料来看，《推背图》的书名，最早见于唐代《大云经疏》（敦煌本）。内中预言武则天将代唐称帝：

> 按《推背图》曰：大蓄八月，圣明运翔，止戈昌，女主立正起唐唐……

《大云经疏》是薛怀义等人为颂扬武则天“身负天命”而创作的宣传资料。内中引用了包括《推背图》在内的18种谶纬之书。如果所谓的“《推背图》曰”不是出自捏造（想一想今人作文中虚构的假名人名言），引文也没有被篡改，那么可以知道：当时的《推背图》谶语，还不是齐整的五言或七言诗，而是长短错落的杂句。①

宋元时期，《推背图》已常见于文人笔记与市井小说之中，但绝大多数未提及作者是谁。南宋人岳珂（岳飞之孙）的《桯史》，首次将《推背图》挂靠在李淳风身上。他还提到，五代时期天下大乱，许多人称王称帝，有野心者就利用《推背图》这类谶纬之书，来蛊惑人心，为自己起事造势。赵匡胤建立北宋后，“始诏禁谶书”，下诏禁止民间私藏《推背图》，违者严惩。

自唐末藩镇乱世至五代结束，前后长达百余年。武则天称帝时的宣传工作，让《推背图》这个名字得到了普及。这百余年里的后继者，自然有样学样，对《推背图》要优先利用。所以，到了赵匡胤时代，“民间多有藏本，不可复收拾，有司患之”，该书流传已广，很难搜缴干净，相关机构很头疼。

岳珂说，赵匡胤灵机一动，想到了一种办法。他命人将《推背图》里的谶语与图画的顺序打乱，只保留已应验的内容不动，抄写 100 本投放民间，让它们与真本一起流传，久而久之，人们不知道谁是真本谁是伪作，就会认定是预言不准，不再收藏了。

“机智的赵匡胤”这个故事，显然是假的。如果赵匡胤相信《推背图》可以预言未来，那么他就该明白，假书在市场竞争中是拼不过真书的，一定会被不断兑现的事实证伪，他真正该做的不是造假书，而是禁掉真书。如果赵匡胤不信《推背图》可以预言未来，他所要担忧的则是该书会被野心家拿来蛊惑人心，他所要做的也是禁书，而不是造出各种不同版本的假书——版本越多，可供野心家们利用的空间也就越大。

事实上，自宋至清，历代朝廷针对谶纬之书，使用的皆是查禁手段，无人效仿岳珂道听途说来的“机智故事”。因没人敢使用雕版大规模印刷谶纬书籍，所以民国以前传世的《推背图》皆为抄本。

不过，岳珂的这段文字，仍提供了三点有价值的信息：

（1）《推背图》在五代北宋时期已流传甚广。

（2）在岳珂看来，《推背图》的民间流传对朝廷是有害的。

（3）当时的《推背图》已不止一个版本。

岳珂之后，元初道士赵道一的《历代真仙体道通鉴》一书，又将《推背图》挂靠在了袁天纲（也作“袁天罡”）身上。

之所以说是挂靠，是因为五代编写的《旧唐书》、北宋编写的《新唐书》里，都有李淳风、袁天纲的传记，且列有二人著作数十种，其中并无一字提及《推背图》。宋元时期流行的《新编分门古今类事》《新编五代史平话》等书，载有一些与《推背图》相关的文字，但均未提及《推背图》的作者是何人。元人编修的《宋史·艺文志》里记有"《推背图》一卷"，作者也是未知。②

略言之，《推背图》之名见于唐初，行文发展为现在常见的七言杂诗形式，则是宋元时期的事。南宋以前从未有人言及《推背图》的作者。说李淳风、袁天罡撰写了《推背图》，只是后世以《推背图》为业的江湖骗子们扯虎皮拉大旗的"托名"之举。

二、《推背图》的本质是"事后预言"

前文提到，民国以前流传的《推背图》皆为抄本。这些抄本之间，文字差别很大。

世界各地的图书馆，目前尚保存有《推背图》数十种之多，它们几乎全部成书于清代及之后，包括了六十七图本、六十五图本、不同内容的六十图本，以及现在最常见的所谓"金圣叹批注本"。

这些版本有一个共同的特点，那就是：它们的预言全部属于"事后预言"。

比如，《水浒传》成书于元末明初，书中引用过一段当时流行的《推背图》的内容，是关于方腊称帝的：

"十千加一点，冬尽始称尊。纵横过浙水，显迹在吴兴。"

十千就是万，万字上加一点就是方，冬尽就是腊月，四句话合起来就是方腊要在江浙一带起事称帝。

这四句看起来非常准确的谶文，在方腊起义发生之前，是不见于任何文字记载的；而《水浒传》引用这四句谶文时，方腊起义已是至少百余年前的事情了。

流传最广的“金圣叹批注本”，是“事后预言”的集大成者。

民国四年（1915 年），文明书局与中华书局出版《中国预言》，首次收入所谓金圣叹批注的《推背图》。出版者声称，此书是八国联军侵华时期，由宫中流出，经张之洞证实确认为金圣叹亲手批注。

宫中流出、张之洞证实，全是卖书人的胡说八道。

台湾学者翁常锋著有《〈推背图〉研究》一书，对所谓的“金圣叹批注本”有细致的研究。翁发现了许多疑点，比如：

（1）金批里的很多词句，与金圣叹的思想旨趣是不合的。

（2）金批版的正文里有“匹夫有责”“南辕北辙”等词，这些词在清代以前并不存在，唐代人怎么可能使用清代才出现的成语？

（3）金批版署名“唐司天监袁天罡、李淳风撰”，其实这两人都未曾在司天监任过职。

（4）金批版的配图中，竟然出现了清代人和民国人的装束。[③]

也就是说，金批版《推背图》其实是民国初年的伪作。

伪造者的身份，有两种可能。一是书商为打造畅销书牟利，请人编纂了金批版《推背图》，因为明清时代之人编纂的旧版《推背图》当中，没有关于清代 300 年之事与民国成立的内容，已经没有了卖点。二是革命党人出于宣传需要，编纂了这本具有强烈的反清、反日倾向的《推背图》。支持该推测的核心证据，是革命党人何海鸣撰写了长文来介绍这本书，他在文章中称袁世凯正在查禁此书，然后又代替金圣叹对书中的某些预言进行了批注，说它们指的是“二十一条”与日本对青岛的觊觎。[④]

由民国之人来预测唐宋元明清的历史，自然是准确到令人发指。

有一些细节也很有意思。明代流传的《推背图》里，有方腊称帝的内容；清代光绪年间流传的《推背图》中（原主人为高延，荷兰莱顿大学所藏），也还保留着这则古老的“事后预言”；但所谓金批本，却把这条预言删掉了。[⑤]

删掉的原因也很简单。中国文化以六十为一甲子，代表一个轮回。

既然伪造者想给《推背图》增加与近世有关的“事后预言”，又不破坏六十图的总数，那就只好删掉那些年代久远、已不那么重要的“事后预言”（当然，也有一些“不讲究”的续写者无视六十图的限制）。金批版以前的《推背图》，都详叙五代两宋之事而略谈明清。这是因为：方腊称帝对南宋人、元人而言，是件去日未远的大事，为了吸引受众，那个时代的《推背图》编纂者很有必要收入这则“事后预言”。但对民国的伪造者来说，太平天国、武昌起义、“二十一条”等，都是比方腊称帝更要紧的事情，更有资格成为“事后预言”的一部分。

三、准确“预言”击中了时代的焦虑

综上，所谓的《推背图》，除了书名在唐代即已存在，其作者、文字、图画都是后人不断删改、重制的山寨品，它本不具备任何预测能力。为了让它变得“灵验”，野心家、江湖术士与无聊文人们，千方百计地将已经发生的事，编排到《推背图》中。这些准确的“事后预言”，对那些缺乏充足的信息获取渠道、又没有正确的逻辑思维能力的受众，有着极大的杀伤力。

对这类预言书，历代统治者都采取严禁政策。明代官方称《推背图》为“妖书”，追查销毁之外，还曾“榜示天下，以晓愚民”，试图以官方文件的形式，告诉所有明帝国的百姓，这是一部骗人的坏书。清代的查禁政策也大体类似，只是程度更严，很容易引发文字狱，这也是很多清代版本的《推背图》不敢涉及清代史实的缘故。

不过，在宋元明清时代，《推背图》与其他手抄谶纬之书相比，并不具备什么优势地位，只是很普通的一种。1912 年的《推背图说》、1915 年金批版《推背图》问世后，市场上才有了合法印刷、方便传播的排印本《推背图》。

金批版《推背图》由中华书局负责发行，行销北京、天津、成都、重庆、武昌、南京、杭州等各大城市，很快就成了畅销书。1917 年的天津《益世报》报道说，连戏院里卖报纸的也开始卖《推背图》了，茶楼里也提供这本书。钱化佛则回忆说，在 20 世纪 30 年代，“一般好奇的人士，都欲购置一册（推背图），用以预测”[⑥]。

这种畅销，究其原因，一是愚昧，看不破“事后预言”的本质，二是击中了朝不保夕的时代焦虑。学者王学泰 30 多岁时买过一本《推背图》，他后来如此回忆自己当时的心态：

“无论是我等小人物的信口雌黄，还是官方诸公的严肃对待，出发点虽不同，爱恶有别，但心态都差不太多，在潜意识中有着对不可知命运的期待或惶恐。”[⑦]

参考资料

①林世田 . 敦煌遗书研究论集 [M]. 北京 : 中国藏学出版社 ,2010:39-54.

②杨康 . 推背图考论 [D]. 西安 : 陕西师范大学 ,2016.

③翁常锋 . 推背图研究 [M]. 台北 : 花木兰文化出版社 ,2013.

④何海鸣 . 求幸福斋随笔 [M]. 上海 : 上海书店出版社 ,1997:45-47.

⑤吴荣子 . 荷兰莱顿大学汉学研究院图书馆所藏推背图三种 [J]. 图书馆馆刊 ,2003,(4).

⑥钱化佛 , 郑逸梅 . 三十年来之上海 (续集)[M]. 学者书店 ,1947:62.

⑦王学泰 . 燕谭集 [M]. 北京 : 新华出版社 ,1997:96.

本文还参考了 :

许明 . 推背图在西方世界的译介和传播 [J]. 复旦外国语文学论丛 ,2017,(1).

王硕 . 推背图的流传及其历史观点 [A]. 历史文献研究 [C]. 北京 : 北京燕山出版社 , 1992:160-168.

超级英雄包青天怎样炼成

中文戏曲、影视中，经常能看到各种“包公”。他们扮相不同，但有着相同的特点：不畏权贵、清廉自守、铁面无私，以及最重要的断案如神。

抛开演义，真实的包拯，究竟是何面目？

有人统计过，各种正史、笔记里，与包拯有关的轶事共 44 则[①]。其中，包拯参与审理的案件共计 9 个。

在这些案件中，包拯既有智慧和刚直的一面，也有圆滑和严酷的另一面。

比如，宋人笔记《邵氏闻见录》中，记有一件包拯徇私的事。说是北宋名臣章惇年轻时，和一个族中长辈的小妾私通，被人发觉后，他赶紧往墙上爬，下来时不慎踩中墙外的一个老妇。老妇把章惇告上开封府，要求赔偿。时任开封知府的包拯，探明案情后，决定“不复深究，赎铜而已”，即不再细问缘由，让章惇赔钱了事。

按照宋代法律，与未出“五服”的长辈家小妾通奸，要判刑三年；即使不在“五服”，和他人小妾通奸，也要获刑两年。[②]

包拯在审理时“不复深究”，将判决局限在“老妇告章惇案”上，不将章惇所犯通奸罪牵扯进来，显然是一种相当圆滑的做法——既保全了士大夫家族的面子，又给了受伤老妇公道，也没有给自己惹来不必要的麻烦。

这种圆滑，在对待普通民众的时候，是没有的。

《独醒杂志》记载，某次，开封街道失火，包拯带人前去灭火。有一群“无赖子”趁机起哄戏弄包拯，问他“是到甜水巷取水，还是到苦水巷取水？”包拯听到后，命人立刻斩杀了这些无赖，“由是人益畏服”，从此开封民众更加畏惧服从包拯。

仅仅因为“取水于甜水巷耶，于苦水巷耶？”这样一句玩笑话就杀人，显然逾越了法律——即便“无赖子”们的这几句话真的干扰到了救火，也罪不至死。

此外，包拯也是一个“重视社会影响胜过调查真相”的典型官僚。据《默记》记载，宋仁宗皇祐二年，民间有一个叫冷清的人，自称皇子，说自己的母亲王氏“母王氏本宫人，因禁中火，出外，已尝得幸有娠”，后嫁给一名叫冷绪之人，生下冷清。冷清跑到开封府，说自己是皇子，还拿出皇帝“与其母绣抱肚为验”。此案真相如今已不可知。可知的是，当时直接负责处理此案的开封知府钱明逸，对冷清的处置颇为保守，“以狂人置不问，止送汝州编管”；宋仁宗的立场也犹疑不定，他孜孜于求子，确实临幸了很多宫女，大约也不太确定冷清究竟是不是自己的儿子。所以才有推官韩绛上奏，说把冷清安置监管在汝州不好，“宜按正其罪，以绝群疑”，应该将其杀掉；翰林学士赵槩也上奏说，“青（清）果然，岂宜出外？若其妄言，则匹夫而希天子之位，法所当诛”，如果冷清真是皇子，怎么可以放逐在外？如果是假的，那就是妄想篡夺天子之位，应当诛杀。

宋仁宗命赵槩与包拯处理此案。宋人张田所编《包拯集》中，收录有包拯给宋仁宗的两封奏章。奏章里，包拯极力劝说宋仁宗，不可“引用常法，迁延不断”，而应“早行显戮”，即希望皇帝不要再细细查证，赶快下旨将冷清杀死。理由是，“若不速行诛戮，以戒未来，则启奸邪之心，为国生事”，“免奸邪之类别起衅端，浸成大患”。

沈括《梦溪笔谈》里也有一个类似的故事，说的是有个犯人贿赂了开封府的小吏。小吏对犯人说：“一会儿知府审案，肯定会让我写具结书，那时你就大声为自己辩解。你要挨杖责，我有办法替你分担杖责。”包拯升堂后，果然命小吏写具结书。犯人按照之前的约定，大声鸣冤，辩解不停。这时小吏假装生气，斥责犯人：“你挨完打，赶紧滚出去，用不着这么多废话！”包拯听后勃然大怒，认为小吏在堂上发号施令，乃是越权之举。

结果，正如小吏所料，包拯为了压制府中胥吏的势力，下令对小吏杖责十七下，同时减轻对犯人的惩罚。包拯在不知不觉间，就上了小吏的当。

沈括在这个故事的开头，说包拯“号为明察”，在结尾则说“小人为奸，固难防也”，意思是说：包拯虽然以明辨是非闻名，但是小人的奸诈，还是让他防不胜防。其实，这个故事也可以有另一种解读：相比严格按照律法对犯人实施杖刑，包拯更看重对府中胥吏的压制，为此他可以牺牲前者。

升任三司使后，包拯也曾包庇过手下的吏员。

嘉祐四年，三司吏员扣押应拨给泾州士兵的钱粮 85 天之久，险些导致士兵哗变。负责监察三司工作的胡宿，要求逮捕与此事有关的三司吏员。包拯拒绝交人，胡宿只好上书宋仁宗，弹劾包拯。据《宋史·胡宿传》记载，胡宿在奏章中说，“泾州士兵阴谋作乱，罪无可赦，而此次事件的起因，是三司吏员扣押钱粮，那三司难道没有责任吗？现在包拯非但不知自省，竟还公然抗命，让朝廷法纪有如虚设。”遭到弹劾后，包拯才交出涉事吏员。③

就上述事例而言，说包拯“峭直”“刚严”不能算错。但他执法太严，让官员、百姓都很惧怕，有时候并不明察，也是事实。当然，虽然有上述缺点，按古代的标准来看，包拯关心民生、反对苛政，多次公开批评朝廷的税收政策太严酷，仍确实可算一位难得的好官。

问题是，这样的好官在古代虽非遍地皆是，但也不算特别稀缺。为什么是包拯这样一个在断案决狱方面并无多少真实传奇故事的人，成了鼎鼎大名的“青天”呢？

原因可能是多方面的。

首先，包拯地位高、人脉广、节操好，死后不久即有很大名气。学者杨国谊校注《包拯集》时发现，在包拯现存的187篇文章中，批评了宰相宋庠等61名当朝人物，其中不包括他的任何一名高官同年。事实上，包拯和比他地位更高的同年，如文彦博、韩琦、吴奎等，关系极为紧密。在这些同年的帮助下，包拯26年间升官25次，官至三司使、枢密副使，离宰相之位只差半步。换言之，包拯是一个“会做官”的人。[④]

“会做官”的包拯，在个人操守上也很能得到时人的认可。吴奎撰写的墓志铭中，称包拯为“劲正之臣”，说他“峻节高志”，刚正不阿。司马光也说，包拯“为人刚严，不可干以私，京师为之语曰：‘关节不到，有阎罗包老。’”南宋人刘克庄称赞包拯是当代的汲黯，“世但仰其大节”，即世人都仰慕他的节操。[⑤]在中国传统文化里，只有那些个人节操无懈可击、又颇具盛名之人，才有成为“青天”的可能。

其次，成熟的公案小说在宋代出现，包拯适逢其时，成了创作者首选的塑造对象。

以官员破案为核心的公案小说，在宋代正式成为一种文学类型。宋人选取人物原型，首先想到的必然是同代以刚直闻名朝野的名臣包拯。比如，南宋话本《三现身包龙图断案》说：“那包爷自小聪明正直，做知县时，便能剖人间暖昧之情，断天下狐疑之狱。”其实，南宋人是见不到包拯“做知县”决狱断案的资料的，话本里的故事全部出自虚构。

元杂剧中，包拯断案的故事更多，留存下来的有十几个。这些杂剧情节，几乎全部出自虚构，而且已将包拯神话为“日断阳夜断阴”的非凡人。如《包待制智赚生金阁》说：“千难万难得见南衙包待制，你本是上天一座杀人星。除了日间剖断阳间事，到得晚间还要断阴灵。”如前文所述，史料中的包拯为官严酷，剧中“杀人星”三个字，倒也不算冤枉他。[⑥]

第三，包拯成为尽人皆知的“明星清官”，是明清公案小说勃兴的结果。

胡适认为，包拯是历史上“三个有福之人”之一（另两个是黄帝和周公）。他说，“古来有许多精巧的折狱故事，或载在史书，或流传民间”，最后都“堆在一两个人身上”，于是有了我们今日所见的“包龙图”，一个所谓的“箭垛式人物”。

各种破案故事，被集体一股脑堆积给包拯，是明代发生的事情。其中，仅《百家公案》与《龙图公案》两书，就收录了包拯审理的100多个虚构的案件。在处理这些案件时，包拯不再像宋元话本、杂剧中那样动辄杀人，其文学形象，也与历史形象逐渐脱离，变得温情起来。

这一时期，包拯开始被全方位神化。比如，小说《包待制出身源流》中，包拯出生时，就很不平凡，“面生三角”。入京赶考时，他成了城隍口中的“上界文曲星来东京求官”（历史上的包拯并不擅长诗文，算不上“文曲星”）；在宋仁宗的梦里，他是未来的国家栋梁，然后果然高中状元（历史上的包拯只是中了进士，并非状元）；当官后，他常常依赖“神力”处理案件，包括冤魂经常托梦提示线索、亲赴“阴间”调查案情……⑦

到了清代，因文字狱兴盛，包拯这种“绝对正确”“绝对安全”的历史人物，遂再次成了民间演义小说创作者争相附会的对象。在《万花楼演义》《三侠五义》等小说中，“包龙图”变得更加神通广大，不但出生时把他父亲吓了个半死（他父亲梦见包拯“头生双角，青面红发，巨口獠牙，左手拿一银锭，右手执一朱笔，跳舞着奔落前来”），做官后还相继得到了阴阳镜、古今盆、游仙枕三件法宝。在这些小说中，包拯不再是地方官，不再整日忙于为民破案，他成了深度参与国事、对抗奸臣的朝中重臣。

至此，包拯终于摆脱了史料的束缚，走入民间，成了中国的超级英雄——“包青天”。

参考资料

①张国华 . 包拯身前身后事 [M]. 北京 : 中国经济出版社 ,2002:329-338.

②窦仪等 . 宋刑统 [M]. 北京 : 中华书局 ,1984:422.

③脱脱等 . 宋史 [M]. 北京 : 中华书局 ,2000:8344-8345.

④杨高凡 . 包拯及其与同年关系论略——兼论包拯稳立宋仁宗朝之原因 [J]. 首都师范大学学报（社会科学版）,2015,(2).

⑤包拯 . 包拯集校注 [M]. 合肥 : 黄山书社 ,1999:308.

⑥徐忠明 . 包公故事：一个考察中国法律文化的视角 [D]. 北京 : 中国政法大学 , 2002:120-139、163.

⑦曹一凡 . 明清公案小说中的包公形象研究 [D]. 青岛 : 青岛大学 ,2016.

宋徽宗糟糕的慈善运动

读美国汉学家伊沛霞（Patricia Buckley Ebrey）的《宋徽宗》一书，发现她给了宋徽宗极高的评价。伊沛霞不否认宋徽宗存在“虚荣”“过分自信”这类缺点，但她认为，宋徽宗仍是一个很伟大的皇帝，理由是：

“作为皇帝，徽宗应该为他的雄心壮志，以及对许多崇高事业的支持而受到称赞。当时的全国学校教育制度，以及为病人、无家可归的人提供的慈善救助，这些都是非常了不起的创举。还有编印书籍也值得称道……”①

这显然与多数中国人对宋徽宗的印象，是大不相同的。

该书的第四章中，有一小节专门介绍宋徽宗为宋朝民众提供的“慈善福利事业”。伊沛霞说，宋徽宗与他的宰相蔡京一起讨论如何“为穷人、残疾人和病人提供慈善福利”，然后创办了居养院、安济坊、漏泽园三大前代未有的福利机构。具体来说：

（1）居养院提供的是基本生活保障。该机构的主要职责是“向那些无法维持自身生计的人提供食品、衣服和住处，尤其是没有成年子女的寡妇和鳏夫，以及孤儿和弃儿”。按当时的规定，成人每人每天可以领取 0.7 升大米，儿童减半，每天还有十钱的小额现金，冬天每天有五钱的取暖费。

（2）安济坊提供的是基本医疗保障。该机构相当于一种为穷人设置的治病医院，安济坊的管理条例“要求医师记录他们收治病人的数量，以及死亡人数，并基于这些记录信息奖赏和提拔那些最成功的官员，例如，一名每年收留五百至一千名病人且病人死亡率不高于 20% 的官员，每年可以获得五十贯的奖励。”同时，该机构收容隔离病人，也有防范瘟疫蔓延的功能。

（3）漏泽园旨在为城市贫民提供安葬之地，也就是公墓。机构的管理条例规定“官员应记录每块穴地埋葬的死者信息，且每个墓穴至少要挖三尺深。和尸体一起下葬的标志上要记录死者的姓名年龄和埋葬日期。”

这些福利机构，如果按其设计初衷正常运转，自然会需要相当规模的资金支持。伊沛霞说，“政府如何为这么大规模的福利事业提供资金呢？这似乎要归功于蔡京在财政管理上的奇才”。[②]

确实，这三大机构是宋徽宗与蔡京所创，二人围绕着这三大机构，也耗费了不小的财力与精力。但遗憾的是，这些机构并未给民众带来多少真正的实惠，反成了两宋之交有识者们的批评对象。比如陆游曾引用了当时的流行语，说这三大机构的实质，乃是“不养健儿，却养乞儿；不管活人，只管死尸”[③]。

与陆游年龄相仿的洪迈，则记下了一出讽刺杂剧。剧中，演员们分别扮成儒道释的代表，各自赞颂本派的学问。儒者说自己的学问是“仁义礼智信”这五常；道者说自己的学问是“金木水火土”这五行；僧者说自己的学问比前两人都要深邃，是“生老病死苦”这五化。前两人不服，拿五化挨个质询，僧者回应说：“生”就是朝廷建了学校让人有地方读书，“老”就是朝廷建了孤老院让老人有地方养老，“病”就是朝廷建了安济坊让人有地方看病；“死”就是朝廷建了漏泽园让尸体有地方掩埋。问到什么是“苦”，僧人却闭上眼不说话了，催促再三才皱眉答道：“只是百姓一般受无量苦。”[④]

洪迈说，台下的宋徽宗，受了这般讽刺后，“为恻然长思，弗以为罪”，不开心，沉默许久，但没有责罚台上的杂剧演员。当然，宋徽宗是否真的看过这出讽刺剧，已无从考据；但洪迈这些知识分子很喜欢这出杂剧，是毋庸置疑的。

就字面含义来看，居养院、安济坊与漏泽园，明明都是很好的福利政策。何以到了陆游、洪迈这些人眼中，却成了恶政？对此，陆游有一段简略的解释。他说：

> 崇宁间……置居养院、安济坊、漏泽园，所费尤大。朝廷课以为殿最，往往竭州郡之力，仅能枝梧。谚曰：不养健儿，却养乞儿；不管活人，只管死尸。盖军粮乏、民力穷，皆不问，若安济等有不及，则被罪也。（《老学庵笔记》）

大意是：宋徽宗崇宁年间，在全国范围内设置居养院、安济坊与漏泽园，花了很多钱。朝廷对这件事的执行考核得非常严格，许多州郡耗尽了人力财力，才得以勉强过关。所以民间有俗语讽刺说：不养健儿，却养乞丐；不管活人，只管死尸。军粮不够吃，民力已耗尽，这些事地方官府都可以不管不问，但安济坊等事，如果做得不到位，上面不满意，地方官府可就要获罪了。

这种只向上负责、不对下负责的考核制度，最后带来的是一种荒诞的结果。《宋史》里说："蔡京当国，置居养院、安济坊，给常平米，……州县奉行过当，或具帷帐，雇乳母、女使，糜费无艺，不免率敛，贫者乐而富者扰矣"[⑤]——地方官府为了应对考核，也为了借机敛财，把正常的福利救济搞成豪华大餐，不但给屋子装修上帷帐（一般只有富贵家庭才用得起），还给受救济者雇请乳母与女仆，搞得穷人很开心（好享受）、富人很烦躁（要出钱）。

其实，宋徽宗自己后来也意识到了这一点。1109 年，他在诏书里说："闻诸县奉行太过，甚者至于设供张，备酒馔，不无苛扰，其立法禁止，无令过有姑息。"

大意是：我听说地方州县执行得太过火了，甚至有些地方在救助贫民时，搞起了宴会，办起了酒席，以后不许再这样干了。

1110 年，宋徽宗又在诏书里说：“比年有司观望，殊失本指，至或置蚊帐，给酒肉，食祭醮，加赠典，日用既广，糜费无艺，少且壮者，游惰无图，廪食自若，官弗之察，弊孰甚焉。”

大意是：往年有关部门干的事情，实在是太离谱，竟然到了给受救助者置办蚊帐、提供酒肉的程度，钱花得毫无节制，助长了身强力壮的年轻人的懒惰，他们成天游手好闲，白吃白喝，地方官府全然不管，实在是太过分。

1120 年，宋徽宗又下诏：“有司不明先帝之法，奉行失当，如给衣被器用，专雇乳母及女使之类，皆资给过厚，常平所入殆不能支。天下穷民饱食暖衣犹有余峙，而使军旅之士廪食不继，或致逋逃四方，非所以为政之道。”⑥

大意是：相关部门不明白政策精神，在具体实施中出了许多问题。比如给救助者提供衣服被子和家具器物，还给他们雇佣乳母和女佣，如此这般做得太过了，国家的常平仓利息根本负担不起。天下的穷人吃饱穿暖还有剩，军队里的士兵却吃不上饭纷纷逃跑，这样搞是不行的。

其实，之所以搞出给受救助者提供华服美屋、乳母女仆这种荒唐之事，与“有司不明先帝之法”之类毫无干系，关键仍在陆游所说的“朝廷课以为殿最”这几个字。

按宋徽宗的规定，开封城内由“提点刑狱司”负责检查这些福利机构的具体执行情况，御史台也有弹劾的权力；京城之外由“提举长平司”负责监督，其他部门也可以举报。这些情报网，让宋徽宗了解到了许多营私舞弊的情况。比如，1106 年，他发现有些州县刻意控制安济坊、漏泽园的救助人数，还用无病之人和已下葬之人填在表册里充数，来应付考核，他随即下诏对这些人“杖一百”。同期，他还发现有些州郡的漏泽园为节省人力选择浅埋尸体，导致其很快就裸露在外，又下令制定了必须至少深埋三尺的标准，命各级机构严加审查。

为了刺激地方官府的积极性，宋徽宗还将居养院、安济院办得好不好，搞成地方官员能否越级升迁的捷径。比如溧阳县知县仅仅因为将居养所的屋子分成男女两个板块，就得到了“转两官升迁”“进官三等”的超额奖励；另一位“左班殿值”蒋迪，则因为办理安济院不力，被徽宗下诏降官一级——诏书未提及蒋的具体劣迹，可知他的办理不力乃是一种笼统的印象。如此这般引导之下，地方官府为了竞争出位，自然会绞尽脑汁，将提供基本救助搞成提供华服美屋与乳母女仆。⑦

宋徽宗与蔡京还曾试图对居养院、安济院与漏泽园实施“数目字管理”。比如安济坊里的每名医生都会有一本“手历”，上面记载了这名医生经手医治的患者的痊愈数和死亡数。每年岁末考核时，就拿“手历”里的治愈率和死亡率来做依据，不合格者要接受惩处。问题是：这种想当然的“手历考核”，并不符合医学常识——有些病患者可以自愈，而有些病无论医生如何努力也不可能治愈，所以它推行下去之后，产生的直接结果是各地州县不约而同弄来一批批无病之人，装模作样进到安济院中看病，然后装模作样“痊愈”，以完成“数目字管理”中的治愈比例。更有甚者，还发生过这样的荒唐事：

“当安济坊法行时，州县医工之良者，惮于入坊。越州有庸医曰林彪，其技不售，乃冒法代它医造安济。今日傅容平当来，则林彪也；明日丁资当来，又林彪也；又明日僧宁当来，亦林彪也。其治疾亦时效，遂以起家，然里巷卒不肯用。比安济法罢，林彪已为温饱家矣。年八十余乃终。”

这段故事出自陆游的见闻。大意是：宋徽宗时代推行安济坊时，各地州县的好医生们都不肯进坊工作（显然，这种现象基于两个原因，一者是如前文所述，对医生的考核不符合医学常识，一者是许多医生害怕数据统计，对自己能否达成朝廷规定的痊愈率并无信心）。越州有一个叫林彪的庸医，没有病人愿意找他，于是他就冒用其他医生的名字去安济坊里混吃混喝。今天该傅容平到安济坊给人看病，来的是林彪；明天该丁资到安济坊给人看病，来的也是林彪；后天该僧宁到安济坊给人看病，来的还是林彪。这人治病有时候也有点效果（多半是碰上了自愈，或遇上州县官府用健康者代替病人来凑数），但街坊四邻还是没人敢找他看病。等到安济坊政策废除，这林彪已混成了一个温饱之家。他活到八十多岁才死。

遗憾的是，以上种种，并没有进入到美国汉学家伊沛霞的视野（或未被她接受为事实）。于是，她眼中的宋徽宗，就成了一位“应该为他的雄心壮志，以及对许多崇高事业的支持而受到称赞”的伟大皇帝。

参考资料

①②伊沛霞．宋徽宗 [M]. 昆明：广西师范大学出版社 ,2018:507、92-93.
③陆游．老学庵笔记 [M]. 北京：中华书局 ,2019.
④洪迈．夷坚志 [M]. 北京：中华书局 ,1999.
⑤脱脱．宋史・食货志 [M]. 北京：中华书局 ,1985.
⑥梁太济 , 包伟民．宋史食货志补正 [M]. 杭州：杭州大学出版社 ,1994:433.
⑦李华瑞．宋代救荒史稿 [M]. 天津：天津古籍出版社 ,2014:788-792.

中国抛石机技术的停滞

抛石机（又称投石机、投石车）是中国古装剧中的一种常见的战争武器。其无坚不摧的破坏力，给很多人留下了深刻印象。但实际上，中国古代的抛石机受限于技术水平，长期未能在战场上发挥较大作用。直到宋元时期，蒙古人自阿拉伯人处学来一项“黑科技”，抛石机的威力才有了大幅提升。

一、威力有限的“拽索式”抛石机

关于抛石机，古人有很多不同叫法，包括“砲”“抛车”“发石机”等等。

作为一种战争武器，抛石机最早见于先秦时期的《孙膑兵法》《墨子》。唐代《太白阴经》、北宋《武经总要》、南宋《守城录》等兵书中，也保留有详细的图文资料。

从现存资料来看，自先秦至北宋，中国使用的都是“拽索式”抛石机，即利用人力拉拽绳索，抛射石弹。

这种抛石机的主体，大多是一副砲架和梢杆（即杠杆），梢杆上端挂着几条，甚至几百条绳索，下端是装石弹的“皮窝”。施放时，砲手们一起用力拉拽绳索，将皮窝里的石弹抛射出去。[①]为了方便移动，一些抛石机下面还安装有车轮。

中国有史料记载的应用抛石机的最早战例，是东汉末年的官渡之战。

《三国志》说，当时袁绍一方堆积土山，并在其上修建塔楼，居高临下地向曹营射箭。曹操命令使用“发石车”反击，摧毁了袁军的箭楼。抛石机发射时有很大的噪音，因此被袁军称为“霹雳车”。

曹军抛石机的威力如何，史书中没有明确的记载。可资参考的，是汉代人所作伪书《范蠡兵法》中的一句话：“飞石重十二斤，为机发，行二百步。”以汉代度量衡计算，这大概相当于现在的 3 千克和 276 米。这么看的话，“霹雳车”大概只能毁坏下木结构的塔楼。

隋唐时期，应用抛石机的战例逐渐多起来。如《新唐书》记载，瓦岗军围攻洛阳时，李密命人造了 300 辆抛石机。后来唐军进攻洛阳，李世民也使用了抛石机，史称：“飞石重五十斤，掷二百步。”按照唐制换算，这种抛石机大概能将 33 千克的石头，抛出 300 米。②

安史之乱中，李光弼在太原使用的抛石机，需“二百人挽之”，据说一颗石弹发出去，能致死叛军数十名。不难想象，在战场上，指挥 200 人密切配合，操纵一具笨重的抛石机，完成装弹、站位、瞄准、发力等一系列操作，必然不是一件容易的事。

唐军将领王去荣，曾挟私怨杀县令杜徽，犯下死罪。但唐肃宗念其身怀“殊艺”，——“善放抛石，能守城邑”，有助于平定叛乱，不顾群臣反对，赦免了他的死罪，命他继续在军中效力。由此可见，王去荣这种以善用抛石机闻名的人，在当时可算是难得的“高科技人才”。

进入宋代，抛石机已频繁见于战场。宋、辽、金、西夏等各方军中都有装备。靖康年间的汴京之役，被史家称为“中国战史上大量用砲的首开纪录”。当时，金军在汴京城外的宋军“军火库”（刘家寺）缴获大批抛石机、石弹，随即在城下布置起数百具抛石机，向城头集中发射，“飞石如雨”，每日打死宋军数十人。

作为防守的一方的宋军，也在城头上使用抛石机，打击金军。宋徽宗当初费尽心力，通过花石纲运来的各种奇石，这时都被利用起来，充当了抛石机的石弹。[③]

这一时期的抛石机种类繁多。仅《武经总要》里记下名字的就有18种，其中最大的一种“七梢砲”，需要抛射手250人、定放手2人，能将57千克的石弹，射出约80米。[④]

以上种种中国抛石机，虽然依赖经验积累，在不断提升发射石弹的重量和距离，但在战场上，仍只能杀伤人员或击毁塔楼，对于坚固的城墙则无能为力。

究其原因，是中国虽然使用抛石机1000多年，但技术上并无大的革新。

二、阿拉伯人带来“配重式”抛石机

前文说到，宋军使用过各种抛石车。然而，当宋军在1273年的襄樊，见识到元军手上“回回炮”的威力时，他们仍是相当震惊。

蒙古人非常重视抛石机这种武器。铁木真起兵之初，就建有一支“砲手军”。

1271年，忽必烈改国号为“大元”。不久后，元朝自西域招来回回砲匠阿老瓦丁和亦思马因。他们参照阿拉伯人的设计，为元军建造了一种全新的抛石机，即所谓的“回回砲”。

不同于中国传统的“拽索式”抛石机，回回砲采用的是“配重式”，即利用巨石或铁块的重力，抛射石弹。这种抛石机砲梢的头部悬挂重物，尾部用于放置石弹，重物通常要比石弹重上几倍。平时，砲梢的尾部用钩子固定在砲架上；战时，士兵松开钩子，重物猛然下坠，带动砲梢绕轴急速翻转，尾部的石弹在离心力作用下，一下抛射出去。[⑤]

除能抛射更重的石弹，抛出更远的距离外，回回砲还有两个显著的优点，一是操作人数大幅减少；二是操作难度极大降低。砲手军因而可以发挥更大的作用。

当时，元军正全力攻宋，前方统帅之一阿里海牙向忽必烈请求砲手，阿老瓦丁和亦思马因奉命支援。《元史》上说，亦思马因来到襄阳后："置炮于城东南隅，重一百五十斤，机发，声震天地，所击无不摧陷，入地七尺。"在重约200千克石弹的打击下，已坚守襄阳五年的吕文焕彻底丧失斗志，投降元军。回回砲在襄阳暴得大名，后来人们干脆称之为"襄阳砲"。依赖回回砲，阿老瓦丁也是屡立战功，"破潭州、静江等郡，悉赖其力"。[⑥]

在回回砲应用之前，中国史书中从未有主要依靠抛石机攻城成功的战例。故回回砲一经使用，就引起南宋方面的注意，宋末学者郑思肖在《心史》一书中说："其回回砲法，本出回回国，甚猛于常砲。至大之木，就地立陷，砲石大数尺，坠地陷入三四尺。"[⑦]

按照他的说法，回回砲比宋军使用的抛石机威力大得多，能将直径1米左右的巨石，打入地下1米多深。这种说法可能有不小的夸张，但足见宋人对回回砲的惊惧。

宋军后来也曾仿制回回砲，但为时已晚，回天无力。

关于回回砲的威力，直到明朝还有流传。明人丘濬说，元军自从有了回回砲，"用以攻城，城无不破；用以击舟，舟无不沉"。但丘濬误以为回回砲与唐代李光弼使用的巨砲是一种东西，是中原的东西"流入西番"，让回回人学了去。

其实，到了明代，战场上已较多使用火器，无论是传统的抛石机，还是引进的回回砲，都已落伍。清人编的《明史》里，说回回砲"造法不传"。

三、有关抛石机的思考

按照一些研究者的说法，抛石机最早由中国发明，然后传往周边的朝鲜、日本等国家；阿拉伯国家的相关技术，也是在与唐军作战中取得，并将其带往欧洲。[⑧]

这一观点或有许多可商榷之处。不过，可以肯定的是，中国确实是世界上较早使用抛石机的国家。

如此，就有了一个值得深思的问题：究竟是什么，阻碍了古代中国人对抛石机技术的革新？

原因可能是很复杂的。至少应该包括如下两点：

（1）抛石机制造等军事技术，被历代政府视为机密。前文说到，明人丘濬十分看重回回砲。他曾建议皇帝，让民间献出图纸，以后“有私藏者、制者罪之”（私自收藏图纸或制造，都要问罪），即使是边关将领，也是“非警急不许辄造”（没有敌人进犯，不得擅自制造）。丘濬说，他这是借鉴宋徽宗的执政经验——宋徽宗曾禁止民间学习或制造神臂弓。[9]由于存在此种严格的保密措施，自秦汉至唐宋，中国的古代典籍，没有留下任何一个掌握抛石机技术的工匠的名字（前文提及的唐军将领王去荣，是擅长操作抛石机，并非制造抛石机的工匠）；而回回砲的制造者，却明确载入了史册，是阿老瓦丁和亦思马因。

（2）如一些论者所指出的那样，中国古代科技，存在着一种重技术轻原理的趋向。具体到抛石机的问题上，古人利用已有技术，总结经验，制造出了各种各样的抛石机。但要突破技术局限，显著增大抛石机的抛射力量，首要之务，其实是理解抛石机的运作原理——但这方面的史料极少。[10]

不止是抛石机的研制，小孔成像、磁针指南等，也同样存在着重技术（发现）轻原理的趋向——自墨子到沈括，小孔成像这一现象，长期处于重复发现的状态，墨子曾经发现过的，沈括、陆游们于千年之后，还在重新发现。

至于为何会有这种趋向，那是另一个更复杂的问题了。

参考资料

①王荣 . 我国原始的炮兵武器 [J]. 文物 ,1960,(4).

②钟少异 . 中国古代军事工程技术史：上古至五代 [M]. 太原 : 山西教育出版社 ,2008:490-491.

③赵铁寒 . 火药的发明 [M]. 南京 : 正中书局 ,1978:55-60.

④张剑兵 . 中国古代抛石机研究 [D]. 郑州 : 郑州大学 ,2007.

⑤王兆春 . 中国古代军事工程技术史：宋元明清 [M]. 太原 : 山西教育出版社 ,2007:34.

⑥宋濂 . 元史 [M]. 北京 : 中华书局 ,2016.

⑦马建春 . 大食 · 西域与古代中国 [M]. 上海 : 上海古籍出版社 ,2008:387-398.

⑧吉辰 . 隋唐时期的抛石机：形制、性能、实战与传播 [A]. 唐史论丛第 22 辑，[C]. 西安 : 三秦出版社 ,2016.

⑨丘濬 . 大学衍义补（下）[M]. 上海 : 上海书店出版社 ,2012:311.

⑩桑花恒 .《武经总要 · 守城》之抛石机研究 [D]. 昆明 : 广西民族大学 ,2015.

《本草纲目》因何闻名欧洲?

关于达尔文对《本草纲目》的称赞，中文知识界的一般表述是："英国著名生物学家达尔文也曾受益于《本草纲目》，称它为'中国古代百科全书'。"①

这类表述，漏掉了两个细节：

（1）达尔文是通过朋友，间接了解到《本草纲目》的部分内容，他自己没有读过这本书。

（2）达尔文确实以"中国古代百科全书"来称呼《本草纲目》，但因间接获取信息的缘故，他似乎不知道《本草纲目》这个书名；也可能是书名不易翻译，也不易让英语世界理解，故他选择以"中国古代百科全书"来代称。总之，他没提《本草纲目》这四个字。

比如，在《动物和植物在家养下的变异》一书中，达尔文有这样两次引用：

> 倍契先生告诉我说……在1596年出版的中国百科全书中曾经提到过七个品种，包括现在我们称为跳鸡，即爬鸡的，以及具有黑羽、黑骨和黑肉的鸡，其实这些材料还是从各种更古的典籍中搜集来的。
>
> 金鱼被引进到欧洲不过是两三个世纪以前的事情：但在中国自古以来它们就在拘禁下被饲养了……在一部中国古代著作中曾经说道，朱红色鳞的鱼最初是在宋朝于拘禁的情况下育

成的，“现在到处的家庭都养鱼作为观赏之用”。[②]

在这些文字里，达尔文或称“1596 年出版的中国百科全书”，或称“一部中国古代著作”，未曾提及《本草纲目》这个书名。

后来，他在《人类的由来及性选择》里，又就金鱼的问题做了一些解释：

> 由于我在《动物和植物在家养下的变异》一书中关于这一问题的一些论述，因而迈耶斯先生查阅了中国古代百科全书，他发现金鱼最早是在宋朝于圈养中培育出来的，该朝始于公元 960 年，到公元 1129 年，这等金鱼已遍及各地。该书另一处宣称，公元 1548 年以来在杭州产生了一个变种……并把它作为一种赢利的来源。[③]

这段文字，同样没有提及《本草纲目》这个书名。

据统计，在《物种起源》《动物和植物在家养下的变异》《人类的由来及性选择》三本名著里，达尔文至少 18 次提及“中国古代百科全书”。早期的中文译者，在翻译达尔文著作时，或说这本“中国古代百科全书”究竟是什么，还“待考”，或说它是清朝的《古今图书集成》。[④]

1959 年，中国学者吴德铎与潘吉星，首次考据确定，达尔文在讨论鸡和金鱼时，所引用的“1596 年出版的中国百科全书”和“一部中国古代著作”，指的正是《本草纲目》。

潘吉星在《本草纲目》中，找到了与达尔文的叙述高度对应的原文：

> 查《纲目》卷 48《禽部》，确实提到七个品种的鸡，同时，“时珍曰：乌骨鸡有白毛乌骨者，有黑毛乌骨者，斑毛乌骨者，有骨肉俱乌者”，这些地方与达尔文句句相合。查《纲

目》卷44《鳞部》，“时珍曰：金鱼有鲤、鲫、鳅数种……独金鲫耐久……赤鳞鱼即此也。自宋始有家畜者。今则处处人家养玩矣。”显然，李时珍的最后一句子正是达尔文在前面用引号括出的话。[⑤]

不过，达尔文笔下的“中国古代百科全书”，也并非全部是指《本草纲目》。其中可能还包括18世纪北京传教士所著《中国纪要》，和明代人王圻父子所著《三才图会》。[⑥]

也就是说，达尔文在写作时，使用了朋友提供的《本草纲目》里一些内容片段。他将包括《本草纲目》在内的中国古籍，一概称为“中国百科全书”，很可能是为了行文和阅读上的方便——他还引用过一些“日本百科全书”的内容，同样没有提及具体的书名。由“中国百科全书”这个代称也可以知道，达尔文对《本草纲目》的引用，着眼点在于这本书的“博物”，与医术没有关系。

顺带再说一下李约瑟对《本草纲目》的赞誉。

李时珍与《本草纲目》在当代中国的盛名，与李约瑟有很直接的关系。可以说，正是李约瑟的赞誉，让原本声名不彰的李时珍获得了巨大声誉，使其成了与张仲景齐名的“医中之圣”。[⑦]

在《中国科学技术史》中，李约瑟如此写道：

毫无疑问，明代最伟大的科学成就，是李时珍那部在本草书中登峰造极的著作《本草纲目》……李时珍作为科学家，达到了同伽利略、维萨里的科学活动隔绝的任何人所能达到的最高水平。大约有1000种植物和1000种动物被详尽地描述在此书的62个部类中……附带的一项工作是收入了8000多种处方。

……中国博物学家中“无冕之王”李时珍写的《本草纲目》。至今这部伟大著作仍然是研究中国文化中的化学史和其他各门科学史的一个取之不尽的知识源泉。[⑧]

李约瑟的这两段话，包含两层意思：

（1）他将李时珍视为一位博物学家，认为《本草纲目》的核心价值在于博物，而非医学。他更看重书中记录的植物和动物资料，“8000多种处方”被视为“附带的一项工作”。

（2）他将《本草纲目》科学成就的上限，确定为近代科学之前的“最高水平”。也就是那些没有机会接触到伽利略、维萨里（近代解剖学创始人）的研究方法和研究成果之人，在科学探索中所能达到的最高程度。

李约瑟的赞誉是恰当的。博物学属性，而非医学价值，才是《本草纲目》在欧洲享有盛誉的核心原因。正如美国当代历史学者范发迪所言，《本草纲目》能在17-19世纪的西方流传颇广，乃是因为它相当于一本“所有研究中国博物学的学者必备的教科书”：

> 该书编制复杂，内容宏壮辽阔。17世纪的一个版本有36卷，囊括了赶过1200种植物、动物和矿物。至少从17世纪晚期开始，西方学者就已知道这部著作，纵然在19世纪，它也一直是“所有研究中国博物学的学者必备的教科书”。（《知识帝国：清代在华的英国博物学家》）

作为博物学名著的《本草纲目》，对17-19世纪的欧洲知识界有很大的吸引力。但作为药典的《本草纲目》则未必。书中药理的东方特色和时代局限，是很难被近代欧洲知识界所接受的——当时的欧洲，正处在自传统医学向现代医学转型的关键期。

比如，该书收录药物庞杂，分类也不科学。

李时珍把药物划分为16部，有水部、火部、土部、石部、人部等。“水部”之中，又分出雨水、露水、冬霜、腊雪、屋漏水、井泉水、山岩泉水、地浆、磨刀水等名目，且称这些水的药效各有不同。书中的“人部”尤其令人骇异。内称：凡乱发、头垢、耳屎、指甲、牙齿、人屎、月经血、人尿、人血、精液、唾沫、牙垢、人汗、眼泪、胡须等，皆可入药，皆有其独特药性。

这种分类，既与欧洲传统医学存在很大区别，对雨水、露水的药效做望文生义式的区分，也与“通过科学手段如双盲对照实验来获取实证”的现代医学背道而驰。

再如，全书贯穿着“以形补形”的理念，在现代医学看来也很荒诞。

书中主张“以胃治胃，以心归心，以血导血，以骨入骨，以髓补髓，以皮治皮”。“兽部”里说“六畜心”主治“心昏多忘，心虚作痛，惊悸恐惑”，也就是一切与“心”相关的病症。“健忘”的病因被说成“心孔昏塞”，所以治疗的手段就成了“取牛、马、猪、鸡、羊、犬心，干之为末。向日酒服方寸匕，日三服，闻一知十”。

这当然是无稽之谈，健忘是大脑有问题，与心脏并无关系。维萨里（1514-1564）早在16世纪就已通过解剖大脑指出，人类的精神活动来源于大脑而非心脏。《本草纲目》中的这类药方，自然很难得到17-19世纪欧洲医学界的认同。

此外，《本草纲目》一书还充满了巫术色彩。这可能与李时珍“幼以神仙自命”有些关系。书中借鉴了很多道教的神仙方术，包括丹药方子及服用方法。还收录有许多“杀鬼”“杀百精”“通神”的药方。

以简单粗暴的“类比与对应”作为药理，也是《本草纲目》的一个重要特色。如“服器部”中，有用“鱼笱”（一种竹制渔具）和“渔网”来治疗鱼骨卡喉咙的方子，药理是这些渔具既然可以搞定鱼，将它们烧成灰或者熬成汤，自然也能搞定喉咙里的鱼骨；还有药方说，将猫或狸的毛烧成灰，可以治疗疔疮，药理是古人把疔疮叫作“鼠瘘”，且误认发病原因是该部位被老鼠舔过，猫与狸既然可以降服老鼠，它们的毛发烧成灰，自然也能降服“鼠瘘”。

因时代局限，李时珍甚至相信“自经死绳”（即上吊自杀用的绳子）也有它的特殊药效。他先说了一个故事：“按张耒《明道杂志》

云：蕲水一富家子，游倡宅，惊走仆于刑人尸上，大骇发狂。明医庞安常取绞死囚绳烧灰，和药与服，遂愈。”

意思是：有一人因被尸体绊倒而受惊发狂，吃了绞死过囚徒的绳子烧成的灰后，病就好了。

说完故事，李时珍又发了一段议论：“观此则古书所载冷僻之物，无不可用者，在遇圆机之士耳。”

意思是：无论如何冷僻的东西，都有它的药用价值，关键得看能不能遇上“圆机之士”。“圆机”这两个字，已与实证医学相去甚远，只可归为不可知的神秘主义。

以上种种，并不是要否定李时珍与《本草纲目》的历史价值。而是想要指出并解释一个事实：《本草纲目》在近代对世界的影响和贡献，主要来自博物，而非医学。

参考资料

①王蓉，王升．古往今来话中国：中国的发明创造 [M]. 合肥：安徽师范大学出版社，2012:173.

②达尔文．动物和植物在家养下的变异 [M]. 北京：科学出版社，1957.

③达尔文．人类的由来及性选择 [M]. 北京：科学出版社，1982.

④吴德铎．达尔文与中国古代的百科全书 [J]. 科学，1959,(2).

⑤潘吉星．中国文化的西渐及其对达尔文的影响 [J]. 科学，1959,(4).

⑥吴德铎．再论达尔文与中国古代的百科全书 [J]. 社会科学战线，1984,(3).

⑦郝长燚．不断被记忆的李时珍——李时珍形象演变与社会文化变迁 [D]. 天津：南开大学，2011.

⑧潘吉星．李时珍研究文集 [M]. 武汉：湖北科学技术出版社，1985:265.

通贼才能成“名捕”

捕快是中国古代的一种职业，“四大名捕”之类的说法常见于国产古装剧。

一名真实的古代捕快，要如何才能成为“名捕”？

一、捕快出现于明清

在维护地方基层治安方面，历代建立有不同的缉盗制度。

秦汉时期，基层设有“乡”和“亭”，乡中的“游徼”、亭里的“亭长”，都负责维持治安。游徼是县的属吏，巡视乡里；亭长则在辖区内，带领亭佐、亭卒等“以禁盗贼”。[①]

在唐代，分管司法的县尉，及其下属的“不良人”（或称“捉不良”），负责维持治安。[②]马伯庸所著《长安十二时辰》的主人公张小敬，即曾是管理万年县不良人的“不良帅”。

宋代在县尉之外，增设“巡检”，负责治安巡逻。北宋中后期，巡检数量不断增多，往往一个县就有六七十名。当时，县尉的下属是“弓手”，巡检则统领厢军、土兵。“四大名捕”的故事被温瑞安设定在宋代，其实那时衙门里还没有捕快这个名词。[③]

晚至明清时期，捕快才在衙门中出现。

所谓“捕快”，是捕役和快手这两种衙役（做衙役是古代的一种徭役，理论上的期限是3年）的合称，其中快手又包括配备马匹的“马快”和徒步公干的“步快”。按照日本学者整理的《六部名词注解》的说法，捕役是“捕拿盗匪之官役”，快手乃“动手擒贼之官役”，职能上差别不大。

二、捕快的待遇很差

清代衙役种类繁多。其中，快手、捕役等被列为“贱民”，他们自己及子孙都不准参加科举或获取官衔。充当捕役者，通常是一无所有的贫民，及有意改邪归正的盗贼，受到士绅、百姓的歧视。

清代官员何耿绳说：“捕快一项，在各役内最为卑贱，充斯役者，大率皆穷极无聊之辈，例给工食，为数无多，不足以为养赡。”

曾任县令的杨懿说：“各役之中，狡猾至捕役一项尽矣，当斯矣者皆属下贱，非多年积贼，则远方无赖。”

这些话，充分说明了捕快地位的低下。

捕役、步快的年薪很少，通常在白银 6 两左右；马快需饲养马匹，工资稍高，最多也不过白银 12 两。

由于地方政府没有专门用于捕盗的经费，州县官员往往不得不自己给捕快发放补贴（每年约数百两），一方面帮他们解决生计问题，另一方面拿来报销给线人的奖励、押送犯人的差旅费等。这些补贴通常仅够捕役、快手们勉强糊口。④

按照规定，马快和步快的主要工作是外勤，在督抚衙门负责传递公文、催办公务；在州县衙门则要下乡催缴税款。遇有案件，快手要负责传唤嫌疑人、证人等，并协同捕役押解犯人。相比之下，捕役的职责更加明确，主要就是治安巡逻和缉捕盗贼。⑤

州县官员为让捕役尽职办事，给他们制定了种种规范。比如，当过平湖县令的刘默园曾订立规则，要求涉案金额在 20 两以下的盗窃案，捕役必须在一月内侦破，逾期受罚；相应的，捕役破获不同级别的盗窃案，能拿到 8—24 千文的奖赏。如果某捕役辖区内，一年都没有发生盗窃案，那么他将能得到“银十两、细布袍褂料二件，并赏花红”。[6]

州县官恩威并施，一些捕役不得不“尽心办案”。清人陆长春《香饮楼宾谈》中记有一则“顾捕役”的故事。说是江苏武进接连有富户被盗，县令将捕役的妻儿收押入狱，命他们限期破案。顾捕役怀疑是“庄氏三虎”所为，但没有证据。当天晚上，他偷偷进到庄家，伏于暗处，发现仆人们靠着一口棺材，脸上充满笑容，毫无悲伤之意。

第二天，顾捕役假扮乞丐，再次来到庄家，打听死者身份，仆人说是庄氏兄弟的叔叔。顾捕役向邻居求证，得知庄家半月前确实有一名老人去世，但早已入土。顾捕役判断，那口棺材定有问题，于是向县令请兵，搜查庄家。

县令亲自带兵赶到，顾捕役要求开馆察验。开棺后，人们看到里面确实躺着一名白发老者。庄氏兄弟随即发难，一起上前殴打顾捕役。顾捕役坚持认为尸体可疑，趁乱摸向衣衾，发现下面藏满金银。经过审讯，庄氏兄弟招认，那些金银即是赃物。[7]

故事中的顾捕役，在家人被县令抓为人质的情况下，先是夜探匪穴，再是假扮乞丐，最后破案立功，算得上有勇有谋。

不过，这种捕役，是少之又少的。

三、通贼才能当“名捕”

大多数档案、笔记中出现的捕役，都和贪赃枉法相联系。

首先，捕役靠敲诈勒索敛财。捕役奉命捉贼前，往往要向事主索取酒食、路费，案件如果没破，事主就不免蒙受双重损失。很多捕役还会选择乡中曾有前科的富户，先诬陷他们形迹可疑，再诈取钱财；富户要是拒绝，就会被扭送衙门，屈打成招。

其次，捕役时常贪墨赃物。清代法律规定，抓获盗贼后，州县官员要命几名捕役共同起获赃物。捕役们或者借起赃为名，随意闯入百姓家中，翻箱倒柜，搜刮民财；或者不等事主认领，就先行瓜分赃物，致使赃物“缴官者不过十之二三，余俱干没。”[8]

第三，也是最重要的一点——捕役和盗贼沆瀣一气。嘉庆年间的官员卓秉恬说，“捕役藉盗贼以渔利，盗贼仗捕役为护符”；同治年间，曾国藩在直隶总督任上也发现，“捕役之能干者，强半通贼，本不愿于破案”。捕役为了交差，往往抓百姓充数，《老残游记》里就说，曹州“各县捕快捉来的强盗，不是老实乡民，就是被强盗胁了去看守骡马的人”。

在清代，有能力的捕役往往对境内贼情了如指掌。雍正帝的宠臣田文镜曾上奏说：

> 独捕役一项，较他役为最黠，原系积年惯盗改恶复良，则充为捕……彼其平素，原与贼通，贼之窝线，彼无不知；贼之风声，彼无不晓……且彼既为捕役，则临邑、邻府、邻省之捕役，亦无不声应气求，彼此照应……各能暗地通知，禀官关会。即贼之去向下落，知者必告……此所以捕役缉贼如探囊取物……[9]

大意是，在各类衙役中，捕役最为狡猾。他们原本都是盗贼，后来改邪归正，当了捕役，自然了解本地贼窝所在。同时，捕役不免和相邻地区的同行互通消息，往往能轻易获知盗贼的下落。这就是为什么捕役捉贼像探囊取物一样简单。

捕役有此人脉，一方面固然便于捉贼破案，另一方面也有利于和盗贼勾结。嘉庆年间，有官员上奏，称山东捕役和盗贼狼狈为奸，“平日分赃，临时送信”。

对捕役来说，勾结盗贼是成为“名捕”的必备能力。文学家袁枚在多地任过县令，他曾一语道破“名捕”真相：“彼养盗者，名捕也。能养之，必能擒之。今能充捕者，乞丐类也。不能养盗，而盗亦不屑供养之。”[10]

这话翻译过来就是说，名捕要有保护盗贼的能力，这样需要立功时，就能立刻把他们捉拿归案。如果充当捕役的都是乞丐之流，就不可能和盗贼建立联系。

捕役与盗贼蛇鼠一家，是时人的共识。为改善此种弊政，一些人提出了自己的建议。曾国藩在他写的《直隶清讼事宜十条》中提了一个办法，“嗣后各州县，皆宜厚养捕役，工食之外，另给月薪，恣其所为”，同时设立严格的奖惩措施，希望通过“大利在前，峻法在后”⑪，督促捕役尽职工作。

刘衡曾在广东四会、四川巴县等多地任知县，被誉为“刘青天”。他在《庸吏庸言》中提过一个让百姓代替捕役的建议：“愚以为弥盗之道，用捕不如使民自捕，盖捕与贼近，贼之踪迹捕知之；民亦与贼近，贼之行径民亦微窥之，然捕甘贼之利，故匿之惟恐不深；民苦贼之害，除之惟恐不尽，则与其使捕捕贼，似不如听民捕贼，且许其送贼……”⑫

刘衡的意思是说，之所以让捕役捉贼，是因为他们接近盗贼；百姓通过秘密窥探，也同样能获知盗贼的藏身之处。捕役出于个人利益，惟恐盗贼被人发现；百姓不同，他们受到盗贼的直接伤害，除贼之心坚决。因此，鼓励百姓捉贼的效果会比任用捕役更好。

曾国藩所提办法，很多州县都有实行，因不能遏制捕役谋求私利的贪念，效果不佳。刘衡的建议更不具可操作性，捉贼毕竟是一件极为专业，且危险的事，普通百姓很难胜任。

“与盗贼勾结才能成为名捕”这类制度性问题，直到清末也未能解决。

参考资料

①关荣波 . 汉代乡里社会治安考略 [D]. 长春 : 吉林大学 ,2006.

②高淑静 . 唐代盗贼问题研究 [D]. 西安 : 陕西师范大学 ,2017.

③郑迎光 . 宋代地方社会治安问题初探 [D]. 保定 : 河北大学 ,2007.

④瞿同祖 . 清代地方政府 [M]. 北京 : 法律出版社 ,2003:104-108.

⑤吴吉远 . 清代地方政府司法职能研究 [M]. 北京 : 紫禁城出版社 ,2014:295-296.

⑥周保明 . 清代地方吏役制度研究 [M]. 上海 : 上海书店出版社 ,2009:398-399、459.

⑦华东政法学院语文教研室 . 明清案狱故事选 [M]. 北京 : 群众出版社 ,1983:158-159.

⑧谭琪 . 清代州县治安制度研究 [M]. 北京 : 中国工人出版社 ,2015:163-164.

⑨田文镜 . 抚豫宣化录 [M]. 郑州 : 中州古籍出版社 ,1995:72-73.

⑩袁枚 . 袁枚全集新编第 6 册 [M]. 杭州 : 浙江古籍出版社 ,2015:294.

⑪曾国藩 . 曾国藩全集 [M]. 石家庄 : 河北人民出版社 ,2016:170-171.

⑫刘衡 . 庸吏庸言 [M]. 武汉 : 湖北辞书出版社 ,1999.

可以拜关公，不能桃园结义

张一山主演的2020版电视剧《鹿鼎记》已被观众吐槽成了筛子。

翻看这些吐槽文字，忽然想起《鹿鼎记》原著里，韦小宝或主动或被动，不断地与人“义结金兰”。

第五回，韦小宝与索额图结义；第八回，他与天地会众人结义；第二十八回，与杨溢之结义；第三十三回，与胡逸之结义；第三十八回，与张勇、王进宝、孙思克等人结义；第三十九回里，又与桑结、葛尔丹两人结义。此外，韦小宝与多隆、康亲王等人虽未举行结拜仪式，但也以兄弟相称。

义结金兰，成了小说中的韦小宝，混迹朝野最重要的手段之一。

但在真实的康熙时代，任何形式的义结金兰，都是不被允许的。

顺治三年，清廷参照《大明律》制定了《大清律》。与之大略同时，还出台了一项律外规定：“凡异姓人结拜弟兄者，鞭一百”。到了顺治十八年（1661），这项规定升级为“凡歃血、盟誓、焚表，结拜弟兄者，著即正法”，也就是义结金兰者杀无赦。①

对底层个体之间的兄弟结拜如此警惕，或许源于清廷的开创者们，自努尔哈赤、皇太极至多尔衮，都是《三国演义》的忠实读者——顺治七年出版的满文版《三国演义》里，即载有摄政王多尔衮的谕旨。“刘关张桃园三结义”的故事在他们的脑海中留下了深刻印象，于是就有了一面褒奖关羽对于刘备的无条件忠义，一面出台政策打击“异姓人结拜弟兄”。

玄烨即位后，继续“完善”针对结拜的打击政策。康熙三年（1664），刑部鉴于“凡异姓人结拜弟兄者，杖一百”这一条未载入《大清律》，于是出台新的正规律条，规定：“凡异姓人结拜弟兄杖一百，如十人以上，歃血盟誓焚表结拜，为首者杖一百，徒三年，余各杖一百，相应入律。”将十人以内的结拜，和十人以上的结拜，区分为两个不同的惩罚层次。

但刑部的律条，似乎并不能让皇权满意。所以，同年旧历三月十二日，有圣旨下达：“歃血盟誓焚表结拜弟兄者，殊为可恶，此等之人著即正法。”②也就是仍要求对义结金兰者杀无赦。考虑到康熙此时年仅10岁尚未亲政，这项旨意或许来自辅政四大臣。

大概是具体操作中出现了问题，不知是该按刑部文件办，还是该按圣旨办。康熙七年（1668），皇权又下达了一项新的旨意作为补充：“歃血结盟焚表结拜弟兄应正法者，改为秋后处决。其止结拜弟兄无歃血焚表等事者，仍照例鞭一百。”③也就是举行了歃血、盟誓、焚表等仪式的结拜，一律杀无赦；没有举行这些仪式的结拜，一律鞭打一百。康熙八年（1669），也就是鳌拜被玄烨逮捕囚禁的同一年，刑部将上述规定，纳入到了新颁布的律例当中，成为正式的法律条款④。

《鹿鼎记》里，索额图与韦小宝结拜时，“一同在佛像前跪下，拜了几拜”，发下了“不愿同年同月同日生，但愿同年同月同日死”的誓言，还“两人对拜了八拜”，显然存在盟誓仪式，故可归为前一种情况，杀无赦。多隆等人与韦小宝结为兄弟，但书中未交代他们举行过歃血、盟誓、焚表的仪式，故可归为后一种情况，鞭打一百。

康熙十一年（1671），针对结拜的打击政策升级，义结金兰由“杂犯罪”升格为“谋叛罪”。玄烨批准了一项更严厉的新规定：

> 歃血结拜弟兄者，不分人之多寡，照谋叛未行律，为首者拟绞监候，秋后处决，为从者杖一百，流三千里。其止结拜弟

兄无歃血焚表等事者，为首杖一百，徒三年，为从杖一百。[5]

较之以往，新规定有两处大的变化：（1）以前区分十人以上和十人以下，现在不区分了，只要存在歃血、盟誓、焚表等仪式，一律按“谋叛未行”来严惩。（2）以前不区分主犯和从犯，现在开始区分并对主犯实施严惩。这大约是为了刺激犯案者为抢夺从犯身份而互相指控。

按这项政策，《鹿鼎记》里韦小宝与张勇、王进宝、孙思克等人结义时，“（张勇）投刀于地，向韦小宝拜了下去。王进宝和孙思克跟着拜倒。韦小宝跳下马来，在大路上跪倒还礼”，且约定“今后就如结成了兄弟一般，有福共享，有难共当”，大致已可归入“谋叛未行罪”。

此后，整个康熙时代和雍正时代，对“义结金兰”均维持着大体相同的惩治措施。到乾隆三十九年（1774），才又发生了一次重大变化。新法律规定：

凡异姓人但有歃血订盟、焚表结拜弟兄者，照谋叛未行律，为首者拟绞监候，为从减一等；若聚至二十人以上，为首者拟绞立决，为从发极边烟瘴充军。其无歃血盟誓焚表事情，止序齿结拜弟兄，聚众至四十人以上之多，为首者拟绞监候，为从减一等。若年少居首，并非依齿序列，即属匪党渠魁，首犯拟绞立决，为从发极边烟瘴充军。[6]

新律的主要变化，是再次以人数的多寡，将义结金兰之举区分为不同的惩罚层次。但这个变化的目的，并不是为了宽缓刑罚，而是相反。

上一年，广东揭阳县闹出一桩“陈阿高四十余人聚众结盟案”。经查，陈阿高等人虽有结盟，但并不“序齿”，也就是没有互相排列年龄分出大哥、二哥、三哥……算是规避掉了“歃血结拜弟兄”的罪名。广东巡抚不敢承认这种规避的有效性，在判决时刻意“比例加重”，将为首的陈阿高判处绞刑，从者杖刑一百。

但乾隆对这个判决仍不满意。他认为，该案暴露出，自康熙时代流传至今的法律，存在两大问题：（1）四十多人结盟与十余人结盟，岂能适用相同的惩罚？（2）陈阿高二十二岁而被推为魁首，这是比“序齿结拜弟兄”更可恨的事情，却没有专门的律条来处理他。[7]

于是，刑部赶紧制定出了前文所引的新律。

这种对“义结金兰”的打击，一直维持到晚清。

道光四年（1824），广西发生过“老廖等序齿结拜弟兄案”。广西巡抚将老廖刺字流放，刑部则认为乾隆制定的律条里并没有刺字之说，故责令广西方面更正[8]。同治九年（1870），直隶总督曾国藩又负责处理过“遵化蔡二奎等结拜兄弟案”，因参与结拜者不足二十人，且未查出有歃血、焚表等仪式，曾国藩的处理是“为首者杖一百，枷号两个月，为从者减一等”[9]。

不过，较之康雍乾时代，咸同时代对“义结金兰”的打击已是强弩之末。在内有太平军与捻军起事，外有洋人入侵的状况下，朝廷其实并无太多余暇，再去关注底层民众的结拜问题。而且，随着皇权的衰微，晚清官场也成了兄弟结拜的“重灾区”。比如，咸丰的托孤重臣肃顺“喜约异姓为兄弟”；湘军骨干胡林翼与湖广总督官文“约为兄弟”；帝师翁同龢据说曾与荣禄、广寿结为兄弟；袁世凯则与徐世昌“结为金兰密友”。

这种现象，绝不会出现在康熙时代的官场。但好在，韦小宝只是一个虚构的小说人物。

参考资料

①《大清会典》（雍正朝）卷一百九十四，“奸徒结盟”。

②康熙八年题定《新颁律例》卷一，康熙三年新例。

③《大清会典》（雍正朝）卷一百九十四，“奸徒结盟”。

④康熙八年题定《新颁律例》卷二，康熙八年新例。

⑤雍正朝《大清会典》卷一百九十四，“奸徒结盟”。

以上资料，均转引自：

赫治清．天地会起源研究 [M]. 北京：社会科学文献出版社，1996.

⑥⑦《清高宗实录》卷九五一，乾隆三十九年正月丙子。

⑧祝庆祺等．刑案汇览三编 [M]. 北京：北京古籍出版社，2004:790.

⑨曾国藩．曾国藩全集（十一）[M]. 长沙：岳麓书社，2011:441-445.

皇室专卖与人参迷信的由来

在中国，人参被视为一种灵丹妙药，具有包治百病的神奇功效。而现代医学早已通过细致分析，指出人参的主要成分“与胡萝卜根差不多”。中国人的人参迷信，从何而来？

一、明朝以前，与干枣并列

中国最早有关人参药用价值的记录，见于成书秦汉时期的《神农本草经》。东汉末年的张仲景在《伤寒论》中，说人参“主治心下痞坚，旁治不食呕吐等”。后来南朝《名医别录》、唐朝《药性本草》、宋朝《诸家本草》、元朝《用药法象》等历代医书，对人参的药用功能都有提及。

至明人李时珍编纂《本草纲目》，声称“人参治男妇一切虚症”，包括“发热自汗、眩晕头痛”，及“痎疾、滑泻久病”等，人参遂从普通中药材种“脱颖而出”，登上“神药”的地位。①

明代以前，中国人吃的人参，主要产于上党地区（今山西长治），被称为“上党参”；其次是“辽东”地区（今辽宁西部）的“辽东参”（又称“辽参”）。

当时，人参只被视为一种普通食/药材。比如，苏轼在给朋友王定国的信中说，“必欲寄信，只多寄好干枣、人参为望。如无的便，亦不须差人，岂可以口腹万里劳人哉。”在给章质夫的信中又说，

"万一有南来便人，为致人参、干枣数斤，朝夕所须也。"②

显然，对苏轼而言，人参和干枣一样，是一种满足"口腹"之欲的食品，而非保值百病的良药。动辄托人顺路带上"数斤"，也说明这种食品在当时并不名贵。

明代之前，也有少数人参品种被认为很名贵。比如，上党参中有一种"紫团参"，据说仅生长在上党地区的紫团山上。《梦溪笔谈》里记载，王安石患有哮喘，需用紫团参医治而不可得。有朋友送来几两，王安石坚辞不受，说："平生无紫团参，亦活到今日"。不过，从苏轼为满足"口腹"之欲"朝夕"食用人参来看，普通上党参在北宋，仍属普通之物。

人参价格也很能说明问题。直到明朝嘉靖年间，人参仍是一种很低廉的商品，一斤人参只要白银 1 钱 5 分。

万历年间，参价上涨至约 3 两白银 / 斤。按照《本草纲目》（成书万历年间）的说法，价格上涨的原因，是上党的采参业没落，市场上只剩下来自辽东的人参："上党，今潞州也。民以人参为地方害，不复采取。今所用者皆是辽参。"

至崇祯时，参价已高达到 16 两白银 / 斤。

二、政府与商人共同炒作

人参地位大变，成为神药，发生在清代。主要原因如下：

（一）人参被视为清朝王气的具现

人参的命名，有着很强的神秘性。比如，隋唐志怪传奇小说《广古今五行记》中有一个故事："隋文帝时，上党有人宅后每夜闻人呼声，求之不得。去宅一里许，见人参枝叶异常，掘之入地五尺，得人参，一如人体，四肢毕备，呼声遂绝。"

李时珍编纂《本草纲目》，将这种志怪玄谈视作人参药效的由来，也写了进去："参渐长成者，根如人形，有神，故谓之人参、神草。”[③]

具体到清朝，因为产参的东北乃是“龙兴之地”，充斥“王气”，人参很自然地被视为这种“王气”的具现。比如，乾隆年间的著名文人阮葵生认为：“自辽阳以东，山林中皆有之，盖地气所钟，岂偶然哉”——明确将人参的生长与东北的地气联系在一起。

（二）清廷垄断人参贸易，推高参价暴涨，加剧民间的人参迷信

上党参从市场退出后，明朝从关外女真人手中大量进口辽东参，作为替代品。

女真和明朝的人参贸易，数额极大，曾是女真最重要的财源。比如，从万历十一年七月到次年三月，8 个月时间里，海西女真人在边境和明朝交易 26 次，售出人参 1733.75 斤。万历十一年至万历十二年，明朝政府为购买人参付出了白银 3 万两。为减轻国库压力，降低人参价格，明朝政府曾一度关闭边境的贸易市场，导致建州女真积压的 10 多万斤人参全部烂掉。[④]

在纠葛不断的人参贸易中，女真渐渐集聚起了对抗明朝的力量。

清朝入关后，皇室继续将人参贸易牢牢掌控在自己手中。清初，皇室在东北设有专门的采参组织“打牲乌拉总管衙门”，八旗王公也被允许派人到指定的山上采参。私人采参被严厉禁止，甚至有“采参处如遇汉人，一概缉捕”的诏令。

乾隆年间，为加大对人参贸易的控制，又成立了“官参局”。规定凡进山采参的民众，必须持有官府发放的凭证。官参局收上来的人参，部分上品供宫中使用，部分交给内务府售卖或处置，剩余的才卖给参商。

清朝的人参管理制度极为复杂，其制度保证了东北人参贸易的利润，大部分落入皇帝私囊——最多时，数额达到每年 100 万两白银。[⑤]

朝廷垄断人参贸易的结果，是参价的暴涨。比如，在江南地区，内务府指定“江南三织造”（江宁织造、杭州织造、苏州织造）、粤海关等为人参特许经销商。这些官办经销商不遗余力哄抬人参价格，至乾隆中期，人参价格已达到 600—800 两白银 / 斤；嘉庆年间，更突破至 2000 两白银 / 斤。

参价的暴涨，与人参的神化相辅相成。生活在乾隆时期的医生徐灵胎，写过一篇《人参论》，提到时人存在着一种“因人参价格高而迷信其疗效”的心理：“夫医者之所以遇疾即用，而病家服之死而无悔者，何也？盖愚人之心，皆以价贵为良药，价贱为劣药。”

大意是：患者相信参价这么高，那人参自然是最好的药。医者也乐于利用患者这种心理，动辄给他们开人参吃——患者吃了人参后，若病情仍不见好转，不会埋怨医生。因为在他们看来，人参治不好的病，那肯定是真治不好了。[6]

（三）皇室大量服用人参，对民间起到示范效应

大量上品人参被清宫留用，是因为皇室对人参的消耗量很大。

据清宫档案《人参上用底簿》，乾隆帝生命最后两年，“共进人参三百五十九次，四等人参三十七两九钱”。他还写过一首《咏人参》诗，说人参“五叶三丫云吉拥，玉茎朱实露甘溥。地灵物产资阴骘，功著医经注大端”。乾隆朝的妃嫔、公主也服用人参。

慈禧太后也常吃人参。从光绪二十六年十月到次年九月，300 多天的时间里，“共用噙化人参二斤一两一钱。”[7]

清朝皇帝还时常用人参赏赐大臣。如大学士嵇曾筠请求回乡养病，乾隆帝下令赏赐人参 10 斤；大学士傅恒在金川领兵作战，水土不服，乾隆帝赏赐人参 3 斤。清朝的藩属，如暹罗国王、安南国王等，也都收到过人参这种特别赏赐。[8]

有了皇室带头示范，民间对人参“神效”的迷信一发不可收拾，有了“非参不治，服必完全”的执念。

（四）江南“温补”文化，迎合人参迷信

从乾隆时期开始，江南发展起一种古怪的补药文化。如当时的医生徐大椿说：“今则以古圣之法为卑鄙不足道，又不能指出病名，惟以阳虚阴虚、肝气肾弱等套语概之，专用温补，以致外邪入里，驯至不救。”

徐大椿的批评非常到位——当然，他所说的“外邪入里”云云，也同样玄虚。当时，很多江南医生喜开补药。各种补药之中，最受欢迎的，又数人参。

医界的这种风气，其实也是在迎合时人的人参迷信。既然“都门诸贵人喜服人参，虽极清苦亦竭力购参以服之”——无论贫富，都相信通过人参温补，能治好痼疾，那么作为医生，最安全、最赚钱的办法，无疑就是开药时多开人参。

此种温补风气之下，清朝还出现了一批“人参购买指南”。陈烜《人参谱》、唐秉钧《人参考》、郑昂《人参图说》等介绍人参种类、产地、气味、功效，教人们如何分辨人参的真伪的著作，都是当时的养生畅销书。在这些畅销书的运作下，人参出现了所谓“尖顶熟”“统顶”“条小”“统糙”“须条”“泡条”等上百种名目，以适应不同地区、不同消费水平的购买者。[9]

清朝对人参的神化影响至今。时下仍有很多中国人相信，人参是一种包治百病的补药。其实，科学检测早已证实，被认为药效最强的参根，主要成分与胡萝卜相似；参根中的其他成分，在提取后也仅表现出很低的药性。《美国国家药典》早在 1937 年删去了“参”（包括人参、西洋参），认为它们的医疗、保健价值只存在于中国人的想象之中。[10]

参考资料

①林仲凡 . 有关人参的历史考证 [J]. 中国农史 ,1985,(4).

②孙文采 , 王嫣娟 . 中国人参文化 [M]. 北京 : 新华出版社 ,1994:199-220.

③王铁生 . 中国人参 [M]. 沈阳 : 辽宁科学技术出版社 ,2001:36.

④⑥⑧⑨蒋竹山 . 人参帝国：清代人参的生产、消费与医疗 [M]. 杭州 : 浙江大学出版社 ,2015.

⑤赵郁楠 , 曌峰 . 清代东北人参售卖管理初探 [A]. 故宫学刊第 7 辑 [C]. 北京 : 紫禁城出版社 ,2011.

⑦陈可冀 . 清代内廷中人参的广泛应用 [J]. 国医论坛 ,1986,(1).

⑩方舟子 . 人参与西洋参：历史与现实，神话与事实 [J] 科学世界 ,2003,(2).

造圆明园兽首的法国人

2020年12月1日，由国家文物局划拨，圆明园马首铜像正式入藏北京市海淀区圆明园管理处。这意味着，这件流落海外160年的文物，终于重新回到了圆明园。

说一说它的设计者——法国人蒋友仁（Michel Benoist）。

蒋友仁生于1715年，青少年时代精修过数学与天文学。1744年以耶稣会传教士的身份来到澳门，次年抵达北京，并开始学习中文。

1747年，乾隆皇帝在翻阅西洋版画时（这些版画有可能是路易十四赠送给康熙的《法国最美建筑图集》，也有可能是路易十五赠送给乾隆的凡尔赛宫铜版画和西洋建筑图片），对西方"水法"里的喷泉产生了兴趣。乾隆找来在宫中担任画师的意大利传教士郎世宁，要他解释喷泉的原理，"并问宫中是否有某个欧洲人能造同样的东西"①。

在郎世宁的推荐下，蒋友仁进入了乾隆皇帝的视野。

郎世宁选中蒋友仁，是一个相当仓促的决定。郎世宁原本告诉乾隆，他将前往各处，向传教士们仔细打听是否有合适的人才，"但是皇帝刚走，一个太监就来（对郎世宁修士）说道，若那个欧洲人能着手建造喷泉，他明天就应将其带进宫来"②。皇帝对喷泉的兴趣如此之高，郎世宁不敢浇冷水，只好立即推荐了蒋友仁。他知道蒋友仁不是这方面的专业人才，但也知道蒋友仁的科学素养，大概率是在北京的欧洲人中最高的。

在觐见中，蒋友仁回复乾隆，“说他可以借助书本，带领给他配备的工匠们建造水法或曰喷泉”。意思是他其实也不懂，需要去找资料边学边做。一位传教士、数学专家与天文学专家，就此转型为水力机械工程师。这或许可以解释，为何直到 1757 年，也就是乾隆对喷泉表示兴趣之后的第十个年头，蒋友仁仍在正式向皇帝呈递“新建水法仪器样一件”。毕竟，学习需要时间，试错也要有一个过程。更难的是，蒋友仁还需要将这种“自己都从未从事过、几乎也未研究过的技艺传授于人”，也就是教给皇宫造办处的那些工匠——那时，蒋友仁的官职是“造办处行走”。

对蒋友仁的设计，乾隆的批示是“照样准做”[③]。作为喷头的十二兽首，大约正是这一时期铸造出来并安装上去的（具体的铸造者应是清宫造办处）。采用兽首为喷头，而非西洋版画里更常见的人体雕塑，自然是因为清帝国的“礼教”还无法接受人体美这种东西。

1759 年，喷泉建成。按蒋友仁的设计，十二生肖兽代表 12 时辰，靠一种“永远运行之时计”来驱动（或许是利用了水力），每只生肖兽在一天中各轮流喷水一个时辰，正午时分则是 12 只石兽同时向池中喷水[④]。

15 年后，蒋友仁去世。圆明园内再无懂得机械运作原理之人，喷泉长期处于废置状态。若逢皇帝前来游园，则只能赶派太监人工挑水，将水池灌满，再人工开闸放水，才能使兽首口中喷出水来。

与机械运作原理一同被埋入尘埃的，还有蒋友仁试图输入中国的那缕近代曙光。

1760 年，乾隆五十寿诞前夕，蒋友仁采用球状投影法，精心绘制了一幅新的世界地图，题名《坤舆全图》，献给皇帝作为寿礼。因乾隆颇感兴趣，蒋友仁又对地图进行了修改增绘，于 1767 年完成。他寄望于通过这幅地图，将欧洲地理大发现之后的“世界”，介绍给中国人。

类似的工作，早在利玛窦于明朝万历年间来华时，就已开始。南怀仁在康熙时代，也为清廷绘制有同名的世界地图。与前人相比，蒋友仁的地图，有两项主要的不同之处。

第一处。蒋参考了诸多世界地图与中国地图，将 16-18 世纪东西方地理调查与地理发现的主要成果全部囊括了进去，可以说“是当时最新的世界地图，堪称中国和世界制图史上集大成杰作”[⑤]。用蒋自己的话说就是：“我绘制了一些新发现的国家，删除了那些我们新地理学认为不存在的国家，有些旧地方按照我们的新观察到的情况作了修正。”[⑥]

第二处。蒋的《坤舆全图》四周，有许多的附图和说明文字。这些图文，主要是天文图与天文学内容。蒋希望借此将哥白尼的日心说介绍给中国人。用蒋自己的话说就是：“我利用余暇为他（乾隆）绘制了一幅 12 法尺半长、6 法尺半高的世界地图。我还附加了一份关于地球和天体的说明，内容涉及地球和其他星球新发现的运行轨迹，彗星的轨迹。”[⑦]

蒋友仁的努力，没有多少效果。

据蒋友仁给友人的书信披露，乾隆皇帝看了地图之后，曾问他“欧洲有多少个国家及各国君主能武装多少军队”，还希望了解这些国家的内政外交。蒋向他介绍了英国、法国、德国（普鲁士）、荷兰、西班牙、俄罗斯、意大利、葡萄牙等主要欧洲国家的情况。对地图上的“新西班牙”“新荷兰”“新法兰西”等地名，乾隆似乎感到有些疑惑，曾询问蒋友仁这些“新王国指的是什么？”蒋向他介绍了欧洲国家在地理大发现的过程中如何进行海外殖民，以及海外殖民地与宗主国之间的权力关系。

此外，蒋友仁还告诉乾隆，欧洲的知识体系包括了语法、哲学、数学、天文、地理等诸多学科。被清廷所看重的绘画艺术和工艺手法，不过是这宏大知识体系里微不足道的部分。他还让乾隆亲身体验了自欧洲带来的最先进的望远镜，并为他介绍了气压、物体相对静止等科学原理。[⑧]

遗憾的是，这些关于新世界的信息，虽然短暂进入到了乾隆的脑子，却没有化为其知识结构的一部分。当英国人马戛尔尼，于 1793 年率使团抵达北京时，乾隆早已不记得英国在哪里了。他询问使团："英国距离俄罗斯有多远？他们的关系是否友好？意大利和葡萄牙是否距离英格兰不远？是否向英格兰朝贡？"

乾隆死后，蒋友仁精心绘制的那幅《坤舆全图》，也一直静静地躺在深宫禁院之中，没有了读者。1840 年英军叩关，挨了打的道光皇帝，仍在命人向英国俘虏讯问英国在什么位置，"其至内地所经过者几国？"，与克什米尔之间"是否有水路可通？"⑨

哥白尼日心说的命运，同样也好不到哪里去。

蒋友仁曾写信告诉在欧洲的友人，在日心说这个问题上，大清钦天监"几乎所有的人"都在与他唱反调："他们已经听说过地球运行的情况，我们传教士给予他们的、他们也作计算之用的图表，就是建立在这一运动体系基础上的。尽管他们利用这方面的成果，但却不接受其中的原理。也许是由于他们害怕这项假设一旦被皇帝所接受，那么他们也不得不去领会掌握它。"⑩

不但钦天监如此，以钱大昕及其弟子李锐为代表的乾嘉学派，也同样拒绝接受日心说。比如在李锐看来，蒋友仁所宣扬的日心说，"上下易位，动静倒置"，实可谓"离经叛道，不可为训"⑪。

对蒋友仁来说，向清帝国输入最前沿的地理、科学知识，是他身为传教士，在乾隆时代存身的一种无可奈何的方式。所以，他曾对人坦言，"被迫从事与教化和布道工作完全不同的事情，这始终是痛苦的"⑫。但另一方面，他也很希望开一扇窗，让清帝国与外面的世界发生真实的交流，所以他才会一面绘制世界地图、介绍日心说，一面又尝试着将《书经》与《孟子》翻译成拉丁文，介绍给西方世界。

1774 年，蒋友仁去世。乾隆赏银一百两，将之安葬于北京西郊彰化村正福寺。此时的清帝国，较之蒋友仁三十年前刚刚抵达时的清帝国，几乎没有任何变化——除了圆明园内多了一批供皇帝娱乐的精致"水法"。而这些"水法"，也很快就要停止运作了。

参考文献

①②杜赫德 . 耶稣会士中国书简集第六卷 [M]. 郑州 : 大象出版社 ,2005:64-65.

③中国第一历史档案馆 . 圆明园 [M]. 上海 : 上海古籍出版社 ,1991:1369.

④费赖之 . 在华耶稣会士列传及书目 (下册)[M]. 北京 : 中华书局 ,1995:850-851.

⑤邹振环 , 蒋友仁 .《 坤舆全图 》与《 地球图说 》[J]. 北京行政学院学报 ,2017,(1).

⑥⑦杜赫德 . 耶稣会士中国书简集第五卷 [M]. 郑州 : 大象出版社 ,2005:134-135.

⑧杜赫德 . 耶稣会士中国书简集第六卷 [M]. 郑州 : 大象出版社 ,2005:34-61.

⑨《着扬威将军奕经等向英目干布尔细询英国情形事上谕》，道光二十二年三月二十一日。

⑩杜赫德 . 耶稣会士中国书简集第五卷 [M]. 郑州 : 大象出版社 ,2005:135.

⑪阮元 . 畴人传 [M]. 北京 : 商务印书馆 .1935:610。

⑫杜赫德 . 耶稣会士中国书简集第五卷 [M]. 郑州 : 大象出版社 ,2005:136.

勇敢落寞的王清任

嘉庆二年（公元1797年），30岁的河北玉田人王清任，游历至滦州稻地镇，发现当地正发生严重的传染病，小儿“十死八九”。穷困人家无力置办棺木，只得以布袋竹席草草浅埋，却又遭到野狗扒出撕咬，坟地四周皆是“破腹露脏”。

对医学深感兴趣的王清任，无力阻止这场灾疫。他所能做的，只有每天前往坟地，观察那些暴露在外、被野狗撕破肚肠的尸体，目的是借此机会弄清楚人体内脏的真实状况。他之所以这样做，是因为多年的医术修习让他发现“治国良相，世代皆有；而著书良医，无一全人”，而良医的匮乏，又在于他们连最基本的人体脏腑情况都没有搞清楚——王清任曾尖锐地批评自己的同行们“治病不明脏腑，何异于盲子夜行”。

对这番经历，王清任自己留下了一段回忆文字：

> 余每日压马过其地（坟地），未尝不掩鼻。后因念及古人所以论错脏腑，皆因未曾亲见，遂不避污秽，每日清晨，赴其义冢，就群儿之露脏者细视之。犬食之余，大约有肠胃者多，有心肝者少，互相参看，十人之内，看全不过三人。连视十日，大约看全不下三十余人。始知医书中所绘脏腑形图，与人之脏腑全不相合，即件数多寡，亦不相符。①

大意是：自己在坟地里花了整整十天时间，大约全面观察了三十多具尸体，得出的结论是前代医书中所绘的人体脏腑之图，与真实情形全然不合，甚至连脏腑数量的多少，都没弄明白。

让王清任遗憾的是，因尸体遭野狗啃食，他没有能够观察到完整的“胸中隔膜”。王对这片膜非常感兴趣，认为它在人体脏腑中有着“最关紧要”的地位。他很想知道它的位置究竟是“在心下在心上”、它的生长究竟“是斜是正”。

为了补上这桩遗憾，此后的三十余年间，王清任又三次前往刑场观察尸体。一次在奉天府，因是女犯“不忍近前”，只见到了刽子手挖出来的心肝肺。另两次在京城，一次见到了脏腑，但“膈膜已破”；另一次因被处决者是朝廷重犯，“不能近前”，故皆未能如愿。直到道光九年（1829 年），王清任才从一位见惯了死尸的前领兵将领处，间接得知了“膈膜”的真实情状。

至此，王认为自己“访验四十二年”，终于对人体脏腑的情况有了比较确切的了解，遂“绘成全图，意欲刊行于世”。这些图，后来被附在了他自己所著《医林改错》一书之中——王清任绘制的脏腑图，脾由竖置改为横卧；膈膜被正确画出；肺上也不再有“孔窍”；胰腺则是第一次出现……虽然与当代解剖学的观察尚有不小差距，但已比过去所有中文医学典籍的描绘与记载都要准确。②

在《医林改错》的序言里，王清任说，自己这本书“非治病全书，乃记脏腑之书也”，书的主旨不是治病开药方，而是普及治病的基础——对人体脏腑的正确认知。王还说，自己这本书当中，恐怕也难免“有不实不禁之处”，如果后来人能够通过“亲见脏腑”对自己这本书有所修正增补，那将是自己的荣幸。这种谦虚，可以被理解为一个拓荒者的自知之明：拓荒者推动了认知进步，但既然是拓荒，条件有限，误读、误解也一定在所难免，《医林改错》自然也不能例外。比如，书中将动脉误认作了气管；将精道、血管与溺孔描绘为互通，就是错误的。这与王清任只能在坟地与刑场随机观察、无法获得正规的尸体解剖机会有直接关系（王的医学理论也尚未脱出传统的窠臼）。

王清任还说，自己“何敢云著书”，哪里敢自命不凡著书立说，出版《医林改错》的目的，不过是希望当代及后世的医生们看了这本书中的绘图后，能够对人体脏腑有更准确的认知，能够减少错误的诊断，能够救治更多的病人。至于后人如何赞誉我、如何诋毁我，那是不重要的：“今余刻此图，并非独出己见，评论古人之短长，非欲后人知我，亦不避后人罪我，惟愿医林中人，一见此图，胸中雪亮，眼底光明，临症有所遵循……病或少失，是吾之厚望。”

但这样的愿望，不可避免地波及到了同行们的饭碗。

依托对脏腑的实际观察，王清任对被同行们奉为经典的《黄帝内经》《难经》等典籍，提出了尖锐的批评。比如他批评《难经》，说它对心肝肺的描述具体到了“每件重几许”，对大小肠的描述具体到了“每件长若干”，对胃的描述具体到了能够装下谷米“几斗几升”，给人一种很真切、很值得相信的感觉，实际上却并不准确，作者没亲眼考察过脏腑，只是“以无凭之谈，做欺人之事，利不过虚名，损人却属实祸”，利己有限损人甚重，实在是不可取。

他还批评《金匮》对疾病的描述，并非真的了解病源，而是在玩弄似是而非的文字游戏。《金匮》里说受风会令人鼻塞喷嚏，又说受风会令人半身不遂，王清任质问道：“今请问何等风、何等中法，则令人鼻塞喷嚏、咳嗽声重、鼻流鼻涕？何等风、何等中法，则令人半身不遂？”——既然如此，请说一说究竟是什么样的风，什么样的中风方式，可以让人鼻塞打喷嚏；又是什么样的风，什么样的中风方式，可以使人变得半身不遂？

这种较真式的质问，是推动包括医学在内的科学研究往前进步的必要，却也引起了同行们的厌恶与反感。在他们眼中，王清任走得实在太远了。他不但质疑、批评《黄帝内经》与《金匮》这样的煌煌经典，还否认了“三焦”的存在，否认了传统说法对“经络”的描述——王清任认为，“灵机在心”“心主神明”这类传统说法是完全错误的，真正产生意识与感觉的不是心，而是“脑髓”，也就是大脑。

《医林改错》首次出版是在1830年，次年，王清任与世长辞。直到人生末年才刊行自己最重要的发现，或许是因为王清任不愿在生前亲身体会同行们的愤怒——尽管同时代的名医陈念祖（1823年去世），已给王清任扣上了“不仁”“狂徒”“邪人”的大帽子。而稍晚于王的清代名医陆懋修（1818–1886），则如此斥责王的拓荒之举：“是教人于胔骼堆中、杀人场上学医道矣。”

除了道德批判，陆懋修还试图从“学理层面”否定王清任的努力。他说，人死之后“气已断”，王要如何确定自己找到的是“气门”？人死之后“水已走”，王要如何确定自己找到的是“水道”？那些尸体被野狗啃过，被刽子手处理过，靠这些要如何确定人的内脏数量，然后说经典里的记载是错误的？

这些近似于胡搅蛮缠的辩护词中，透露出的是同行们深重的不服与不甘。

其实，早在明末清初，来华传教士邓玉函（Johann Schreck 1576–1630）与龙华民（Nicola Longobardo 1565–1655）已翻译出版过一部西方的解剖学著作《人身图说》。此书对人体内部结构的叙述与图绘比王清任的《医林改错》要准确很多，但在长达两百余年的时间里，始终未能进入中国医学界的视野（王清任似乎也不知道此书的存在）。③

与王清任同时代的理学家俞正燮（1775–1840），倒是注意到了这部书，但他读这部书，旨在寻找方法来防范“以夷变夏”。所以，他得出的结论是：中国人的脏腑构造与西洋人全然不同；所以西洋人的宗教，中国人不能信；那些信了西洋宗教的中国人，其脏腑必然不全。俞的原话如下：

中土人肺六叶，彼土四叶；中土人肝七叶，彼土三叶；中土人心七窍，彼土四窍；中土人睾丸二，彼土睾丸四；……藏府不同，故立教不同。其人好传教，欲中土入学之，不知中国人自有藏府经络；其能信天主教者，必中国藏府不全之人，得此等千百，于西洋教何益？

俞正燮或许并未想到，他这番牵强附会的论述，反替尘埋许久的《人身图说》做了广告。名医王孟英（约 1808-1868）与其友人胡琨读了俞的文章后，真去寻了一本《人身图说》来阅读。二人读完原著，发现俞正燮只是在“涉猎浮文”，根本没把书读明白。王孟英还找来了王清任的《医林改错》做对照阅读，结果发现《人身图说》对脏腑的描绘，与中国的医学典籍《灵枢》《素问》《难经》迥然相异，却与《医林改错》大略相同。

遗憾的是，无论是传教士引进的《人身图说》，还是王清任撰写的《医林改错》，均未能将其科学实证精神传递给那个时代的中国医学界，“儒医们”更乐于使用阴阳五行理论，来推演人体的结构与运作，而非去做实体观察。

这是王清任的悲哀，也不止是王清任的悲哀。

参考资料

①王清任 . 医林改错 [M]. 北京 : 人民卫生出版社 ,1991.

②宋爱伦 . 王清任《医林改错》研究 [D]. 南京 : 南京师范大学 ,2013.

③董少新 . 形神之间：早期西洋医学入华史稿 [M]. 上海 : 上海古籍出版社 ,2012:304-309.

一枚谎言在五十年后爆雷

在 1840 年清廷与英国之间的武力冲突当中，有一种认知在清廷官员与知识分子当中特别流行，那就是“洋人的腿无法弯曲”。

曾在镇海前线活剥过两张“白黑夷匪”人皮的闽浙总督裕谦，在给朝廷的奏折里说，“夷人腰硬腿直，一击便倒”。大理寺少卿金应麟也认为，洋人的战斗力，全部来自他们身上那些能够抵御刀砍箭射的甲胄，弱点则是“两腿软弱，一击便倒”。

关心时局、致力于搜集“夷务”相关资料的知识分子叶钟进和汪仲洋，同样认定洋人的双腿是他们的致命弱点。叶钟进说，洋人的腿脚无力，“上岸至陆地，则不能行”，在陆地上是走不动的，只要拿大杖攻击洋人的腿脚，他们就完了。汪仲洋说，洋人的腿很长，“不能跨越腾跑”，他们的眼睛是碧绿色的，害怕阳光，中午的时候不敢睁眼，要击败他们不难。

定海失陷后，林则徐在奏折里，也向道光皇帝传递了相同的讯息。他建议朝廷将定海周边的民众发动起来，杀尽洋人。他解释说，洋人上了岸，就没什么可怕的了，他们有一个致命的弱点，那就是腿脚僵硬，倒下后就爬不起来，随随便便一个普通人就能将其杀死。定海周边二百余里，有总数不下十万之众的村民，只要朝廷把这些人发动起来，可以在“不瞬息间”就将洋人杀得干干净净。

林的奏折原文如下：

一至岸上，则该夷无他技能，且其浑身裹缠，腰腿僵硬，一仆不能复起。不独一兵可以手刃数夷，即乡井平民亦尽足以制其死命。……该县（定海）周围二百余里，各村居民总不下十余万众……似此风声一树，不瞬息间，可使靡有孑遗。①

类似的文字，也见于稍早一些时候，林则徐与两广总督邓廷桢给道光皇帝的奏折。他们说：夷兵除了枪炮之外，别无所长，且“腿足裹缠，结束紧密，屈伸皆所不便”，到了岸上就无能为力了，所以并不是没有办法打败他们。

这种认知，在今天看来殊为可笑。但在当时，在林则徐们的眼中，却是一种可以信赖的真知识。

对伪知识的坚定信赖，即为迷信。对迷信的嘲讽并无多少价值，真正值得深思的，是这种迷信究竟从何而来?

1793年，乾隆五十八年，英国马戛尔尼使团来访。该使团本为建立一种平等的通商关系而来，却被两广总督郭世勋在翻译上做了手脚，弄成藩属国对宗主国的“朝贡”。然后又有负责接待的钦差大臣徵瑞为迎合乾隆，谎称使团的船舱中恭恭敬敬供奉着乾隆画像，进一步将“朝贡”坐实。既然是“朝贡”，就得给皇帝行三跪九叩之礼。于是，接待者与来访者在这个问题上，就发生了冲突。徵瑞们定要马戛尔尼们三跪九叩，马戛尔尼们却只肯免冠单腿下跪，且说非要如此的话，那么清廷也要派一个地位相当的使节，向英王的肖像三跪九叩。

冲突期间，乾隆给前线的接待者们下达过一份谕旨。他在谕旨中说（为便于阅读，笔者略做了通俗化处理，下同）：

上次送来的奏折，说那些使臣见到朕的圣旨，只行了脱帽之礼；这回送来的奏折，却说他们行了叩头之礼。这到底怎么回事？我听说“西洋人用布扎腿，跪拜不便”，所以他们国家的风俗，不知道有叩头这种礼节，只会脱帽鞠躬点头。你们的

> 奏折没弄清楚这一点，或许是把“免冠鞠躬点首”错认成了叩头。如果这些使臣是真叩头也就罢了，如果只是脱帽点头，你们要好好地婉言开导他们，让他们知道前来天朝进贡者，不但使臣要行三跪九叩之礼，就算是国王亲自来也是一样。到了我天朝，就要尊我天朝的法度。他们国家的风俗，虽然“俱用布扎缚不能拜跪”，但在叩见时，“何妨暂时松解”，是可以把绑腿布解开的嘛；行完三跪九叩之礼后，“再行扎缚亦属甚便”，再把绑腿布捆回去，也很方便嘛。你们在接待时，要如朕这般好好开导他们。②

乾隆谕旨里的“向闻西洋人用布扎腿，跪拜不便”，与林则徐们奏折中的“浑身裹缠，腰腿僵硬，一仆不能复起”，构成了一种跨越半个世纪的共鸣。

一方面，乾隆知道西洋人“用布扎腿”，也就是今天常见的打绑腿；也知道他们一贯行的是“免冠鞠躬点首”之礼。这显示他并不是一个完全生活在信息黑洞中的皇帝，对外部世界仍有一定的准确认知——这种知识很可能来自《大清一统志》的修撰，该书称，夷人拿黑毡做帽子，“遇人则免冠挟之以为礼”，见到人就把帽子摘下来算是行礼。

另一方面，乾隆又将“用布扎腿”当成了“跪拜不便”的原因，且不厌其烦地提醒负责接待的官员，要他们说服马戛尔尼一行在觐见时解开绑腿，以便行三跪九叩之礼。这显示他的知识来自道听途说，甚至有可能是自己的脑补，他并不了解英军绑腿的实际情形，所以建构出了一种错误的因果，且真的相信这种因果。

在乾隆下达这道谕旨之前，徵瑞们一直在试图说服马戛尔尼使团三跪九叩，但没有拿“洋人跪拜不便”说过事——徵瑞们直接见到了洋人，洋人的绑腿是什么样，是否妨碍膝盖打弯，他们有很直观的认知。但接到皇帝的谕旨后，徵瑞们没有提出任何异议。相反，在回奏中，徵瑞是这样说的：

诚如圣上所言，西洋人用布扎腿，跪拜不便，他们的风俗中，没有叩首之礼。奴才我与地方督臣们两次向他们宣读圣上的恩旨，他们都只是脱帽低头。奴才我仔细观察，使团随从之人的绑腿，用的是布，“十分箍紧”；贡使略好，用的是绸缎，比较松一点，还可以屈膝。于是我把天朝的礼仪规矩告诉他们，嘱咐他们好好学习如何三跪九叩，该使臣“欣然愿学”。奴才还遵从圣上的教导，“于无意中”告诉他们，若学不会三跪九叩之礼，会被其他藩国耻笑你们愚笨。该使臣深感惭愧。据奴才这几天观察，该使臣已渐渐能够跪拜叩头了，只是“善于遗忘”，还需要奴才随时教导提点。[③]

回奏里的这些话，自然全是假的。绑腿并未破坏使团成员的膝盖功能；马戛尔尼此时也未松口说同意三跪九叩，更不存在因为不会三跪九叩而惭愧、而跟着徵瑞努力练习。徵瑞说这些谎，只有一个目的，就是迎合取悦乾隆。当然，他也给自己留了后路，那就是马戛尔尼们“善于遗忘”。

最终的结果，是双方都作出了妥协。据黄一农的考证，马戛尔尼使团在承德觐见乾隆，所行之礼既非清廷期望的三跪九叩，也非英方坚持的脱帽鞠躬：

在帷幄觐见时，他们单膝下跪，而当周遭之人九次叩头时，他们则九次俯首向地（常人在跪一膝时，很难俯首触地并叩头），其间并随众人起立两次；在澹泊敬诚殿贺寿时，则改以屈膝并深鞠躬之礼替代单膝下跪，但仍与九叩首的众人一样，共行礼九次。[④]

对乾隆而言，这是一种变了形的“三跪九叩”；对马戛尔尼来说，这是一种变了形的“脱帽鞠躬”。双方都能勉强接受，但双方也都不太开心。乾隆得到了自己想要的面子，但这面子打了折扣，并不十全十美。于是，“西洋人用布扎腿，跪拜不便”这个谎言，便成了掩盖折扣最好的说辞；有了这层掩盖，清廷就可以在官方文件中堂堂正正写入“行礼如仪”四个字。

嘉庆时代，“用布扎腿，跪拜不便”再次发挥了它的功效。

1816 年，英国派了阿美士德使团来华，在跪拜问题上，使团只愿“脱帽三次，鞠躬九次”，引起了嘉庆皇帝的极大不满。双方重演了一番乾隆时代的斗争，最后嘉庆决定放宽标准，只要形式能挂靠上三跪九叩之礼，“起跪之间稍觉生疏”也无所谓；但双方最终仍不欢而散。事后，嘉庆将过错推给了负责接待的官员，又向做过广东巡抚的孙玉庭询问英国人的真实情形。孙玉庭告诉皇帝：

> 臣我在广东巡抚任上时，有答赏给该夷国国王的东西，所以把该国一个叫司当冬（注：即斯当东）的使臣召唤了来。差役把他领进大堂后，他就摘下帽子“弓身俯伏”。……他进来的时候，臣我就看到他“两腿裤袜绷紧直立而不能曲”，他的“俯伏”，就是洋人的脱帽点头之礼。这次到京城来的使臣也是这个司当冬。他之前在广东很恭敬，不至于到了京城就桀骜不驯。⑤

孙玉庭带来的信息，给嘉庆皇帝找回了面子。自此之后，洋人“用布扎腿，跪拜不便”这一谎言，便成了清朝官场与知识界一个无人敢于说破的基本常识。

在 1840 年，这个谎言终于爆雷了。不但叶钟进、汪仲洋这些知识分子掉进了坑里，林则徐、裕谦、邓廷桢这些处理中英冲突的一线官员，也被这个谎言所俘虏，深信英军“浑身裹缠，腰腿僵硬”，倒下就起不来，上了岸就没有战斗力。

尽管无法量化，但该谎言对清廷的战事造成了巨大伤害，是毋庸置疑的。

尤为可笑的是，裕谦还以该谎言为依据，与主和者在朝堂上展开了战斗。英军与清廷关系缓和南撤时，曾向山东巡抚托浑布递交文书，请求提供淡水与食物。托浑布满足了英军的要求，然后在给朝廷的汇报奏折中说“夷人欢呼罗拜”，感谢天朝的恩德。这本是一种习惯性的夸大其词，却被裕谦抓到了把柄。他上奏弹劾主和的琦善怯弱避战，同时把支持琦善的托浑布也扯了进来。奏折中说：

> 这些英夷“腰劲腿直”，无法下跪，见到自家的国王也没有叩拜之礼。嘉庆年间英夷入京，就是因为无法跪拜，然后被驱逐回国的，这是一个众所周知的“明证”。所以，托浑布说“夷人欢呼罗拜”是在撒谎。这些无法下跪之人，岂有在攻陷城池大肆猖獗之后，在山东向犒劳他们的军队跪拜的道理？⑥

这场以谎言攻击谎言的战斗，虽然当事人相当认真，其实半点价值也无。

再后来，这枚已然爆雷的谎言，在民间演变成了洋人的膝盖骨比中国人少一块。

参考资料

①中国第一历史档案馆．鸦片战争档案史料（二）[M]. 上海：上海人民出版社出版，1987:245.

②③中国第一历史档案馆．英使马戛尔尼访华档案史料汇编 [M]. 北京：国际

文化出版公司，1996:128-129、374.

④黄一农．印象与真相——清朝中英两国的覲礼之争 [J]. 中央研究院历史语言研究所集刊，1997,(1).

⑤孙玉庭．寄圃老人自记年谱 [M]. 古本 A 清道光间刻本．

⑥梁廷枏．夷氛闻记 [M]. 北京：中华书局，1995.

另本书还参考有：

王戎笙．马嘎尔尼“谢恩信”和“跪拜如仪”质疑 [J]. 明清论丛第 9 辑，2009.

王开玺．清代的外交与外交礼仪之争：一部从高傲到屈辱的外交史 [M]. 北京：东方出版社，2017.

徐继畬与华盛顿纪念碑

在美国首都华盛顿哥伦比亚特区，有一座为纪念华盛顿而建造的方尖碑，即1884年竣工的“华盛顿纪念碑”。石碑中空，内部镶嵌有美国各州及世界各国捐赠的188块纪念碑，其中一块来自中国宁波，镌刻着如下碑文：

钦命福建巡抚、部院大中丞徐继畬所著《瀛寰志略》曰：按，华盛顿，异人也。起事勇于胜、广，割据雄于曹、刘，既已提三尺剑，开疆万里，乃不僭位号，不传子孙，而创为推举之法，几于天下为公，骎骎乎三代之遗意。其治国崇让善俗，不尚武功，亦迥与诸国异。余尝见其画像，气魄雄毅绝伦，呜呼，可不谓人杰矣哉。米利坚合众国以为国，幅员万里，不设王侯之号，不循世及之规，公器付之公论，创古今未有之局，一何奇也？泰西古今人物，能不以华盛顿为称首哉！

大清国浙江宁波府镌，耶稣教信辈立石。
咸丰三年六月初七日，合众国传教士识。

以上碑文中对华盛顿及美国的盛赞，出自《瀛寰志略》第九卷《北亚墨利加米利坚合众国》，是由徐继畬所写的两段按语拼接而成。[①]

徐继畬这段话的大意是：华盛顿是一位“异人”，起事之时比陈胜、吴广更为勇猛，割据之时比曹操、刘备更有雄才。最难得的是，建国后，华盛顿不称帝，不传位子孙，而创立“推举之法”，几乎实现了传说中才有的天下为公。华盛顿治国崇尚宽仁，和各国大不相同。“米利坚”幅员万里，却没有世袭的王侯，一切国事都可由公众讨论，开创了古今未有的制度。这么看，西方人物中，怎么能不推华盛顿为第一呢！

一、赠碑者是美国传教士

从碑文落款可知，向美国赠碑的并非清廷官方机构（自然不能代表清廷），而是身在宁波的一些美国传教士。他们在咸丰三年，亦即1853年，组织了这次刻碑、赠碑活动。至于参与者具体都包括谁，这些人又是如何把石碑运往美国的，目前尚不得而知。

曾有学者推测，主持赠碑的是美国传教士丁韪良（1850–1860年于宁波传教），但在他的回忆录中，找不到任何与之相关的内容。事实上，另一位美国传教士玛高温（Daniel Jerome MacGowan）才是此事的组织者，他到达宁波是在1843年，比丁韪良更为资深。

美国国家公园管理处保存有一封玛高温1865年所写的信件，他在信中说，“我已经荣幸地将一块捐赠的花岗岩石碑送到了你们那个崇高而虔敬的纪念碑处，那块石碑是在我的提议下，由中国宁波美国传教团的基督徒们所准备的。”②

碑文的英译也随信一同寄出，该译文出自美国医生兼传教士伯驾（Dr.Peter Parker，曾在美国驻华公使馆任职）之手，翻译的时间是1862年。

需要说明的是，徐继畬对华盛顿存有一些误解。“美国国父”并非专指华盛顿，“国父”一词在美国只以复数出现，即“The Founding Fathers”，包括签署《独立宣言》及参与起草宪法的全部代表，其中最重要的是富兰克林、杰斐逊、亚当斯、麦迪逊、汉密尔顿和华盛顿。徐继畬最大的错误，是将美国政体的创立，完全归功于华盛顿。美国政体远有希腊、罗马的渊源，近有英国的传统，法国的启蒙思想，及费城会议的共识，断然不是一朝一夕诞生，也不是华盛顿一人所能设计。

晚清其他知识分子，如蒋敦复、陈高第等，沿袭了徐继畬在《瀛寰志略》中对华盛顿的“想象”，以至中国出现了持续上百年的“华盛顿神话”。[③]

二、称赞华盛顿有罪

1867年，为感谢徐继畬在《瀛寰志略》中对华盛顿的赞誉，美国总统安德鲁决定赠给他一幅复制的华盛顿画像。美国驻华公使蒲安臣受命在北京主持了赠送仪式。次年，《纽约时报》对赠送仪式进行了报道，并刊登了蒲安臣的致辞和徐继畬的谢辞。

这篇题为《美国在中国之影响》的报道，以主要篇幅介绍了《瀛寰志略》内容外，还提到了徐继畬的个人遭遇。报道称：

“（徐继畬）在20年前，因称赞我们伟大的首任总统而遭到放逐。”“最近因蒲安臣先生的斡旋，他似乎得到比以往任何时候都更高的荣誉和报偿。”“如此顽固不化的犯人重新得宠，获得殊荣，这是时局中惊人的征兆。”

作者最后写道：“如今，这样一位官员，已经被提升‘在国家元首身边，帮助管理4亿人民的事务’。这种重用也是美国在中国影响的一个意味深长的标志。”[④]

以上来自《纽约时报》的报道，事实层面上大体无误，但对徐继畬被罢免原因的阐释不够全面。

先说《瀛寰志略》，该书在1848年刊刻后，即受到时人的非议。如咸丰帝的老师史策先，认为《瀛寰志略》“张外夷之气焰，损中国之威灵”，以致他“初见此书，即拟上章劾之”。曾国藩后来在给左宗棠的信中也说，徐著“颇张大英夷”。因此，徐继畬1858年在给朋友的信中，回顾说：“……弟在闽藩任内，偶著《瀛寰志略》一书，甫经付梓，即腾诽议……”

各种流言传播之下，徐继畬的罢职被和出版《瀛寰志略》联系起来。徐继畬的后辈同乡赵戴文回忆，徐被罢职，是“受人攻讦”。《瀛寰志略》中，徐说日耳曼“殆西土王气之所钟欤”，有人故意隐去“西土”两个字，攻讦徐继畬妄称王气不在大清，而在外国。还有人摘出徐继畬称赞华盛顿的话，“故意不当叙述文，而混为议论，含有赞成之意”[⑤]，上书弹劾。辜鸿铭也曾说，道光年间，徐继畬出版《瀛寰志略》后，“见者哗然，谓其张大外夷，横被訾议，因此落职”[⑥]。

徐继畬的确曾因所谓“张大外夷”（夸大外国实力）而被攻讦，但目前没有直接证据表明，他的罢职和出版《瀛寰志略》有关。

事实上，导致徐继畬被罢免的主要原因，是他在1850年“神光寺事件”中和林则徐发生分歧，并惹怒道光帝。当时，英国驻福州代理领事金执尔（Gingell），在得到县令许可后，不顾当地人反对，租用了神光寺，作为福州传教士和医生的驻地。徐继畬时任福建巡抚，他主张“从容设法”，慢慢驱逐神光寺里的洋人。钦差大臣林则徐主张强硬对待，尽快解决。

徐继畬对“神光寺事件”的谨慎处理意见，无疑坐实了他因《瀛寰志略》而被扣上的“张大外夷”帽子。福建籍官员趁机联名弹劾徐继畬，称其袒护“夷人”与“汉奸”（清廷将不利于其统治的汉人统称为“汉奸”，即“汉人中的奸贼”，与今意有所区别）。同样有“主剿”情结的道光帝为之震怒，将徐继畬由正二品的福建巡抚（兼署总督），降为正四品的太仆寺少卿。

咸丰帝即位后，又追究徐继畬在巡抚任内“起解军台犯官何士邠迟延”，免去了他全部官职[⑦]。

综合来说，徐继畬最初因《瀛寰志略》受人非议，稍后处理“神光寺事件”坐实了他的“思想罪”，至于押解犯官迟延，则完全是一个藉口了。

徐继畬也知道受了著书的牵累，因此罢官期间，他几乎绝口不提《瀛寰志略》，该书在中国更有十几年未曾再版。相反，日本在 1861 年后几次翻印，在其国内产生较大影响。

三、石碑长期不为人知

徐继畬 1865 年被重新起用，未必与蒲安臣有太多关系。不过，蒲安臣、威妥玛等外交使节确实很赞赏徐继畬的才识。

蒲安臣在赠送华盛顿画像的仪式上，感谢徐继畬，“……你通过考察你记载的各个国家的伟大的人物从而把华盛顿置于其他一切伟人之首。不仅如此，你还把华盛顿置于你们自己国家所有的政治家和军事家之首，且宣称，他复活了放射光明达四千余年的三代的清澈德行。这些话语，已经被充满感激之情的华盛顿的国民们所翻译和引用……”

徐继畬在答辞中说，“……当我一遍又一遍地端详着这件精美的赠品的时候，华盛顿仿佛出现在我的面前，我的喜悦和感激之情，一时难以言表。在奠定贵国的基础方面，华盛顿显示出惊人的能力。他已成为全人类的典范和导师。他的贤德，已经成为联结古代圣贤和他以后各代伟人的一条纽带，因此，必将永远活在人们心中……”⑧

需要指出的是，当时，无论是美国总统安德鲁、驻华公使蒲安臣，还是徐继畬本人，可能都不知道华盛顿纪念碑中那块中文石碑的存在，不然他们在致辞时不可能完全不提及。

较早注意到石碑价值的人，是台湾学者陈如一。他 1968 年在美国查看石碑，并建议和美国方面协商，“洗刷韵漆，一新观瞻，藉以引人注意”。

另一位台湾学者方闻，1974 年赴美旅行，也特意去看了这块中文石碑。1976 年，方闻在台湾《东方》杂志发表《由华盛顿纪念塔中文石碑说起——兼以祝美国独立二百周年》，详细介绍了徐继畬、《瀛寰志略》及石碑的来龙去脉。他在文中说：

> 上述华盛顿纪念塔中文石刻碑，迄今已一百二十四年，久成为中美传统友谊之证象。去年适值美国独立二百周年纪念，特为显扬此碑，乃最富历史性、国交性之礼品，当为中美两国识者所重视。[9]

1998年，美国时任总统克林顿在北京大学发表演讲，郑重说到这块石碑：

> 从我居住的华盛顿特区白宫的窗口向外眺望，我们第一任总统乔治·华盛顿的纪念碑俯视全城。那是一座高耸的方形尖塔。在这个庞大的纪念碑里，有一块很小的石碑，上面刻着的碑文是："美国决不设置贵族和皇室头衔，也不建立世袭制度。国家事务由舆论公决。
>
> 美国建立了一个从古至今史无前例的崭新政治体系。这是最奇妙的事物。这些话并不是美国人写的，而是出自福建省巡抚徐继畲之手，并于1853年由中国政府刻成碑文，作为礼物送给美国。[10]

此后，这块石碑的存在，遂广为中文知识界所知。不过，方闻和克林顿对石碑的表述，都存在一个明显的错误，那就是将之视为中国政府赠予美国的礼物。如前文所说，徐继畲所撰写的文字，并未得到清廷的认可，制作与赠送这块石碑的，则是一些美国传教士。

参考资料

①徐继畬 . 瀛寰志略 [M]. 上海 : 上海书店出版社 ,2001:277、291.

②沈弘 . “宁波石碑”究竟是谁人所赠 [N]. 南方周末 ,2006-11-23.

③潘光哲 . 华盛顿在中国——制作“国父”[M]. 台北 : 三民书局，2006: 27-47.

④⑧德雷克 . 徐继畬及其瀛寰志略 [M]. 台北 : 文津出版社 ,1990:163-168.

⑤方闻 . 清徐松龛先生继畬年谱 [M]. 台北 : 台湾商务印书馆 ,1982:328-329.

⑥黄兴涛等 . 辜鸿铭文集（上）[M]. 海口 : 海南出版社 ,1996:466.

⑦刘贯文 . 徐继畬论考 [M]. 太原 : 山西高校联合出版社 ,1995:30-62.

⑨方闻 . 由华盛顿纪念塔中文石碑说起——兼以祝美国独立二百周年 [A]. 任复兴 . 徐继畬与东西方文化交流 [C]. 北京 : 中国社会科学出版社 ,1993:319-337.

⑩任宪宝 . 克林顿演说：繁荣时代中的温和（英汉对照）[M]. 北京 : 中国言实出版社 ,2015:105-106.

太后一顿饭，小民六年粮

清朝内务府下设“御膳茶房”，负责管理宫廷饮食。从残存的《御膳茶房》档案中，能看到乾隆、道光、光绪等皇帝及其后妃的膳食情况。此外，鄂尔泰、张廷玉等编纂的《国朝宫史》及《钦定大清会典》中，也留有很多相关材料。

在清代，皇帝、后妃的每日食材是有定额的，称为“分例”。其基本标准如下：

（1）皇帝的每日分例：盘肉 22 斤、汤肉 5 斤、猪油 1 斤、羊 2 只、鸡 5 只、鸭 3 只。白菜、菠菜、香菜、芹菜、韭菜共 19 斤。大萝卜、水萝卜与胡萝卜共 60 个。包瓜、冬瓜各 1 个。苤蓝、干闭蕹菜各 5 个（6 斤）。葱 6 斤。玉泉酒 4 两。酱与清酱各 3 斤、醋 2 斤。早、晚随膳饽饽 8 盘，每盘 30 个。御茶房配备茶、乳，例用乳牛 50 头。（注：当时以 16 两为 1 斤，下同）

（2）皇后的每日分例：盘肉 16 斤、菜肉 10 斤、鸡、鸭各 1 只。白菜、香菜、芹菜共 20 斤 13 两。水萝卜、胡萝卜 20 个。冬瓜 1 个。干闭蕹菜 5 个。葱 2 斤、酱 1 斤 8 两、清酱 2 斤、醋 1 斤。早、晚随膳饽饽 4 盘，每盘 30 个。御茶房配备茶、乳，例用乳牛 25 头。

（3）自皇贵妃而下，到最末位的常在，每日分例如下表：

皇贵妃	盘肉8斤、菜肉4斤、每月鸡、鸭各15只。例用乳牛6头。
贵妃	盘肉6斤、菜肉3斤8两、每月鸡、鸭各7只。例用乳牛4头。
妃	盘肉6斤、菜肉3斤、每月鸡、鸭各5只。例用乳牛3头。
嫔	盘肉4斤8两、肉2斤、每月鸡、鸭各5只。例用乳牛2头。
贵人	盘肉4斤、菜肉2斤、每月鸭8只。
常在	盘肉3斤8两、菜肉1斤8两、每月鸡5只。

除此之外，宫中的每日分例中，还包括副食与日用品。

比如，皇后的“分例”当中，副食部分包括：新粳米一升八合、黄老米一升三合五勺、高丽江米一升五合、粳米粉一斤八两、白面七斤八两、麦子粉八两、豌豆折三合、白糖一斤、盆糖四两、蜂蜜四两、核桃仁二两、松仁一钱、枸杞二两、晒干枣五两、猪肉九斤、猪油一斤、香油一斤六两、鸡蛋十个、面筋十二两、豆腐一斤八两、粉锅渣一斤、甜酱一斤六两五钱、清酱一两、醋二两五钱、鲜菜十五斤、茄子二十斤、王瓜二十条。

日用品部分包括：白蜡五枝（内一枝重三两、四枝各重一两五钱）、黄蜡四枝（各重一两五钱）、羊油蜡十枝（各重一两五钱）、羊油更蜡一枝（夏重五两、冬重十两）、红箩炭（夏十斤、冬二十斤）、黑炭（夏三十斤、冬六十斤）。

其实，“分例”只是一个每日的最低供应标准，皇帝可以随时依据自己的喜好加料。比如，雍正四年十月十七日，皇帝就在自己的“分例”之外，增加了如下项目：

十七日，万岁分例以外，添鹅一只、鸭五只、鸡三只、笋鸡二只一次。赏信郡王饭桌，添猪肉十六斤、小猪一口、鹅一只、鸭四只、鸡三只、笋鸡二只、文蹄二个一次。四阿哥、五阿哥往海子里去，添猪肉二斤、五十斤猪半口一次。跟随太监三十三名，添猪肉十六斤八两一次。（因为是）亥日，减万岁分例之内，减五十斤猪一口一次。狗四条，常添牛肉二斤八两，今日添起。

据档案统计，这一天，雍正在食物方面共计消耗了：“五十斤猪七口半、猪肉一百八十二斤六两、小猪七口、鹅二只、鸭二十八只半、鸡八十二只、笋鸡十九只、文蹄二个、牛肉一百五十六斤七两”。也就是说，他一天就吃/浪费掉了14.5口猪、28.5只鸭子、101只鸡、2只鹅、182斤猪肉、156斤牛肉。此外，他还给自己养的四条狗，制定了每狗每日二斤八两牛肉的基本狗粮标准。[②]

较之雍正，乾隆在吃饭问题上更为奢侈。按乾隆的习惯，他每日早晚有两次正餐，其余时间会随时传唤点心。乾隆三十年正月十八日，乾隆南巡，住在涿州行宫。他当天的早饭，是在清晨6点左右。据档案记载，菜品如下：

> 正月十八日卯正，请驾伺候，冰糖炖燕窝一品。卯正二刻，涿州行宫进早膳，用折叠膳桌摆：皇太后赐炒鸡大炒肉炖酸菜热锅一品、燕窝锅烧鸭子一品、猪肉馅侉包子一品。燕窝肥鸡挂炉鸭子野意热锅一品、厢子豆腐一品、羊肉片一品、羊乌叉烧羊肚攒盘一品、竹节卷小馒首一品、烤祭神糕一品、银葵花盒小菜一品、银碟小菜一品。上传叫冯鼎做：鸭丝肉丝粳米面膳一品、鸭子豆腐汤一品。[③]

合计一共是十四道菜。皇帝一人，自然是吃不了这么多的油腻食物。于是，“上进毕，赏用”，将吃剩下的菜品，赏赐给了身边的亲信大臣，以示恩典（后妃的剩菜，则会赐给宫女、太监等）。

然后是晚饭，时间大约是下午两点：

> 未正，上至宫门升座，茶膳房大人福隆安送上奶茶，赏奶茶毕，传膳。进晚膳用折叠膳桌摆：莲子八宝鸭子热锅一品、肥鸡火熏炖白菜一品、羊肉他他士一品、莲子猪肚一品、青笋香蕈炖肉一品、水晶丸子一品、奶酥油野鸭子一品。后送：

青笋爆炒鸡一品、摊鸡蛋一品、蒸肥鸡炸羊羔攒盘一品、象眼棋饼小馒首一品、荤素馅包子一品、烤祭神糕一品、银葵花盒小菜一品、银碟小菜四品、咸肉一品。随送：粳米膳一品、村鸡汤一品；额食六桌——饽饽奶子十二品一桌、内管领炉食八品一桌、盘肉二桌，每桌八品、羊肉四方二桌。上要饽饽二品、二号黄碗菜二品一盒。④

按一品为一道菜，合计共是六十三道菜。档案中没有提及“赏用”一类的字眼，显见这些食物，在摆完排场之后，绝大部分被浪费掉了。下午五六点钟左右，乾隆又吃了一顿有五道菜的点心——附带一提，乾隆晚饭期间专门要了“饽饽二品、二号黄碗菜二品一盒”，说明皇帝并不隐讳自己的饮食偏好，“皇帝吃任何一道菜都不超过三匙，以防止喜好被人侦知”之类的说法，只是民间的无稽之谈。

这些南巡途中的菜品，相对于安居宫中，其实已经“朴素”许多。据乾隆四十七年正月《膳底档》的统计，在这个月的二十八天之中，仅猪肉一项，皇帝与他的皇后、嫔妃们就共计消耗掉了：猪肉 1.9 万余斤（相当于一天要吃掉 / 浪费掉 680 斤猪肉）、猪蹄 1009 个、猪肚 320 个、猪心肺 144 个、猪油 155 斤有余、猪大肠 107.5 根、猪小肠 164.5 根、猪腰子 42 个、管子（可能是指猪喉管）81 根。此外还有肥鸡 128.5 只、肥鸭 174.5 只、菜鸭 268 只、菜鸡 397 只，当年鸡 14 只。

这样的排场，远远超出了同时代底层民众的想象。大约 70 年后，洪秀全、杨秀清等太平天国高层在永安封王，清廷方面刺探到的情报是：“伪官虽贵为王侯，并无常俸，惟食肉有制，伪天王日给肉十斤，以次递减，至总制半斤，以下无与焉。”

这些底层出身的造反者，显然没有见识过紫禁城内肉食者们的排场。所以他们给自己制定的最高吃肉标准，只是可怜的每天 10 斤——当然，这种“可怜”，也只是相对紫禁城而言。太平天国“总制”之下的监军，大体相当于清朝的七品知县，这些人已经分不到肉吃，更底层的士兵与平民，其境况可想而知，“三月不知肉味”是寻常事。

进入晚清，在慈禧的躬亲示范下，清朝宫廷的饮食排场未减反增。据信修明《老太监的回忆》一书披露，慈禧的“每日分例”如下：

> 每日用盘肉五十斤（即猪肘子）、猪一口、羊一只、鸡鸭二只。新细米二升、黄老米（即紫米）五合、江米三升、粳米面三斤、白面十五斤，荞麦面一斤、麦子粉一斤、豌豆三合、芝麻一合五勺。白糖二斤一两五钱、盆糖八两、蜂蜜八两。核桃仁四两、松仁二钱，枸杞四两、干枣十两。香油三斤十两、鸡蛋二十个、面筋一斤八两、豆腐二斤；粉锅渣一斤、甜酱二斤十二两、清酱二两、醋五两、鲜菜十五斤。秋季，要备茄子二十个、黄瓜二十条。⑤

这一“分例”自然也只是一个最低供应标准，慈禧可以按照自己的喜好，随时给自己加料。以果品一项为例，按照“分例”，慈禧每天的供应标准是“核桃仁四两、松仁二钱，枸杞四两、干枣十两”，但实际供应情况，往往是该标准的十倍、百倍。据档案记载，光绪元年二月二十九日至三月二十八日，长春宫的太监共给慈禧传用了如下果品：

二月二十九日	片枣、山里红各五斤，头号干鲜各一桌。
三月初一日	平果六十个、片枣二十斤。
三月初三日	桃仁、片枣、栗子各五斤。
三月初五日	平果一百三十个，山里红五斤，核桃一百个。
三月初六日	平果六十个，桃仁、片枣、山里红各十斤。
三月初七日	片枣五斤。
三月初八日	桃仁、片枣、山里红各五斤。
三月初十日	核桃一百个。

三月十二日	山里红五斤、片枣二十斤。
三月十四日	平果六十个，山里红十五斤，头号干鲜各一桌。
三月十五日	平果六十个。
三月十六日	片枣、山里红各五斤。
三月十八日	核桃一百个。十九日，平果六十个。
三月二十日	平果八十个、桃仁十斤、红枣、栗子各五斤、片枣二十斤、山里红十斤。
三月二十一日	平果六十个。
三月二十二日	山里红、片枣各五斤。
三月二十五日	平果三十个，核桃一百个，片枣五斤，山里红十斤。
三月二十七日	平果一百五十个，片枣五斤。
三月二十八日	头号干鲜各一桌。
总计	平果七百五十个，片枣一百一十斤，山里红七十五斤，桃仁三十斤，红黑枣各五斤，栗子十斤，核桃四百个。头号干鲜各三桌。

平均下来，慈禧每天的果品供应是：25 个苹果、3.7 斤片枣、2.5 斤山里红，1 斤桃仁、红黑枣各 1.7 两，栗子 3.3 两，核桃 13.3 个。这么多果品，慈禧自然是吃不完的，剩下的或赐给身边的宫女太监，或直接就浪费掉了。

光绪元年的慈禧，相对而言还处在“比较节俭”的人生阶段。越往后，她的权柄越稳固，奢靡也就越严重。光绪二十三年的一张清单显示，慈禧与光绪皇帝、隆裕皇后等人，在鲜果方面的消耗如下：

> 苹果 158320 个、秋梨 111750 个、棠梨 77300 个、红肖梨 53295 个、柿子 2275 个、文官果 2400 个、石榴 310 个、甜桃 4344.5 筐、酸桃 302.5 筐、樱桃 429 筐、李子 920 筐、杏 694 筐、沙果 491 筐、槟子 770 筐、葡萄 16385 斤、鲜山楂 16663 斤。⑥

15.8 万余个苹果，11 万余个秋梨，7.7 万余个棠梨，5.3 万个红肖梨，4000 多筐甜桃，300 多筐酸桃，400 多筐樱桃……自太后而下至最低级的妃嫔常在，无论怎么吃，也吃不完十分之一。吃不完的部分哪里去了？自然是小部分赏赐左右，大部分浪费掉了——这张清单还记录了部分干果消耗，“核桃、栗子、红枣、黑枣、白果、榛子、晒山梨、英俄瓣共计 2356 石 7 斗 7 升 5 合 7 勺”，但它并不完整，该年宫中还消耗了大量的柑橘、龙眼、荔枝、西瓜等，这些并未出现在清单当中。

按乾隆时代的旧例，太后每日的膳食费是六十两白银（皇帝每日是五十两白银），慈禧所耗，自然早已超过了六十两。光绪二十五年，湖北的平均米价是 2.14 两每石，清代 1 石约为 150 斤（不同算法得出的结论不同，上至 180 斤，下至 120 斤，笔者取常用的 150 斤），六十两白银大约可以购到 4200 斤大米。制度规定，慈禧每天吃两顿正餐，加不定次数的点心。按她每顿饭耗银 30 两计算，这笔钱可以购买 2100 斤大米。一个普通的晚清成年人，每天大约吃 1 斤大米，一年要吃 365 斤（事实上绝大部分晚清民众达不到这个标准）。也就是说，慈禧最低标准的一顿饭，大约是晚清成年小民的六年口粮。

这种奢靡，养活了许多以腐败划扣为生的官员。在宫中做过太监的信修明如此感慨道：“皇上和太后仅一个人，何以食用如此巨量的物品。殊不知仰食于皇家的人，还要超过这个数目很多倍。仅以鸡蛋一项而论，原来额数是每月二十个，而买办处每日交进的必须是五百个，其他可想而知了。”

慈禧的“每日分例”里有“鸡蛋二十个”，本已远远超出了她的日常所需。负责采办的机构每日里实际采办的却是 500 个。剩余的 480 个鸡蛋哪里去了？信修明说：“为皇上和太后买办的食用之物，过一处扣一处，始能食到主人之口，然而主人岂能不知道吗？”慈禧和皇帝当然是知道的，但他们并不在乎，因为这是一种“帝德深如海”，是帝王应有的排场和风度。这种“帝德”到了最末端，就是晚清京城中流行的“折罗菜饭”：“神武门、东华门和西华门外有一批小贩，专包宫中折罗菜饭，十个大钱，就能令人饱餐一顿。”

据信修明说，最盛时，京城中每天约有 1 万家、共计 5 万人等着买宫中剩下来的折罗。1908 年 11 月 14 日、15 日，光绪、慈禧相继宾天，这五万多人也一时间没了饭吃。

溥仪时代，清廷虽已风雨飘摇，饮食上的奢靡却并无改观。据溥仪在自传《我的前半生》中自述，隆裕太后每餐的菜肴“有百样左右”，自己“按例也有三十种上下”，这些菜肴除了摆排场，并无任何用处，因为“从光绪起，皇帝并不靠这些早已过了火候的东西充饥”，溥仪自己真正吃的，是太后、太妃们小灶上烹调的食物。据档案记载，宣统二年九月份，溥仪、隆裕太后及四位妃子六口人，按分例“共吃猪肉一万四千六百四十二斤”，此外另有添菜，包括：31844 斤肉、814 斤猪油、4786 只鸡鸭……共计用银 14794 两。

也就是说，1910 年 9 月份，紫禁城里的六位“主子”，吃掉 / 浪费掉了差不多 50000 斤肉。

参考资料

①王树卿 . 清代宫中膳食 [A]. 王树卿 , 李鹏年 . 清宫史事 [C]. 北京 : 紫禁城出版社 ,1986:237-238.

②林永匡 . 清代宫廷文化通史 [M]. 上海 : 上海文艺出版社 ,2014:125.

③④徐海荣 . 中国饮食史 (卷五) [M]. 北京 : 华夏出版社 ,1999:375.

⑤信修明 . 老太监的回忆 [M]. 北京 : 燕山出版社 ,1987:129.

⑥魏开肇 . 五园三山 [M]. 北京 : 北京出版社 ,2000:103.

皇帝与医生的“攻防游戏”

司马迁在《史记·扁鹊仓公列传》里，记载了一段“扁鹊见齐桓侯”（《韩非子》的寓言里是蔡桓公）的故事。这个故事提供了一条成语，叫“讳疾忌医”。

当然，扁鹊的故事是假的。《史记》说扁鹊既医治过赵简子，又医治过虢国太子，这在时间上就很可疑，它意味着扁鹊必须活够两百岁。齐国或者田齐也没有什么“桓侯”。而且，《史记》里还说扁鹊的高超医术来自神人“长桑君”传授的透视术，“不待切脉望色听声写形”，不玩什么望闻问切，可以直接看穿人的五脏六腑，这种叙述已是怪力乱神。①

据朱维铮的考据，司马迁为扁鹊立传，其实是想借这个虚幻的人物，来传递一种“治国如同治病，不可讳疾忌医，更不可弃良医而信庸医，致使轻恙变重症，自招乱亡”的现实忧虑，他把扁鹊的传记插在政治人物田叔、刘濞的传记中间，而不是将其与天文、气象、占卜之人归为一类，也是为了凸显这个目的。①

齐桓侯或者蔡桓公“讳疾忌医”的故事是假的。慈禧太后与光绪皇帝“讳疾忌医”的故事，却是真的。

杜钟骏是晚清时期的一名候补知县，号称擅长医道，故被人举荐入宫给光绪皇帝看病。他后来留下了一篇回忆文字《德宗请脉记》，里面说，自己在诊病之前，已深知慈禧和光绪的忌讳：“皇太后恶人说皇上肝郁，皇上恶人说自己肾亏，予故避之。”

按中国传统医学的说法，一个人“肝郁”，往往是因为他的心情长期不愉快；能让光绪皇帝不愉快的自然只会是慈禧，而慈禧绝不愿承认自己在迫害光绪。一个人“肾亏”，则往往意味着他不够男性，不够阳刚，有损皇帝的光辉形象。所以，当着慈禧的面给光绪诊病时，杜钟骏小心翼翼地避开了“肝郁”与“肾亏”这些名词。

在“给皇帝看病”这件事情上，讳疾忌医其实只是小事，最要紧的是如何保住自己的脑袋和前程。

唐朝的某些皇帝就很喜欢杀医生。最残暴的杀医事件，发生在公元 868 年，唐懿宗的爱女同昌公主病故，参与医治的韩宗绍、康仲殷等二十余名医官被杀，还株连了他们的宗族亲属三百多人。出面反对诛杀的大臣温璋，也因遭到了皇帝的革职贬窜而服毒自杀，死后还被皇帝唾骂“恶贯满盈，死有余辜”。

明朝皇帝也很喜欢杀医生。明仁宗朱高炽做太子时，其妃张氏长达十个月没有来月经，御医们会诊后一致认为张氏是怀孕了。只有一位叫盛寅的医生说张氏没有身孕，而是患了某种疾病，并开了一副被众御医们认为可能导致堕胎的“禁药”。后来，张氏病情加重，只好死马当作活马医，要试一试盛寅的药方。但在试药之前，朱高炽已命人将盛寅抓了起来，以致他的家人忧心如焚，担心全家会被“磔死”，也就是将肉一片片割下来处死。盛寅一共被关了三天，朱高炽见吃了药的张氏还没死，才放他回家。再然后，吓尿了的盛寅“求出为南京太医院”，想方设法要离开皇家，调去了南京工作。

盛寅只是吓尿，嘉靖年间的太医许绅则是直接被吓死的。“壬寅宫变”时，嘉靖皇帝差点被饱受他摧残的宫女杨金英等人勒死。许绅奉命急救，将皇帝从鬼门关拉了回来。活过来的皇帝前脚封赏许绅为太子太保，后脚许绅就去世了。在遗言里，许绅明言自己死于“惊悸”：“吾不起矣。曩者宫变，吾自分不效必杀身，因此惊悸，非药石所能疗也。”

意思是：我活不了啦。之前奉命去抢救皇帝的时候，我就知道，如果救不回来，自己肯定难逃一死，我的“惊悸”之深，早已病入膏肓。

杜钟骏入宫去给光绪治病，倒不必担心吓尿与吓死。因为时代已经走到1907年（次年光绪去世），杀医生成了一件公认的极不文明、极不体面的事情。御医们需要担忧的是自己的前程——之前同治皇帝死的时候，御医李德立等人均被“革职戴罪当差”；之后光绪与慈禧死去，御医张仲元、全顺等人，也都被革了职。

为了趋利避害、规避皇权的惩罚，历代御医们都练就了一套“不求有功、但求无过”的高超本领。他们热衷于开无风险的补药，而非治病之药；热衷于用“慢治”卸责，而讳言药到病除；热衷于“从众诊断”，随大流，绝不说和其他人不一样的话，绝不发表独到见解，如此就可以处在法不责众的安全位置。这些，而非医术，才是御医们必修的核心职业技能。

皇帝当然也不傻。为了反制御医们的这种手段，晚清的紫禁城发明了一种“轮诊制度”，简单说来就是以若干天数（比如五天或者十天）为一个周期，每天让一名医生前来诊病，让他单独写出自己的诊断意见和药方，不许医生们彼此交流。最后由皇帝和大臣们来判断谁的诊断和药方是可信的。杜钟骏虽然不是御医，但他既是入宫看病，于是也被安排与其他被举荐的医生一起参加“轮诊”。这个外来人很不理解这种做法，对内务府大臣说：“六日轮流一诊，各抒己见，前后不相闻问，如何能愈病？”

我们六个外来的医生，每人负责一天，轮流给皇上看病，单独诊断单独开药，不许交流。这种办法，怎么可能把病治好呢？

大概是懒得跟这些“民间名医”解释，解释起来也麻烦，内务府的回复很简单——“内廷章程向来如此，予不敢言”，皇宫的制度一直就是这个样子，你的这种意见，我不敢去说。

内务府的解释很粗糙，但杜钟骏们大约也能明白，这种“轮诊制度”的存在，乃是皇权为防被医生联合蒙蔽而专门设置；其结果往往是：诊断的虽是同一个病人，但有多少医生就会出现多少病名和药方，亦即众说纷纭千人千方，继而使参与诊断的医生们陷入被动。所以，为求自保，杜钟骏从宫里出来，又去找了工部尚书陆润庠，对他说：

“六日开一方，彼此不相闻问，有此办法否？我辈来此满拟治好皇上之病，以博微名。及今看来徒劳无益，希望全无，不求有功，先求无过。似此医治必不见功，将来谁执其咎，请公便中一言。”②

大意是：六天才允许我进宫开一个药方，还不许我们这群医生互相交流，哪有这种治病的方法？我们这些人，从民间来到皇宫，本来想着治好了皇上的病，能够博取到名声与富贵。如今看起来，肯定是徒劳无功。如果将来治不好皇上的病，究竟是谁的过错？还要请陆尚书你出来说句公道话。

陆润庠的回复，与内务府如出一辙——“君不必多虑，内廷之事向来如此，既不任功，亦不任过，不便进言”，你不要想太多，宫里的事一向就是这样的，你的这些意见，我也不方便去说。

杜钟骏对“轮诊制度”的批评，其实也并非毫无道理。就常理而言，让医生每天诊视患者、让医生们互相交流意见，才是更好的办法。而且，“轮诊制度”走到最后，相当于将判断药方好坏的决定权交给了皇帝、太后及大臣等非专业人士。

比如，号称“名医”的马文植，1880年受诏入宫给慈禧诊脉，他开的药方就是先“呈内大臣、诸侍医看过”，再“进呈皇太后御览”，然后由李莲英传旨给众大臣，说太后觉得马文植拟的药方也不错，要他们商议一下，究竟是继续服用太医院之前的药方呢，还是改服马文植开的新药方。大臣们不傻，自然是绝不肯表达任何有倾向的意见，他们集体回奏说“臣等不明医药，未敢擅定，恭请圣裁”，我们啥也不懂，还是请太后老佛爷您自己来决定吃哪种药吧。慈禧没有办法，只好自己圣裁，她很“机智”地将太医院和马文植融为了一体——“仍用太医院方，明日同议，着马文植主稿”，用太医院的药方，但得让马文植来主稿。

这种对御医的不信任，和御医对专业决策权的甘愿让渡，发展到极致，往往就会变成皇帝自己出手更改药方。慈禧和光绪都干过这种事情。慈禧曾将薛宝田拟定药方里的“续断”擅自改为“当归”。光绪经常改动医生开的药方，比如擅自往里面加入乳香、紫花地丁、白芷，或圈掉药方里的杜仲和菟丝子，有时候还会直接下旨对御医进行业务指导，教他们怎么玩“君臣相佐”。

“皇帝自己出手写药方”这种事情，也见于欧洲。

安德雷亚斯·维萨里（Andreas Vesalius）是文艺复兴时期一位伟大的医生，也是近代人体解剖学的创始人。他给神圣罗马帝国皇帝查理五世做过宫廷医生。查理五世常年受痛风困扰，又暴饮暴食不愿在饮食上自我节制，且觉得自己的宫廷医生都是无能之辈，所以更愿意尝试各种来自民间的偏方。维萨里任职期间，查理五世迷上了一种叫作“菝葜”的草药，不但强迫维萨里将之放入药方，还宣称该草药在治疗痛风方面有神奇的效果。维萨里不相信个案，也不愿玩糊弄游戏。他在诸多痛风患者身上使用“菝葜”做了实验之后，发表论文《论菝葜》，否定了查理五世的主观感受，认为他的痛风有所好转，是这段时间饮食控制得比较好所致，与菝葜毫无关系。③

像许多未接受过基础逻辑教育的人一样，查理五世更愿意相信自己的主观个案感受，而非实验数据。所以，维萨里对“菝葜”疗效的独立见解，不但没有得到他的赞赏，反引起了他的愤怒。他下令让人去调查维萨里，想要看看他究竟是不是一个包藏祸心的“宗教异端”——在那个时代，被扣上“宗教异端”的帽子是有可能被烧死的。万幸的是，维萨里在言论方面小心谨慎，教廷什么也没有查到。

然而，若让皇帝撤去“轮诊制度”，听任医生们互相交流，其结果又大概率会变成一场糊弄。杜钟骏在《德宗请脉记》里，就不经意间记录下了一场这样的糊弄。

杜说，他们六位民间医生被举荐进京一段时间之后，光绪皇帝有一次下旨，让六人合作拟出一个“可以常服之方”，且给他们五天商议交流的时间。六人接旨后，推举了其中年龄最大的陈秉钧做主笔。陈秉钧拟出的药方“直抉太医前后方案矛盾之误”，会凸显出御医们之前开的药方有问题，众人都不赞成。杜钟骏还对其他五个人说：你们要是觉得自己能治好皇上的病，那就不妨批评太医们的药方；否则的话，还是不要说的好，会得罪人。然后，众人按照杜钟骏的主意，保留了陈秉钧的药方的头尾，将中间部分给改了，使人看不出是在“明言”太医们之前的药方有问题。而杜钟骏自己拟的药方，根本就没有拿出来给众人讨论。

对参与药方商议的杜钟骏来说，不得罪御医（以免遭报复）、不用自己的药方为底稿讨论（日后如果出了问题，自己不会成为主要责任人），比御医们的药方是否正确、自己的药方是否更好，要重要得多。

如此这般，皇帝与他的医生们就陷入一种漫长的死循环中。皇帝无法信任医生，医生也不敢给皇帝提供关于疾病的独立见解。双方不再是一种简单的医患关系，而更像是在玩一种两败俱伤的攻防游戏。

参考资料

①朱维铮 . 历史观念史：国病与身病——司马迁与扁鹊传奇 [J]. 复旦学报 (社会科学版),2005,(2).

②杜钟骏 . 德宗请脉记 [M]. 成书于清光绪三十四年 .

③朱石生 . 天才永生：维萨里与实证解剖 [M]. 北京：新星出版社 ,2019.

中国人平均寿命的变迁

先说说皇帝的平均寿命。

皇帝以“万岁”自诩，但自秦汉至明清，生卒年可考的“万岁”有 200 多位，他们的平均寿命只有大约 39 岁。

当然，皇帝群体的平均寿命，远不足以代表其所处时代的民众平均寿命。

一者，皇帝拥有最顶级的衣食住行；二者，有一些皇帝在政治斗争中死于非命，有一些皇帝吞吃丹药自取灭亡；三者，也是最重要的一点，对“皇帝平均寿命”的统计，与“平均寿命”这个概念，完全不是一回事。

今人使用的“平均寿命”概念，完整的说法是“平均预期寿命”，即某个年龄段的人，平均还可以继续生存多少年。如果表述中没有特别点出具体年龄段，则“平均寿命”一词，通常是指出生不足一岁的婴儿，平均还可以继续生存多少年。

在古代，影响“平均寿命”的核心因素，不是人的寿命上限，而是寿命下限，也就是婴儿死亡率（一岁以下每千名活产婴儿的死亡人数）与儿童夭折率。无论中外，古代的婴儿死亡率与儿童夭折率，始终是非常高的。

反观“皇帝平均寿命”，指的是皇帝们平均能活到多少岁。它的计算有一个前提，就是这些被统计者至少活到了登基；没活到登基，做不成皇帝，也就不会被统计进来。鲜少有人一出生就登基，所以“皇帝平均寿命”基本上不受婴儿死亡率的影响；也不是所有皇帝都是在儿童期登基，所以儿童夭折率对“皇帝平均寿命”的影响也有限。于是，“皇帝平均寿命”往往要高于他所处时代的“平均寿命”——这种“高寿”，主要是统计差异造成的，不代表皇帝拥有的医疗资源有什么特别高明之处。

据《中国第三次人口普查资料分析》一书的测算，中国古代不同时期的人口平均寿命（即出生不足一岁的婴儿平均可以继续存活多久），如下表所示（单位/岁）：

北京猿人	14.6	唐代	27
夏商周	18	宋代	30
西周至汉	20	元代	32
东汉	22	清代	33

再说民国时期中国人的平均寿命。

1949 年之前，中国从未统计过全国人口平均寿命。但在 20 世纪三四十年代，有部分学者依据有限的地区人口调查资料，计算过中国的人口平均寿命。其中影响最大的，是美国学者哈利·赛福特（Harry E.Seifert）在 1933 年的统计。他的结论是：民国男性出生时，平均预期寿命是 34.85 岁；女性出生时，平均预期寿命是 34.63 岁。该结论后来被简化为“民国时期中国人均寿命只有 35 岁”，得到了极为广泛的引用与传播。①

不过，赛福特的结论还存在着一些不足。比如他使用的材料局限于 1929-1931 年，材料调查的对象全部是农民，没有城市人口（赛福特在论文标题中已指出此点）；他的计算方法，也与后来联合国编制的“发展中国家模型生命表”存在很大差异。有当代学者利用相同的材料，改采联合国的方法重新计算，得出的结论是：男性出生时，平均预期寿命 33.38 岁，女性 33.13 岁，男女合计 33.30 岁。这个结论，比赛福特的少了 1.5 岁左右。[②]

除了赛福特的统计，还有三份与“民国人均寿命”相关的统计资料，可供参考。

第一份，出自学者薛仲三（按时间顺序）。1935 年，薛利用南京居民的生命统计资料，计算得出南京市的人均寿命，男性为 39.80 岁，女性为 38.22 岁。薛统计的是城市人口，可以补充赛福特的不足。[③]

第二份，出自广西省政府的调查。自 1937 年起，广西在全省实行“生命统计报告制度”，积累了连续四年的统计资料。20 世纪 90 年代，广西学者利用这批资料，以“蒋庆琅法”计算，得出一个结论：1937-1938 年，广西男性的平均寿命是 41.18 岁，女性 43.30 岁；1940 年，广西男性的平均寿命是 41.48 岁，女性 42.66 岁。[④]

第三份，出自陈达领导的清华大学国情普查研究所。1940-1944 年，该所根据云南呈贡县的人口死亡统计资料，制成了多种寿命表。其结论是：若将霍乱（当时呈贡县霍乱大流行）死亡人数计算在内，当地男性的平均寿命是 32.8 岁，女性 34.2 岁，男女合计 32.8 岁；若不计算霍乱死亡人数，则当地男性的平均寿命是 33.8 岁，女性 38.0 岁，男女合计 36.0 岁。[⑤]

当代学者利用相同的资料，改采联合国的计算方法，得出的结论是：包括霍乱死亡人口，男女合计，当地人的平均寿命是 37.17 岁；不包括霍乱死亡人口，男女合计是 40.04 岁。比陈达当年的结论高出了 4-5 岁。

由以上四份资料，可以得出一个大致的结论：民国时期，中国人的“平均寿命”约为 40 岁左右——需要注意的是，这个结论并不等同于“大部分人活不到 40 岁”。道理很简单，民国时期的婴儿死亡率，也就是 1 岁以下每千名活产婴儿的死亡人数，仍高达 170‰ -200‰（江阴县农村甚至高达 239‰），每一千名活婴，有 170-200 名不到一岁就去世了。在统计上，每一名婴儿去世，至少需要两名成年人活到 60 岁，才能补足 40 岁的“平均寿命”。

从清代的大约 33 岁，到民国的大约 40 岁，中国人“平均寿命”的这种变化，究其实质，乃是“人类平均寿命第一次飞跃”的余绪。

所谓“人类寿命第一次飞跃”，指的是1796年英国人琴纳（Edward Jenner）发明牛痘预防天花之法后，儿童死亡率（非“婴儿死亡率”）大减，人类平均寿命提升到了 40 岁以上——牛痘法在欧洲推广初期，曾引起相当大的忧虑和争议，数学家丹尼尔·贝努利（Daniel Bernoulli）利用刚刚问世不久的概率统计，得出了牛痘法至少能延长人类平均寿命三年的结论。

在英国，牛痘法得到了国王乔治三世的支持，1799 的疫情调查显示，因为接种牛痘，英国因天花而死亡的人数减少了三分之二。大略同期，奥地利、波兰、匈牙利、意大利、西班牙、俄国，乃至拿破仑控制下正与英国处于敌对关系的法国，都从英国顺利引进了牛痘法。俄国沙皇亚历山大二世最先下令，全面强制俄国民众接种牛痘。1840年，英国国会也通过了立法，为所有英国民众免费提供牛痘接种，并禁止使用已然落后的人痘技术——这种技术最早是由中国人发明的。琴纳也很希望牛痘法能够尽快传入中国，欧洲人受过人痘法的恩惠，他希望更有效、更安全的牛痘法，可以成为对中国人的一种回馈。而且他认为，既然中国人能发明并接受人痘法，那也一定可以很顺利地全面接受牛痘法。

牛痘法传入中国，是在琴纳发明牛痘法后的第九个年头，也就是1805 年。这次传入，与西班牙政府的“海外殖民地牛痘接种行动”有直接关系。这场行动由西班牙国王的宫廷御医巴尔密斯（Francisco Javier de Balmis ）负责执行，他率船队先去了美洲，返程时又去了菲律宾，顺道将牛痘接种技术带到了澳门。广东南海人邱熺，成了最早接种牛痘、并致力于传播牛痘法的中国人。琴纳的愿望得到了部分实现。

之所以说“部分实现”，是因为守旧而排外的中国人，并未如琴纳所料，积极拥抱牛痘法。相反，在此后长达一百年的漫长时光中，牛痘法的传播始终局限在广东、福建等沿海地区。即便邱熺曾被曾国藩、阮元（两广总督）这样的大人物奉为上宾，被请去为他们的儿孙辈接种牛痘；即便邱熺在自己的著作《引痘略》中，用穴位、经络、胎毒之类的名词，对牛痘法做了一番非常亲民、接地气的“本土化”处理，牛痘法也始终未能深入内陆，始终未能传播到上海、北京等要地。

为了打破这种守旧排外心态，吸引更多的中国人前去接种牛痘，1873 年，上海公共租界当局在《申报》上连续 41 期刊登了一则广告。广告中说，只要响应租界当局的号召，去指定地点接种牛痘，不但“分文不取”，还“给钱三百文”作为调养费。广告原文如下：

> 大法国工部牛痘局，今设在上海新北门外东兴圣街姚辰庭大方脉医室内，每逢礼拜二礼拜六为期，如来种者，到期两点钟到局种痘无误，分文不取。倘有贫者，给钱三百文，为调养费。此亦西国人成美之道济之德也。

19 世纪 70 年代的上海，每斤猪肉大约 20 文钱。种牛痘不但免费，还可以得到 15 斤猪肉，租界当局之所以刊登这种大出血式的官方广告，是因为他们自 1871 年开始在租界推广牛痘接种，民众几乎毫无反应。

进入民国后，民间对牛痘仍抱持着严重的怀疑态度，但政府部门已开始采取行动。1917 年，北京城内已设立有官私种痘局所 66 处。1919 年，中央防疫处制造牛痘苗成功，这是中国第一次自制牛痘苗。1927 年，北京的“公益产科医院”开始在医院内为新生儿免费种牛痘。1928 年，国民政府颁布了《种痘条例》13 条，要求每个儿童必须种痘两次，一次是 3 个月–1 岁之间，一次是 6–7 岁之间；种痘工作由地方卫生机关负责；逃避种痘、逾期未种者，要对父母或监护人处以 10 元以下罚款。

《种痘条例》这项政策，在城市中执行得比较好。比如 1930 年长沙的种痘人数是 7760 人，1931 年是 2.46 万人，1932 年是 3.01 万人；自1910年到1935年，上海的医院与慈善机构，共计种牛痘250余万人次。在农村，因为人手不足，执行得比较差一些，且有许多以种人痘为业的"点花先生"，也将活动区域转移到了农村，专事诋毁牛痘，给防疫工作造成了很大的影响。比如1944年，一位"点花先生"跑到甘肃礼县白河乡种人痘，结果人为引发天花流行，传染到周边三县，民众死亡甚众。

虽然不尽如人意，但此时的中国，好歹算是赶上了"人类平均寿命第一次飞跃"的尾巴。

人类平均寿命的"第二次飞跃"，始于20世纪前半期，主要原因是以青霉素为代表的抗生素药物被发现，儿童死亡率骤降，人类的平均寿命随之突破了60岁大关。

英国人弗莱明（Alexander Fleming）早在1928年就发现了青霉素，但直到1943年，美国和英国的公司才找到工业化量产青霉素的办法。1944年，青霉素被用于诺曼底登陆战，大幅度减少了因伤口感染而死亡的士兵人数。

青霉素的发现，也包括1930年代的磺胺类药物及之后的链霉素等的发现，意味着人类第一次可以治愈由细菌感染引起的疾病，具有划时代的巨大意义。且看下面这组数字：1900年时，美国人的平均寿命只有47岁（牛痘法普及），1930年代上升至接近60岁（磺胺类药物普及），到1960年已接近70岁（青霉素普及）；相应地，从1938年到1956年，美国的儿童疾病死亡率下降了九成以上。日本的情况也差不多，1900年日本人的平均寿命只有44岁（牛痘法普及），1940年代上升至接近50岁（磺胺类药物），1955年突破了60岁（青霉素普及）。

青霉素在中国的普及，比美、英等国要稍晚一些。1944年春，中央防疫处得到英国红十字会捐赠的一笔经费，开始试制青霉素，参与人员包括汤飞凡、樊庆生、童村、朱既明、黄有为等。同年9月，粗制成5瓶青霉素。1948年，中央防疫处每月最高可生产青霉素2500瓶左右，质量也与进口青霉素差不多。这一年，中央防疫处总共生产青霉素 11338 瓶，卖出 10143 瓶。[⑥]

1949 年后，青霉素实现工业化生产的重任，转移至国营上海药品三厂。1950 年中国进口了 1500 万瓶青霉素，但远不够用。仅上海一地，在 1951 年每个月就需要 50 万瓶（据竺可桢 1952 年 1-3 月记事本）。1953 年 5 月，青霉素在药品三厂正式投产。1957 年，中国的青霉素产量达到 19155 公斤，同年，中国的人口平均寿命达到了前所未有的 57 岁（据《中国第三次人口普查资料分析》），即将突破 60 岁大关。[⑦]

大约同期，中国宣布通过牛痘法彻底消灭了天花。

参考资料

① H.E.Seifert.Life Tables for Chinese Farmers，Milank Memorial Fund Quarterly，1933.

②侯杨方 . 民国时期中国人口的死亡率 [J]. 中国人口科学 ,2003,(5).

③薛仲三 . 南京市寿命表 [J]. 复旦统计通讯 ,1945,(6).

④游金生 , 全虎德 , 徐景尧 . 建国前广西生命统计资料再分析 [J]. 中国卫生统计 ,1991,(6).

游金生 . 从广西生命统计史料看解放前我国人均寿命 [J]. 人口研究杂志 ,1991,(1).

⑤陈达 . 现代中国人口 [M]. 天津 : 天津人民出版社 ,1981: 第 32-37 表 .

⑥陆宪良 . 我国青霉素是怎样诞生的 [EB/OL]. 华东理工大学档案馆 .2017-07-06.

⑦国家统计局人口统计司 . 中国第三次人口普查资料分析 [M]. 北京 : 中国财政经济出版社 ,1987.

少林大战武当

1928 年，得冯玉祥、李烈钧、戴季陶、于右任等国民党元老支持，张之江等人于南京成立了中国传统武术的最高学府“中央国术馆”。

参考江湖规矩，学府内设“少林门”与“武当门”，负责具体的教学和研究。太极拳、八卦掌、形意拳被定性为“内家功夫”，划入武当门。其余武术拳种（如查拳、谭腿）皆被定性为“外家功夫”，划入少林门。

这年 8 月，国术馆发生了“少林门与武当门之斗”。

同年考入中央国术馆、后任该馆教务处副处长的杨松山，目睹了这场武斗。据他回忆：

> 国术研究馆建立不久，曾发生过少林、武当两门比武事件。这是馆内派系矛盾的结果。副馆长李景林，原系东北军的将领、太极拳专家。他与张之江有些矛盾，因此，从未到职视事。副馆长一职形同虚设。但他的几个亲信却都在馆内任职。当时，……武当门长高振东（笔者注：高是第三任武当门门长，矛盾的直接当事人是第二任门长孙禄堂），少林门长王子平。教员教授若干人，各以所长分属两门。这样的组织形式本身就设下门派的畛域。同时人事上又各有背景，加之有人存心造隙，从中煽动，终于酿成王、高两门长比手，柳印虎、马裕

甫竹剑拼搏。比武双方开手就打，一点礼节也没有，真是“意气相斗狠，攻干各其疾”，全然看不到武术家“揖让而升”的应有风度。[①]

这场武斗，抽象而言，可以追溯到自清代发端的少林与武当的内、外家之争。

约自清中后期始，尊武当为祖的武术人士自视“内家”，编造了许多“武当内家功夫”击败“少林外家功夫”的传说；尊少林为祖的武术人士亦自视“内家”，编造了许多“少林功夫”击败“武当功夫”的传说。这些传说层层累积，到了民国仍是传统武术界争执不休的话题。[②]

具体而言，则与中央国术馆内对“传统武术”的认知分歧有关。

武当门门长孙禄堂“认为国术的功能主要是体现在修身上，其技击效力的发挥离不开明理、修身，即明理、修身为本，技术为末。”国术馆馆长张之江、教务处长马良等人“热衷于倡导国术在现代军事战场上发挥直接效用，认为实用招法为教学重点，修身为其外延。”孙禄堂主张教学侧重“基本规矩及其学理”，培养“具有灵性的内劲”；张之江等人主张教学侧重“传授绝招绝技”，先培养“绝对力量”。[③]

这种分歧，导致孙禄堂甫到南京就职，开学典礼上即有人当场鼓噪向其发出挑战，质疑他提倡武术以修身为主要功能，是因为他并不能打，他的那些打倒外国大力士之类的“传奇故事”其实多是虚构捏造。

不过，最后代表“武当门”出来与“少林门”门长王子平比斗者，并非门长孙禄堂，而是临时自上海招来的高振东。

据高振东回忆，自己代孙禄堂出战的始末如下：

民国十七年（1928年）六月的一天，孙禄堂师伯的儿子孙存周和弟子李玉林忽然从南京来上海找我，手里拿着孙先生的信。叫我到南京说有事情商量，……第二天两弟急急匆匆又来，在我家等着我，我问师弟什么事情这么急？师弟拿出督办（李景林）的信和名片，还有孙先生的名片，因为我不识字，就叫他们念给我听，信的内容大概是："王子平要和孙先生比武，请你速来南京商议此事"，师弟说："老师和督办（李景林）要你立刻起身和我们一起回南京。"

到京后……李督办就说："言归正传，振东，……前些日子孙先生出版了拳谱，子平见了就说：你们内家拳说的那么悬乎，我们比试比试吧，要不我和孙先生较量较量，馆内的一些人也趁机煽动起来，如果叫你师伯和他比，我考虑你师伯年近花甲，不太适合，子平四十多岁，正在壮年，所以把你请来代替你师伯和他比武。"我听了就心思（琢磨），虽然我在军队里和人家比过武，那场面比较小，久闻子平大名，这事情不比平常。孙先生看出我的心思说："振东，以你的功力一定会战胜他的。"在二位的劝说下我只好应下此事。师伯后来就回了上海。④

这两大段，看似洋洋洒洒，其实总结起来，无非是"拳怕少壮"四个字——孙禄堂年近六十，觉得自己和四十多岁的王子平比斗太吃亏，所以唤来三十岁左右的高振东。

王子平与高振东的少林、武当之战的输赢，如今已经成了一桩无解悬案。

少林门弟子的说法，此战以平局告终，但王子平在比斗中大占上风：

王子平先防守而后反击，高振东被招招命中。双方越比越勇，势不可挡，双方角逐了十几个回合，不分胜负，难解难

> 分，但局势逐渐恶化，大有不获全胜誓不罢休之势。这时裁判员鸣笛，宣布暂停，并有几位武士上前将两人拉开，停止比赛。裁判员宣布，双方比武结果为平局。但双方并未握手言和，都想再比赛。[⑤]

按高振东的说法，此战王子平“无招架之功”，最后“合手认输”：

> 王摆了个劈拳式向我进招，我用掌勾卦封闭，王无招架之功，被我打中一拳退至墙下，于是王急忙挥手示意停止，我正要罢手，待我转身时，王突然过来追打，我回身一掌，将王的衣服豁开一个大口子，李督办（李景林）见事不好，上来劝解。子平知道艺不能敌，合手认输。

双方的说法里，有一点是共同承认的，即两人的比斗是被人拉开，强行终止的。这意味着，比斗进入了一种互不干休、谁也不肯认败的状态。少林门弟子说“双方并未握手言和，都想再比赛”，当属实话；高振东所谓的“子平知道艺不能敌，合手认输”则是胡扯。

这两位比斗过后，又有刀剑科长柳印虎代表“武当门”，与代表“少林门”的枪棍科长马裕甫，以竹剑比拼。斗至半途，张之江担心引发两大门派群殴，强行喊停，遂以平局告终。

此番门派大战，与中央国术馆馆长张之江不懂武术，有很大关系——中国传统武术，根本就不存在什么“少林派”与“武当派”的分野，张之江小说戏剧看多了，强行搞出这种分野，结果就引发了这场闹剧。

冯玉祥曾嘲讽张之江：“把天下各门的‘大侠’都请来了，是不是你要当总门长？我看你的国术馆要办成说书馆了。”[⑥]

武术史学者徐纪也提到：“王子平先生……他一不是佛教徒，二不会少林拳，如何当得少林门的门长？至于强合形意、八卦、太极为内家，为武当，更是清末民初才兴起的时髦之论。据之而立武当门，实在很难服众。……少林、武当之事，是以小说、戏剧的渲染与传播，在一般人士中流行。而真正的武术家，是不曾标榜这一失实不确的观念的。”

此番大战后，中央国术馆取消了少林门与武当门。

但事情还有后续。受此番门派拼斗的刺激，国术馆编审处长唐豪，亲往少林寺、陈家沟、武当山考察，于 1930 年 4 月写成《少林武当考》一书，指明所谓“少林外家”“武当内家”之说，均是荒诞不经的谬传。

在序言中，唐豪希望中国的武术界人士看了这本书后，能够放下门户之见，协力推动中国武术的科学转型：

> 著者写这本小册子的动机，一方面固然要使一般人了解，所谓少林武当的内容，一方面因为目睹所谓少林、武当的职业武士，互相水火，互相妒嫉。十余年来，纷争不已。读了这本小册子，或者可以把天地放宽些看，大家起来，努力于国术科学建设这条大道，不要坐在枯井里，老嚷着天小。

然后，坏人钱途的唐豪，就被所谓的“武术界”给揍了。其友顾留馨回忆道：

> 1930 年，他（唐豪）写成《少林武当考》，由中央国术馆发行。用大量史料来证明达摩和尚和张三丰道士都不会武术，指出所谓少林拳始于印僧达摩，太极拳始于武当张三丰之说，都是后人的牵强附会。当时出版的太极拳图解之类的书，大多持太极拳系仙传之说。这样唐豪就得罪了这些书的作者们，也得罪了自以为是少林正宗，武当嫡派的某些勇

于私斗的职业拳师。他们就策谋，对唐豪不择手段地饱以老拳。……不久，唐豪离开南京（中央国术馆），回上海执行律师业务。[7]

参考资料

①杨松山 . 旧中国中央国术馆忆片断 [A]. 成都体育学院体育史研究所 . 中国近代体育史资料 [C]. 成都 : 四川教育出版社 ,1999.

②程大力 . 清代少林与内家之争是政治舆论之战 [J]. 体育学刊 ,2014,(6).

③孙婉容 . 孙式太极拳剑 [M]. 北京 : 北京体育大学出版社 ,2012:10.

④高振东 , 邢志良 . 尘封了八十年之久的武林逸事：记武当门长高振东 .

⑤佚名 . 武林 [M]. 广州 : 科学普及出版社广州分社 ,1993:49.

⑥马明达 . 说剑丛稿 [M]. 北京 : 中华书局 ,2007:334.

⑦顾留馨 . 忆唐豪 [A]. 唐豪遗 . 神州武艺 [C]. 长春 : 吉林文史出版社 ,1986.

民国版 “点穴术”如何骗人

2019年6月28日，在福建清流县举办的一场“武林龙斗士中外拳王争霸赛”中，号称“点穴大师”的霍燕山，仅用了两回合，就用他的“点穴神功”，将一名号称“散打冠军”的参赛者击败，后者倒地抽搐，无力站起。

视频传出后，迅速遭到了网民的无情嘲笑。

比如，尽管现场解说不断高呼：“点到了！点到了！”有人却表示“我回放了三遍，愣是没看清大师是怎么出手”；有格斗界人士发现，被击倒的所谓“散打冠军”看起来并不像散打运动员，比赛中的表现“没有达到散手和搏击的基础要求”；有人爆料，所谓的“点穴大师”，其实是清流武术协会会长，也就是这次比赛的承办方；有人笑称，这是“中国真正的表演艺术家”……①

压力之下，“福建省武术协会会长告诉新京报记者，武术界无点穴神功。”②

其实，世上不存在“点穴神功”这个结论，早在20世纪40年代，就已由著名武师王芗斋戳破。

王芗斋干了一辈子传统武术。在《拳道中枢》（又名《大成拳论》）一书中，他直言，被传武界说得神乎其神的点穴法，是一种“闻之令人生厌呕吐”、根本没有实战价值的东西。

他的原话是这样说的：

点穴之说世人者以为奇，有云点穴道者，有云时间者，其种种分论不已，闻之令人生厌呕吐，所论皆非也。盖双方较技，势均力敌，不必曰固定之穴不易击中，即不论何处，击中甚难。如仅以其穴之可点，再加以时间之校对，则早已为对方击破矣。总之，若无拳术之根本能力，纵使其任意戳点，亦无所施其技，即幸而点中，亦无效果，若已得拳中之真实理力，则无论两肋前胸之某一部位，一被击中立能致死。非有意点穴，而所至之处则无不非穴，若仅学某处是穴、某时可点，其道不愈疏远乎？③

大意是：点穴这门功夫，被说得神乎其神，有的强调要找准穴道，有的强调要点对时间（笔者注：按照中国传统武学的观点，点穴要讲究时辰，不同的时辰，要制敌必须点不同的穴道，下文会有介绍），听了让人忍不住想要呕吐。两个人比武，势均力敌的情况下，去点对方的某个穴道，本来就难；逮着哪个穴道点哪个，也不是容易的事情。如果还要按照时间来推算究竟该点哪个穴道，那早就被对方揍趴下了。总之，如果拳术没练到家，软绵绵的没有力道，随便戳、戳中了也不会有什么效果；如果拳术练得好，手上有力道，去戳人的两肋前胸，不管有没有戳中穴道，都可以把人戳死。所谓的点穴法，教人“学某处是穴、某时可点”，简直扯淡。

目前可见的，中国传统武术中关于“攻击穴位”的最早记载，是黄宗羲的《王征南墓志铭》。文中称：“（王征南）凡搏人皆以其穴：死穴、晕穴、哑穴，一切如铜人图法。”中国传统医学中，并无死穴、晕穴、哑穴这类穴位名称。所谓死、晕、哑，显然是指攻击某些穴位所产生的效果。

黄宗羲之子黄百家，曾师从王征南练习武术。他在《内家拳法》一书中，披露了王征南与人搏斗时，攻击的具体穴位——包括“死穴、哑穴、晕穴、咳穴、膀胱、虾蟆、猿跳、曲池、锁喉、解颐、合谷、内关、三里等穴”。

民国武术史学者唐豪，依据黄氏父子的记载，参考“铜人图法”的穴位位置，于1929年前后，对王征南的这套“攻击穴位”的武术，进行了亲自验证。他发现：

（1）能让人咳嗽的，只有“天突穴”（位于人的咽喉处），用手指点住后会让人有咳嗽的症状，可以算作“咳穴”。但“亦须捉颈从容为之，小炫技巧以骇庸俗则可，游动斗殴以制敌人则难”——必须得抓住对方的脖子，然后从从容容地去点，这种技巧只能拿来炫惑门外汉，与人搏斗的时候根本用不上，没法拿来制服敌人。

（2）合谷、内关、三里、曲池这些穴位，“须捉臂点按，遇肌肉坚实，指力欠劲者且不应”——要想有效果，得先制住敌人，捉住他的手臂，再使劲去点，用力去按。而且，如果遇到的人经常锻炼有肌肉，点穴的人手指又不够有力量，对方根本就不会有反应。

（3）膀胱不是穴位，但它遭受攻击，确实足以致命；环跳穴在人的臀部，那里“肌肉丰厚，受搏无甚酸痛”，聪明的武术家根本不会拿手指去戳。至于解颐、锁喉，其实都是武术技巧，与穴位无关。解颐是把人的下巴弄脱臼，锁喉是掐住人的脖子使其窒息，或弄断喉管使其死亡。④

唐豪的验证，与王芗斋的观点不谋而合。扼要说来就是：点穴不具备实战作用，只有锻炼出不凡的力量，学会高超的格斗技巧（解颐、锁喉），攻击人的要害部位（膀胱），才可以克敌制胜。

“点穴”真正进入传统武术界，被吹得神乎其神，是晚清公案武侠小说流行之后，才发生的事情。

《三侠五义》《彭公案》是此类公案武侠小说的代表作。《彭公案》至晚刊行于光绪十八年（1892），书中有很多人物擅长“点穴神功”，如“曹泰手中使一对判官笔，能点穴”；“（霍金章的）八卦乾坤掌能点穴”；“（欧阳德）施展出点穴的功夫，只要被他摸到一把、拧到一下的，都一个个倒在地上动弹不得。”

受此类公案小说影响，清末民初之际，民间开始流传各种“点穴高人”的神奇事迹。徐珂的掌故笔记史料集《清稗类钞》写成于民国五年（1916），内中就收录了一位名叫舒雅佩的“点穴高手”的事迹。

据说，这位舒雅佩生于乾隆年间，死于光绪七年，是位能够“步行墙垣”的武术高手。某日，他游玩至正阳关，拉住一位马贩子，警告他“面色有异，不治将死”，且询问对方是不是手臂疼？是不是一小时以前有人拍了他的背？马贩子回答说：确实有，之前遇到一个少年，想拿瘸腿马换自己的好马，自己不肯，少年生气了，就怒拍了一下自己的背走了。舒雅佩告诉马贩子：“此点穴也，一周时将死”，然后用特制的药救了马贩子一命。随后，舒雅佩在路上碰上了点穴少年，用点穴法与之搏斗，少年中招后“忽噤其口，若痴”，变成了痴痴呆呆的哑巴。舒雅佩再让马贩子用自己所赠之药将少年医好。[5]

这个故事，多半是“走江湖”的民间传统武术艺人，为了卖药，而仿照《三侠五义》《彭公案》之类当时脍炙人口的公案武侠小说（这些小说多存身于民间曲艺），编造出来的（舒雅佩与少年，极大概率是在合作表演，目的是骗马贩子买他们的药）。

再后来，“点穴神功”在平江不肖生、王度庐等人的武侠小说中成了司空见惯之物。在振兴“国术”的旗帜下，传统武术界参考武侠小说的描述，造出了许多“点穴秘笈”，很多“传武高人”宣称自己掌握着能够顷刻使人动弹不得、乃至致人死地的“点穴术”。

阅读这些民国出版的“点穴秘笈”，是一件非常有意思的事情。

比如，按照浙江人梅占春 1934 年印行的《国术点穴秘诀》，要练成“点穴神功”，必须这样做：

（1）练指劲（拳劲）。每天用手指去插铁砂，“全神贯注，逐日按时练习，无使间断，四五年后，则指有劲矣”；练拳则是每天拿拳头去打木桩，也得连续每天打四五年。

（2）练认穴，记牢不同时辰该点什么穴。书中说，点穴杀人的原理，是人的气血在经络中游走，而“点穴者能以点法阻其流行，限时取命”，因为气血在不同的时辰会跑到不同的穴位，所以点穴一定要按时间去点，比如，子时点穴杀人，必须点心窝穴，丑时点穴杀人，必须点涌泉穴……[6]

显然，这种练法非常鸡贼——所谓气血在经络里游走完全是伪科学，按时辰打穴也纯属无厘头，但一个人只要练好了第一步，真的老老实实插了五年铁砂、打了五年木桩，他拿手指和拳头去戳、去打人身上的要害部位，大概率会有克敌的效果。如此，传授“点穴秘诀”的传武大师，也就可以宣布自己的“秘诀”有效了——如果没有克敌的效果，也不妨责备练习者铁砂插得还不够。

就笔者所见，这种鸡贼把戏，当时所有的“点穴秘笈”几乎都在玩。

比如，按照金倜生 1940 年出版的《点穴法真传秘诀》，要练成“点穴神功”，必须这样做：

（1）认穴。把每个穴道的位置都记住。

（2）寻径。记住气血在经络中的运行轨迹，记住不同时辰该点什么穴。

（3）练指劲。可以用手指循序顶木板、顶坚树、顶石头，最后须练到“其指触石，可成粉屑”的地步；也可以用手指循序插沙子、铁珠、铁屑，最后须练到“其指可以透铁”的地步。[7]

试想，如果一个人的手指已经可以把石头戳成粉末、把铁板戳出洞来，他再去戳人，当然是一戳一个准，一戳一个死。但，这与所谓的“点穴”有半毛钱关系吗？——如果没能戳死戳伤对手，倒是可以责备练习者的指劲没练到家。

当时的种种“秘笈”，之所以如此鸡贼，恰是因为：那些所谓的传武大师心里很明白，并不存在什么“点穴神功”；要兜售这种不存在的功夫而又不露马脚，就必须在练法上玩这种把戏。

其实，只要稍具常识者，就不难理解“点穴神功”的真相。1932 年，一位名叫“福民”的传统武术从业者，曾在《国术》半月刊上刊文，如此解释“点穴”：

“譬如巨阙穴，在心窝人字骨下一寸五分，点后百日必死，其实此处，乃是人的膈膜，……膈膜受伤，成为岔气的慢性肋膜炎，安得不死？”[⑧]

可惜的是，很多当时所谓的“传武大师”，并不愿如“福民”这般回归常识。他们很清楚，只有将“点穴”吹得神乎其神，自己才能卖个好价钱，所以，敌方的受伤或死亡，必须与子虚乌有的“点穴神功”有关。

梅占春的《国术点穴秘诀》，可谓这方面的典型。试举几例：

（1）书中说，打人的额前，“打重血不止者，血出见风发肿者，三五日或六七日死”——你把人前额脑袋打破了，止不住血，伤口还发肿化脓，人当然大概率会死（按 1930 年代的医学水平）。这跟点没点到穴道，没半毛钱关系。

（2）书中说，打人两眉中间的眉心穴，“打重者头大如斗，三日死”——你把人眉心打破了，人家的脑袋肿胀发炎，当然大概率会死。这跟点没点到穴道，没半毛钱关系。

（3）书中说，打人的太阳穴，“打重者七日死，或半月死，损耳目，其血凝成脓者不死，不可见风，见风则发肿而死”——你猛击人脑袋的两侧，当然很可能将之打死，也有可能造成脑震荡，导致失明或者失聪，伤口感染发肿后极可能导致死亡。这跟点没点到穴道，没半毛钱关系。

（4）书中说，打人的巨阙穴，“打重者人事不省”“若不愈，一百二十日死”——前文提及，同时代的武术工作者“福民”已经解释过了，重击人的腹部，是可以把人打晕的；如果打破了膈膜，造成慢性肋膜炎，当然也很可能在 120 天左右的时间里死亡。这跟点没点到穴道，没半毛钱关系。[⑨]

以上种种，本不过是常见的格斗技巧，即攻击人的头部、胸膈膜等脆弱部位，进而对人造成巨大伤害。奈何有些所谓的“大师”非要将其说成是“点穴神功”的效果。这种自欺欺人，实在是既可笑，又可悲。

最后，再重复一次唐豪与王芗斋当年对“点穴”所下的结论：点穴不具备任何实战作用，只有锻炼出不凡的力量，学会高超的格斗技巧（比如解颐、锁喉），熟练攻击人的要害部位（比如膀胱），才能在对战中克敌制胜。

参考资料

①沸腾 . 点穴大师 KO 散打冠军，绝世神功用来打“演员”[N]. 新京报 ,2019-7-2.

②刘泽蔚 . 点穴神功 KO 散打冠军？福建武协会长：就没这种神功 [N]. 新京报 ,2019-7-2.

③王芗斋 . 拳道中枢（大成拳论）[M]. 北京 : 人民体育出版社 ,2021.

④唐豪 . 中国体育史参考资料 [M]. 北京 : 人民体育出版社 ,1957.

⑤徐珂 . 清稗类钞 [M]. 北京 : 中华书局 ,2017.

⑥梅占春 . 国术点穴秘诀伤穴治法合刊 [M]. 上海 : 上海务本书药社印行 ,1912.

⑦金倜生 . 点穴法真传秘诀 [M]. 太原 : 山西科学技术出版社 ,2011.

⑧福民 . 我国拳术的派别与种类 [J]. 国术 ,1932.

⑨梅占春国术点穴秘诀伤穴治法合刊 [M]. 上海 : 上海务本书药社印行 ,1912.

放足运动引来民众喊打喊杀

1929 年 3 月 12 日，山东滕县城隍庙住持杨老道，头戴大红帽，身穿黄马褂，率大批红枪会众，包围了滕县县城。会众在城外鼓噪，要求滕县地方政府接受他们提出的三项要求。除重建城隍庙与神像、恢复红顶花翎两项与会道门利益相关者外，最引人注目的一项是："放任妇女缠足。"①

缠足问题成了一场民变的核心诉求之一，可见 1929 年的滕县民众，对国民政府推行的"禁止妇女缠足运动"，是多么深恶痛绝——此类问题并非个案，据《成都国民日报》的报道，1932 年，四川派了"放足检察员"下乡检查，结果这些人到了基层，"激起全村公愤，各家壮丁咸摩拳擦掌，准备缚而杀之"②。

禁止女性缠足，本该是一项善政。何以办事人员到了基层，却得了一个人人怨恨、人人喊打的结果？

一、缠足背后的经济算计

缠足是中国历史上流行甚久、久禁不绝的一种陋习。它大约始于元代——元代晚期才出现"三寸金莲"式的缠足之法，此前那些被视为缠足的相关资料，实不过是以布袜修饰脚型，使其显出一种长而窄之美，而非阻止脚的发育——盛行于明清。

康熙三年，礼部曾奉命制定过禁止缠足的法律，对缠足者之家长施以重刑。但因执行难度过大，该禁令不久即被废止。此后，政府长期对缠足之风持不加干涉的立场，直至清末知识分子发起不缠足运动。进入民国后，北京政府与南京政府，均致力于从政策上禁绝缠足。

作为一种复杂的社会现象，缠足的出现，有文化、制度方面的诸多因素。比如有闲阶层“以纤弓为妙”，带动了妓女与上层贵族妇女刻意整塑自己的脚型，使元末人陶宗仪生出“近年则人人相效，以不为者为耻也”的感慨（这种整塑与后来的裹脚仍有区别）。再如父为子（女）纲、夫为妻纲的权力架构，使得女性很容易在家庭投资中沦为物化最严重的对象。

但缠足能够流行数百年，最核心的因素，仍是经济利益。在张五常看来，给女性缠足的目的，是为了防止其出嫁后逃走，缠足带来的走动能力下降，对女性从事纺织与家务并无大碍，亦即：“对新郎的父母来说，由此造成的身体残疾可由姑娘降低了的逃跑能力来补偿而有余。因此，他们愿意为裹足的新娘支付更高的市场价格。这给新娘的父母提供了一个信号，使他们在新娘通过婚约许配给人以前很久就给她裹足。”③

防止逃跑其实不是缠足的核心经济价值。姚遂的研究发现：缠足女性的劳动价值主要体现在纺织活动上，纺织活动的收益上升，缠足也会随之流行；反之，缠足则会遭到抑制。

明清两代，江南地区的农家不流行缠足——如乾隆时的赵翼所说，苏州城内女子“以足小为贵”，但城外的妇女们却“皆赤脚种田，尚不缠裹”。这背后的原因，即在于纺织的收益相对耕作并无优势。具体说来就是：明代朝廷长期对江南地区征收重赋，亩均税粮常常是全国水平的3-4倍。这种盘剥经常造成谷价的飙升，使得纺织品相对贬值，让织布者陷入“少怠即朝不能夕”（略微偷懒就难以糊口）的境遇，于是“三时农忙率其妇子力作”（农忙时带着老婆孩子一起下田干活）就成了明代江南地区的常见情形（见嘉靖时成书的《江阴县志》）。到了清代，江南地区的情况并未改观，民众依然在承担重赋，粮价的上涨与布价的下降，使得“天足女性比缠足女性更有价值”。

相对应的，自明代中晚期开始，缠足在中国北方地区的民众中普遍流行，其核心原因在于北方家庭棉纺织业的发展（这得益于北方是主要的棉花种植区），使得女性在家中纺布的收益高出了下地耕种的收益。

姚遂还研究了湖广地区（主要是湖北、湖南）和四川何以在清代中晚期形成了缠足之风。他的结论是，这三个地区“基本上都遵循一个规律：在（家庭）纺织业发展的地区，缠足的习气就更加浓厚”。清代中期以前，这三个地区人少地多，棉花主要外销，纺织品的市场有限，价值也不如耕作所得的农产品，所以女性的缠足风气受到了抑制。清代中期之后，情况渐渐发生变化，棉纺织品对普通农家的价值上升，缠足之风也随之流行开来。④

二、民众厌恶“反缠足运动”的三个原因

晚清的反缠足运动始于外国传教士。庚子年后，这场运动深入到了清廷内部。1902 年，岑春煊署理四川总督，上任伊始就发布告示，号召禁绝缠足。告示里说，缠足是一种有害于国家强盛的毫无廉耻的行为：“以小脚求媚于人，乃是倡优下贱的思想。世间喜小脚的，必是轻薄无行的男子。”⑤

告示被贴满全川，还印成五万份小册子发给识字民众。总督搞出这么大动静，且把话说到这种程度，四川有脸面的官绅们自然不好再继续维持对小脚女性的喜好。随后，在官绅名流的倡议下，四川成立了 20 余个反缠足团体；1903 年，又有 100 多名官绅名流的太太在成都文殊院举行了公开的“放足活动”，活动的宣传文稿称，中国女人的小脚被洋人拍入照片，拿去宣传“我泱泱华夏野蛮落后”，实在是

罪莫大焉。

官绅名流“觉醒”起来很容易，普通民众则不然——官绅名流与缠足之间，只维系着一种病态的审美；普通民众与缠足之间，却如前文所言，存在着实实在在的经济利益。所以，当官绅名流致力于去启蒙普通民众时，他们发现自己踢到了一块铁板。1906 年的《广益丛报》里说，四川提倡放足已经好几年了，花了很多气力，但“不肯释放者，总居其多数也”。1910 年，四川巡警道发布告示称若不放足“即是犯了王法”，这种遣词造句颇有专门针对底层民众的用意，却仍是反响寥寥。

进入民国后，北京政府与南京政府也踢到了同一块铁板。以山西为例。阎锡山自辛亥后执掌山西省政，即致力于废除缠足。在阎的理解，山西全省人口一千万，女性居半，因为缠足的缘故，“多为不事生产之人”，不废除缠足，山西必然“人种积弱，难期富强”。所以，他制定的反缠足政策，不但要惩罚（主要是罚金）违反禁令给孩子缠足的家长，还要惩罚缠足者本人、娶缠足女性的学生、为缠足女性制卖木底的工商业者。

这种做法，很快就招来了山西民众的普遍怨恨。山西太原县赤桥村人刘大鹏的日记，将底层民众的这种怨恨记录了下来——刘大鹏生于 1857 年，逝于 1942 年。1894 年中举，三次入京会试均落榜而归，没能进入官场。为了谋生，他在太谷县某富商家中担任坐馆教师，一做就是二十年，是一个底层士绅。

1918 年 6 月 14 日，已回乡务农的刘大鹏，在日记中写道：“吾邑办理天足，现派妇女下乡，挨户查女人之足，分四路查办，今日到吾里，百姓莫不怨恨。”⑥

刘大鹏所观察到的这种来自底层民众的怨恨，主要由三部分构成：

（1）禁止缠足固然是对女性的解放，但同时也相当于削弱了女性在婚姻中的经济价值。为了避免这种损失，山西的壶关县、潞城县等，均出现了“令女早嫁”的风潮，赶在禁令到来之前，将已缠足而未成年的女儿匆匆嫁出去。

（2）具体的办事者，站在“我在办善政”的立场上，自认为占据着道德高度，往往采取粗暴的手段——比如直接闯入民众家中搜查、直接捆绑民众示众游街，来完成上级摊派下来的任务（各县放足比例是当时重要的县政考核指标）。刘大鹏在日记中提到的派妇女“挨户查女人之足”，其实尚算温和；甘肃酒泉县县长魏允之的做法，是自己亲自前往女校给女学生“脱袜检查”，又亲自带人下乡，“亲入民宅，凡四百七十余户”，搜查村民家中是否藏有裹小脚者[⑦]。河南禹县女性陈秀珍 12 岁时（约为 1933 年）遭遇当地政府的放足搜查，逃入庙中仍被找出，搜查者“刺啦一下给我撕开（裹脚布），撕开给我抖了抖，叫俺爹挂到脖子里头去游街”[⑧]。

（3）因反缠足运动配套有罚款政策，受经济利益驱动，具体的办事者在搜查裹脚者时往往格外卖力。刘大鹏作为一个底层士绅，并不反对女性放足，认为反缠足运动的本意“并非不善”，但他无法接受有人借这场运动鱼肉百姓。在 1918 年 6 月 23 日的日记中，刘大鹏写道：“本县查足一事，近日藉以扰民。凡查办人役回县报告某家妇女其足未改，即唤到县科罚大洋，初则一元、二元，继则三元、五元，现则十元、二十元矣。无钱穷民即行管押，缴钱始放，此等苛政不亦猛于虎乎！”

当时，就罚款额度，各省皆制定有具体的标准，但并无任何机构可以监督罚款执行者所得金钱的去向。以山西为例，阎锡山制定的罚款标准非常宽泛，对一般民众，若发现其女儿缠足，一般是罚其家长 3-30 元；对娶缠足女子的新式学生，一般是罚 30-300 元。也就是说，具体的执行者不妨对民众罚款 30 元，再按罚款 3 元纳入公账（甚至不妨对这笔罚款毫无记录）。刘大鹏提到太原县的罚款额度从 1 元、2 元上升至 10 元、20 元，这背后很可能就藏着这种猫腻。这也是具体的执行者乐衷于破门入户、擅闯民宅的重要原因——1909 年出生的兰理氏是河南开封人，她回忆当时的缠足搜查政策是“一天几遍查，一天几遍搜”。如此勤奋的背后，是一颗颗逐利之心在跃动。

这种逐利，是很普遍的现象。前文提到的河南禹县女性陈秀珍，她的父亲本被威胁要挂着裹脚布游街，结果“给了她（检查者）两块现洋，没叫俺爹游街”，用钱解决了问题。类似的情形，也见于河南孟县，时人回忆，当地的“有钱人家，有接待查足的，并输付给 1 至 2 元钱，就可放过不查”，没钱者的人家，只好“一听到狗吠声，缠足的妇女赶快下萝卜窖躲藏”[⑨]。如此，也就不难理解为何会发生本文开篇提到的“人人怨恨、人人喊打”的情形。

事实上，权力并非无所不能。自清末一直持续到抗战全面爆发前夕（抗战期间后方某些地区也推行过这类运动）的“反缠足运动”，并不是缠足这一恶俗消亡的核心原因（这并不是说“反缠足运动”无价值）。真正使女性免于遭受肢体摧残的，是经济环境的变化——正如劳雷尔·宝森（Laurel Bossen）对云南禄村的调查所揭示的那样：该村之所以在 1930 年代之后不再给女性裹脚，核心原因乃是“家庭纺织生产变得无利可图”，女性“不得不走出家门下田劳动”[⑩]。

禄村如此，禄村之外，也是如此。

参考资料

①佚名 . 滕县匪退后之善后 [N] 申报 ,1929, 第 3 版 .

②杨兴梅 . 南京国民政府禁止妇女缠足的努力及其成效 [J]. 历史研究 ,1998,(3).

③张五常 . 经济解释：张五常经济论文选 [M]. 北京 : 商务印书馆 ,2000:117.

④姚遂 . 耕织经济与中国灰姑娘：中国缠足兴衰的经济学解释 [J]. 经济学报 ,2017,(2).

⑤郑光路 . 四川旧事 [M]. 成都 : 四川人民出版社 ,2018:35.

⑥刘大鹏 . 退想斋日记 [M]. 太原 : 山西人民出版社 ,1990:262.

⑦陈赓雅 . 西北视察记 [M]. 兰州 : 甘肃人民出版社 ,2002:174-175.

⑧李小江 . 让女人自己说话：文化寻踪 [M]. 上海 : 三联书店 ,2003:242-245.

⑨王尔昌 . 民初孟县剪辫放足的实施概况 [J]. 文史月刊 ,1994,(6).

⑩宝森 . 中国妇女与农村发展：云南禄村六十年的变迁 [M]. 南京 : 江苏人民出版社 ,2005:81.

给“中国的辛德勒”虚构敌人

说一说“何凤山为犹太人发放签证”一事。

1938年—1940年间，何凤山利用自己中国驻维也纳领事馆总领事的身份，以人道主义立场，为数千名因纳粹反犹运动而陷入绝境的犹太人发放前往上海的签证，使他们顺利逃离了纳粹的魔掌。另有统计称，从1933年-1941年，共有约2-3万犹太难民利用此类便利，进入上海避难。[①]

这段历史，在何凤山生前一直鲜为人知，直到20世纪90年代后期，才被史学界发掘出来；然后在2000年之后，又靠着各种纪录片、电影、电视剧（如《最后一张签证》）的宣传而渐获普及。何凤山也获得了“中国辛德勒”的美誉。

救助犹太人一事，何凤山晚年在撰写回忆录《外交生涯四十年》时，有所叙述，但着墨不多。

关于给犹太人发放签证的情况，何是这样写的：

> 派我为总领事，时在1938年5月。……周其庠改任副领事，与以前在使馆一样，负责办理护照签证事务。此时排斥犹太人之风甚炽，许多犹太人的店铺都被纳粹的黄衣挺进队打毁，老板被捕入集中营。奥（地利）籍的犹太人，大都想法离开奥国前往美国，然而美国容纳移民的数目有限，而且条件苛刻，所以大多是来中国领事馆签证，前往上海，实则心存观

望，依然是等待美国或英国的签证机会。……自德奥合并后，希魔逼迫犹太人的气焰日益高涨，于是有美国的教会与慈善机构极力拯救犹太人。我与这些机关密切联系，凡可尽力之处无不尽力，不知救活了多少犹太人。[②]

这段叙述大体符合史实。当时，奥地利的纳粹反犹浪潮颇为凶猛——反犹的核心目的之一，是迫使犹太人离开奥地利。而犹太人要想离开奥地利，需要持有签证以证明其目的地，否则就将面临被押送至集中营的命运。在英、美等国移民名额已满、而进入上海不需要移民申请的情况下，寻求一份可以证明其目的地是中国的签证，就成了许多犹太人退而求其次的选择。何凤山与中国驻维也纳领事馆，遂在这种背景下，开始给犹太人发放签证，几乎来者不拒。[③]

2006年，“上海犹太研究中心何凤山研究课题组”采访了何凤山的学生刘冠初。刘提供了此事的另一重背景：

何凤山确实给了其中一部分人中华民国护照。他这样做一方面出于同情犹太人，另一方面也是为了解决经费问题。当时，中国与欧洲几乎断绝联系，驻外使领馆活动经费匮乏。尤其是在1937年，中国外交部没给何凤山一分钱。当时申领一本中国护照大概要付180英镑，中国驻维也纳总领馆这项收入约为6万英镑。何凤山用这些钱维持了工作人员的日常经费。总领馆关闭后，剩下的钱后来交给了中国驻英国大使馆。上述情况有的也不是何凤山本人所讲，而是我们从其他方面了解所得。[④]

因为涉及“经费问题”，中国驻维也纳总领馆为犹太人发放护照一事，曾引起中国驻德大使馆的注意以及调查。据何凤山回忆：

这位周君（注：具体负责办理护照签证事务的副领事周其庠）平日人缘极坏，自然有人造谣，向大使馆告他出卖签证，贪赃枉法。陈大使（注：中国驻德大使陈介）以为得到把柄，正好开刀，于是派了丁参事文渊来馆调查。……（调查结果）均是无可指责之处。

需要注意的是，在中文知识界所出版的诸多赞颂何凤山的文章、著作、纪录片乃至电视剧中，驻德大使陈介与驻德大使馆参事丁文渊，几乎被统一描述成了“阻挠何凤山义举”的反面人物，连带着整个国民政府的立场，也被曲解成了何凤山的对立面，甚至出现了给何凤山设置障碍（恶意断绝经费）乃至实施惩罚（行政记大过）之类的荒唐情节。

这些描述，旨在将何凤山塑造成一个不畏强权打压仍要坚持义举的“高大上式人物”，但并不符合史实。当时的真实情况，可参考刘冠初接受口述访谈时的说法：

何凤山当时在办签证时也是有所顾虑的，主要来自两方面的压力：德国方面和中国方面，但实际情况并没那么严重。德国方面当然有反犹政策的因素，但是迫使犹太人离开也是纳粹的目标。所以，如有国家给犹太人发签证，使他们得以离开，德国人并不阻拦。至于中国方面，尽管驻德大使陈介指示何凤山应对发给犹太人签证“加以限制”，但也没有强力阻止。不过，当时领事馆门口整日排着长队，德国秘密警察又严密监视进出人员，倒是使前来申请签证的犹太人感到不便和不安。面对这样的情况，何凤山想出了一个办法。当时领事馆后门小巷内有一个酒吧，何凤山便派了一位实习领事坐在那里接待犹太人，给犹太人办理签证。据何凤山说，他本人也曾在那里接待过犹太难民。这种方法既快捷又安全，最忙的时候一天能办理上百份签证。[5]

也就是说，当时的德国政府并不反对何凤山给犹太人发放签证，当时的中国驻德大使馆也无反对指示，只是要求对签证的发放“加以限制”——正因为签证发放量较大，才引起了中国驻德大使馆的注意，派了人前来调查与签证发放相关的经济问题。而之所以在领事馆后门小巷的酒吧开设接待点，完全是为了便利那些对德国秘密警察心怀畏惧的犹太人。

中国驻德大使陈介“加以限制”的态度，也见于何凤山的回忆录：

> 我国对犹太人的签证，态度不一致，其后因此而发生了问题。例如本馆得自外交部的训令，即犹太人请求签证入境者，条件宽厚，不予拒绝。而孔祥熙院长并进一步公开对犹太人的遭遇表示同情，有特辟海南岛为容纳犹太人地区之说。不过在同一政府之下，驻德大使馆的态度则不然，是时陈介当大使，他以为希特勒既然反犹太人，我国为维持中德邦交，不能与他唱反调。某次在长途电话中，他指示应对签证加以限制。我即告知外交部的训令并非如此，而是采取开放政策，他听闻后极不以为然地说：“叔谟（当时外交部政次）那里我去关照，你依我的说话照办好了！”我唯诺称是，满以为外交部对此将另有新的指示，然而一直等待，毫无音讯。副领事周其庠因此而仍照原电指示办理。

陈介给何凤山的这一指示，是无可厚非的。

陈介是湖南湘乡人，早年入日本东京帝国大学法科深造，后转入德国柏林大学攻读法政、经济专业。1935 年任外交部常务次长。1938 年 6 月，中德关系面临决裂，陈介临危受命出任驻德全权大使，核心任务是阻止德国承认伪满洲国。在德国已决定彻底倾向日本的前提下，这实际上是一个不可能完成的任务。陈介于1938年9月下旬抵达柏林，迟迟未能获希特勒接见，也未能呈递国书——期间，德国已向伪满洲国呈递了所谓“国书”。蒋介石也很清楚，继续维系中德关系的希望已经不大，故于11月建议陈介“托辞离德”，但陈介主张继续坚持。至12月，局势终于出现缓和，陈介得以面见希特勒，向其呈交国书，继续维持两国外交关系于一线。

陈介对何凤山（当时德、奥已经合并，何相当于陈的下属）下达的“犹太人签证”问题的指示（“加以限制”），即是基于上述背景而展开——不反对何凤山给犹太人发放签证，是因为德国政府的政策允许犹太人获取签证后离开奥地利；要求何凤山对签证的发放量“加以限制”，是不希望中国使领馆的做法超出常态、迥异于其他驻德使领馆，进而引起希特勒政府的猜忌——陈介上任时，正值中德两国就撤回德国来华军事顾问一事剑拔弩张，德国政府一度威胁中国政府，若坚持雇佣合同的法律立场不放德国军事顾问回国，德国有可能选择与中国断绝外交关系。这对正在坚持抗战的中国非常不利。自然，陈介不希望在犹太人问题上再予希特勒政府以借口。[⑥]

简言之，陈介要求何凤山对签证的发放量“加以限制”，旨在维护中国的国家利益，是中国在“中德日”三角关系上争取德国支持的最后努力——尽管这种努力并不成功。

可惜的是，在中文知识界的某些图书、纪录片和影视作品的创作者看来，真实的历史情境似乎无助于体现出何凤山的伟大；必须将何凤山发放签证时所处的环境弄得险恶异常，乃至随时有生命危险，必须给何凤山设置几个非常可恶的敌人，何凤山的义举才有值得一说的价值，否则就会欠缺“艺术效果”与“节目效果”。

所以，他们虚构情节，强行将陈介、丁文渊等人塑造成了反面历史人物，强行将何凤山的做法与陈介的指示二元对立——既然何凤山是好人，何凤山的做法是对的，那么，陈介就必须是坏人，陈介的指示就必须是错的。

这是一种极其可笑的思维定势，也是一种极其可笑的做法。

附带再介绍一下国民政府在救济犹太难民一事上的立场。

何凤山在回忆录中说得很明白，“犹太人请求签证入境者，条件宽厚，不予拒绝”乃是他“得自外交部的训令”，外交部有这样的政策，与国民政府当时针对犹太难民的整体政策直接相关。

1939年3月，立法院院长孙科提交议案，建议在西南边区为犹太难民专门划出一片寄居区。孙科认为，此举有两个好处：（1）能够救助犹太难民，还能增进英、美两国普通民众对中国的好感，达到抗战宣传的目的；（2）犹太难民的财富及能力，也可以用来为抗战服务。

为救助同胞，在华的犹太银行家雅克布·保格拉斯（Jacob Berglas），也于同期向国民政府提议，移民十万犹太难民到中国居住，每名犹太人入境时随身携带50—100英镑。如此，中国可通过收容犹太难民提高外汇储备，犹太难民则可获得栖身之所。

对于上述议案与提议，国民政府先后多次召集外交部、内政部、经济部、财政部、交通部商议，就其可行性进行论证，就可能出现的外交问题、财政问题、民族问题、宣传问题进行磋商。

最终，议案与提议在原则上得到了国防最高委员会及行政院的同意。国民政府拟定的初步安置计划包括三点：

（1）犹太难民入境后须遵守中国法律，“不作任何政治活动或主义宣传，不批评或反对三民主义”。

（2）入境后“暂寄居于通商口岸，不得杂居内地”，可自愿申请加入中国国籍。

（3）中国政府承诺为犹太难民的求职提供帮助。

关于具体安置地点，内政部建议可设于边境地区的商埠，如“英属缅甸接近之云南腾越（即腾冲）商埠”或“法属安南接壤之云南河口商埠”。

外交部则认为，如果寄居区“接近通商口岸或国际路线，易受外力诱惑，于我不利”，建议“无国籍犹太人……宜远离通商口岸及国际路线”“有国籍犹太人，应限居于通商口岸”。

军政部的意见与外交部大致相同，建议寄居区“须在我能充分行使权力区域内，以不接近国境线为宜”，如滇越铁路上的蒙自。

雅克布·保格拉斯“对移民十万犹太难民来到中国”一事多方奔走，他理想中的移居地点是昆明。当时上海英文报纸《密勒氏评论报》，也曾发表过《10万犹太人可能在中国找到家，云南会成为难民的应许之乡，德国银行家令人鼓舞的动议》之类的报道。

可惜的是，因为中日战局的变化（日军控制下的上海开始限制犹太人入境），德中关系的崩解，以及国民政府财政状况的恶化，上述讨论没有能够落实。

不过，这种对犹太难民充满善意的政策氛围，仍给了包括何凤山所在的中国驻维也纳领事馆等机构相当大的空间，使他们能够尽其所能发放签证，帮助困境中的犹太人逃离纳粹的迫害——如何凤山所言，他和周其庠的作为，系“得自外交部的训令”。

最后再说一下时任维也纳领事馆副领事的周其庠。

按何凤山的描述，周其庠是使馆内直接“负责办理护照签证事务”之人。何在回忆录中，对周其庠的性格和工作作风，有较多负面描述，比如上班懒惰迟到、对待同胞态度恶劣、同僚人缘不佳等。周在副领事任内，因“护照签证收入”未能及时汇至国内（被战事耽搁），而被外交部以不忠职守为由中途召回，相当于开除。

目前，关于周其庠生平的资料严重匮乏。笔者仅于其友人冯纪忠（周在维也纳时与冯结识）的回忆录中寻得只言片语：

> 周其庠后来去到香港做生意，办什么养鸡场，最后鸡都死光了。1950年代还在，1960年代就不知道了。驻奥地利总领事那时是何凤山，周其庠是领事，就是他们给许多的犹太人发放“生命签证”让他们逃到上海。⑦

历史应该记住何凤山，记住周其庠，记住那些关于如何安置犹太难民的发黄卷宗；也应该记住陈介与丁文渊，而不是为了“节目效果”将之污蔑为反面小人。虚构反派，不是赞美义举的正确方式。

参考资料

①黄媛，李惟玮．犹太难民与上海[M]．上海：上海交通大学出版社，2015:8-16.

②何凤山．外交生涯四十年[M]．香港：香港中文大学出版社，1990:75-85.

③潘光．犹太研究在中国——三十年回顾：1978-2008[M]．上海：上海社会科学院出版社，2008:292-295.

④⑤潘光．来华犹太难民资料档案精编（第2卷）：亲历记忆[M]．上海：上海交通大学出版社，2017:13.

⑥陈仁霞．德国召回在华军事顾问始末——中德日三角关系背景下的历史考察[J]．抗日战争研究，2004,(2).

⑦冯纪忠．建筑人生——冯纪忠自述[M]．北京：东方出版社，2010:63.

与走江湖卖艺者斗气

近代中国，有一个非常特殊的群体——外国大力士。

他们当中最知名的，是美国人奥皮音。

1910年前后，奥皮音在上海北四川路亚波罗影戏院（Apollo Theatre）表演“西洋力士技术”，具体来说就是在播放影戏的间隙，登台表演举重、展示肌肉健美。他的出名，是因为遭到了名武师霍元甲的挑战。

霍元甲挑战奥皮音，缘于革命党人的策划。据同盟会会员陈公哲讲，奥皮音在戏院表演时放言“愿与华人角力”，这话被媒体曝光，引起革命党人的不满，觉得民族自尊心受到了伤害。陈其美、农竹、陈铁笙与陈公哲等人商议后，决定聘请霍元甲来上海与奥皮音较量。①

不过，这场较量最终没有发生。原因有两个，一是上海租界的巡捕房怕闹出外交纠纷，不肯给这场比武发放许可证；二是霍、奥两人在比赛规则上无法达成共识，奥皮音是个练健美的，不懂武术技击，所以要求“不准用脚勾指戳”，霍元甲则坚持“中国拳术自有心传，不能舍所长而用所短”。②

于是，到了比赛日，奥皮音“失约未来”，已离开上海前往别处做健美表演。霍元甲只好与前来助阵的中国武术界人士打了一场“表演赛”，以满足围观群众；上海媒体则竞相报道奥皮音“闻风而逃”。

奥皮音之后，来华的“外国大力士”，还有美国的爱尔玛伦、爱的破虏、法麦，俄国的马嘉乐、罗艺科，德国的克薕，英国的未士依夫伦，法国的康泰山……

这些人与奥皮音一样，全是走江湖的卖艺之人。他们活跃于上海、北平、天津、杭州等地的影院、戏院、茶楼与饭店，在报纸上打广告卖门票，说自己力能扛鼎、恨地无环、举世无双，极大地刺激了中国人脆弱的自信心。

其中又以来自俄国的康泰尔与麦加罗夫，引起的风波最大。

1918 年，康泰尔来到中国，在北平的中央公园设台表演。表演内容包括举铁球、拉铁索、与牛角力、汽车碾身等。和奥皮音一样，主要是展示力量与健美。

不知何故，康泰尔在北平的表演，被冠上了“万国赛武大会”的名头——这或许与他的中方合作者有关。此前在上海、天津，他的表演是没有这种名头的。这名头迅速引起了京津媒体的关注，也引来了天津一个叫“中华武士会”的组织的愤怒。该组织一干人等来到北平，誓要与康泰尔分个高下。

康泰尔带给中国武术界的，是一场“击败外国大力士”的狂欢。众多的民国武师，纷纷自我宣称、或借门生友人之口宣称，是自己击败了不可一世的康泰尔，且互相指责对方说谎。这些宣称击败过康泰尔的武师，至少包括：张占魁、王子平、李剑秋、韩慕侠、刘百川、程海亭……其中尤以王子平与韩慕侠的故事，最为绘声绘色，传播也最广。③

遗憾的是，这些鸡血故事都是假的。略查当时的《申报》与《益世报》，就可以知道，康泰尔并未与任何中国武师交手。未能交手的原因很简单：京师警察厅担忧闹出人命死伤，变成外交事件，下了命令，不许“中华武士会”与外国大力士比武。警察厅还向中国武术界转达了康泰尔的意见，说他一直很佩服中国武术，“不须比赛亦早已心服”。“中华武士会”表态遵令，愿将比武改为演武，也就是各自上台表演。

事实上，不但没有任何比武，连原定三天的演武，最后也流产了。

据《申报》报道，演武前某日，康泰尔在台上举铁球，举完后跑上去一队士兵，把那号称千斤的铁球舞得像风车一样，破了铁球中空的玄机，台下观众喧闹起哄，有人将康泰尔推倒在地。于是，到了预定的演武之日，擂台空无一人，康泰尔已不知所踪。④

当然，这并不妨碍王子平与韩慕侠们，在若干年后，以文字的形式各种“痛打康泰尔”。

1934 年，麦加罗夫也在中国栽了跟头。

麦加罗夫的遭遇，与康泰尔大体相近。据《申报》当年的报道，这位麦加罗夫是逃难在外的白俄，他先是在天津活动，后来到北平，在中央饭店设台，表演与牛角力、折弯铁板与胸口碎大石。麦加罗夫的到来，引起了北平“天桥国术界”（该词是《北洋画报》所造）的极大敌视，原因是他“事前既未拜客”，没有去拜码头；他的中国经理人又在报纸上大登广告，将之说成全球知名、罕逢敌手的大力士。

第一个出面挑战的，是在天桥表演摔跤的沈三儿。他拿了一张“百石弓”，跑去找麦加罗夫要求比试，能拉开弓的是真大力士，拉不开的是假大力士，遭到麦的拒绝。北平“国术界”见麦不肯与沈三儿比试，认定他无真本领，遂一拥而上，或写信或登门，纷纷要求比武。最让媒体感兴趣的，是一名叫杨剑霞的女武师，她写信给麦加罗夫，说自己愤慨于麦“视中国国民如无物”，要以剑术和内功，以“超越肉体的形而上的境界”，与之做一番公开较量。麦加罗夫被搞得狼狈不堪，“大力士表演”也卖不出票，“每日仅售十余元”。⑤

无奈之下，麦加罗夫只得带上礼品，亲自前往拜见“某国术家”，对其致上倾慕之意。得了这位“国术家”的谅解后，麦加罗夫获允将表演地点转移到大栅栏的广德楼，那里有更多“胸口碎大石”的目标用户。⑥

麦加罗夫的屈服与低头，让“天桥国术界”甚为满意。但也并非所有人都对这种胜利感到自豪。有署名“人渣”者，在《北洋画报》上刊文，对“天桥国术家”们的壮举就很不以为然。他说：

> 一条条的好汉，吓得大力士退避三舍。一般小市民觉得非常得意，好像自从鸦片战争至今八十年来的委屈，这回算由诸位好汉报了仇，统统在麦加洛（罗）夫身上出了气。本来麦加洛（罗）夫算得什么，他表演得好，就算看一回马戏，不好，不睬他。跟这走江湖的外国流氓，有何计较？这叫作“胜之不武”。他夸的是有力，并不说有拳术，……咱们中国人真是不可了解，器量大的时候，东北失了四省，若无其事；器量一小，连一个走江湖的卖艺人，眼里便容不下，这大概也是阿Q精神的一种吧。⑦

该画报的另一位作者“野尔姑瑘”则说，“欺中国无人者固另有人在，何必对此穷途末路的大鼻子做赶尽杀绝之壮举哉！”确如其言，无论民意如何汹汹，无论击败多少的“外国大力士”，终不过是在与“走江湖的卖艺人”斗气。

参考资料

①陈公哲．精武会五十年 [M]. 沈阳：春风文艺出版社，2001:1.

②佚名．说大力士 [J]. 广益丛报，1910,(233).

③苏朋．康泰尔未曾与中国武林交过手——一桩旧闻的再次剖析与思考 [J]. 搏击，2012,(11).

④佚名．北京中央公园赛武大会纪 [N]. 申报，1918-9-19.

⑤佚名．杨剑霞女士约俄力士比武 [N]. 申报，1934-11-24.

⑥野尔姑瑘．“燕子”与“力士”[J]. 北洋画报，1934,(1170).

⑦人渣．俄力士偃武，中力士修文 [J]. 北洋画报，1934,(1171).

盲法实验打败巴黎伪医学

1784 年，也就是被大革命的浪潮送上断头台的十年前，法国国王路易十六组织了一个调查委员会，来评估当时巴黎最受欢迎的治疗师安东·梅斯梅尔（Anton Mesmer）的“动物磁力疗法”是否真的有效。委员会由 4 名法国医学会会员、5 名法国科学院院士组成，包括了本杰明·富兰克林、安东尼·拉瓦锡、琼·贝利这样当时第一流的科学家，以及后来发明了断头台的约瑟夫·约吉坦。

梅斯梅尔生于 1734 年，32 岁时在维也纳拿到医学学位，随后与一位富有而年长的遗孀成婚，成功打入上流社会，时常出入于莫扎特等人的家中。梅斯梅尔的学位论文的题目是《论行星的影响》，认为人体（及其他动物）内部存在一种不可见的体液，可以对行星的引力产生反应，他将之称作“动物引力”，且断言：若“动物引力”与行星引力处于和谐状态，人（动物）就会健康；反之则会遭受疾病。由这篇论文开始，梅斯梅尔开始了他奇幻而备受争议的治疗师生涯。

1773 年，梅斯梅尔受他人启发，首次尝试将磁石贴在人体的不同部位来给人治病，并将“动物引力”这个概念修改为“动物磁力”，认为通过这种磁力，一个人可以对另一个施加影响。他声称，人体内存在着一种磁液，如果磁液的流动遭受了障碍，人就会陷入疾病；而自己发明的“动物磁力疗法”，正好可以帮助人打通障碍，恢复磁液的流动。靠着这套理论，梅斯梅尔在维也纳活跃了大概五年左右的时间，因为被医生圈子集体视为骗子，不得不于 1778 年转移阵地，前往巴黎发展。

在巴黎，梅斯梅尔与一些搞催眠术的医生走到了一起，还发明了所谓的“木桶疗法”。女性们（梅斯梅尔的病人大部分是女性）围坐在一只大木桶周围，桶内号称装的是磁液，内中还混有玻璃粉与碎铁屑等。桶盖上安置有多根铁棒，病人可以手握铁棒，也可以将患病部位放在铁棒上。多数时候，参与治疗的一大群病人，他们围坐在木桶周围，互相靠近，触碰其他人的手掌、手臂、膝盖或者双脚，一起接受所谓“磁力”的影响，梅尔维尔则在旁边来回巡视：

“（他）手持一根魔杖，伸向受磁力影响最小的人，然后驻足于反应最强烈的两个人面前，凝视着病人的双眼，并各自抬起他们的一只手，让两人的中指直接接触，以建立关联。”①

梅斯梅尔在巴黎获得了空前的成功，包括大量的金钱、空前的名誉、众多的弟子以及拥护者。也收获了空前的争议，不但巴黎大学的医学教授和多数正规医疗机构认定他只是一个江湖骗子，连神职人员也参与进来，指责他是一个将自己出卖给魔鬼的人。支持梅斯梅尔的传单和小册子，与反对他的传单与小册子，在巴黎市内泛滥成灾、平分秋色。这种争议也蔓延到了皇宫，王后玛丽·安托瓦内特（Marie Antoinette）一度成了梅斯梅尔的支持者。

与寻常的江湖骗子不同，梅斯梅尔给人一种感觉，似乎他自己也坚信自己的“发现”是真实的——同时代之人给他的评价是“他通过欺骗自己来欺骗别人”。梅斯梅尔的名言是“只有一种疾病，只有一种疗法”，而他自己正是这唯一疾病的发现者和唯一疗法的发明者。所以，在巨大的质疑声浪中，梅斯梅尔主动提出挑战，要与正规的医学机构一较高下，具体的较量办法是：挑选 24 名病人，12 人交给梅斯梅尔治疗，12 人交给医学院治疗；由政府派非医生出身的人到现场观看，由他们询问病人一个问题——是否感觉到了治疗的效果。但医学机构方面不同意这种较量办法。

为了压制质疑的声浪，梅斯梅尔还曾尝试给皇后玛丽写信，希望获取法国政府的保护。他请求皇室赏赐城堡和土地，以使自己有固定的丰厚收入，可以心无挂碍地从事科学实验；并获得官方认可，以免遭受他人迫害。他在信里说，四五十万法郎对皇室来说根本不算什么，但却可以换得"您的人民的幸福和健康"和自己的誓死效忠，且暗示称若不能得到满足，自己可能会将那伟大的发现带到其他欣赏自己的国家。皇室没有答应这些要求，梅斯梅尔随即做出了离开巴黎（以需要前往疗养地恢复健康为由）的姿态。

1784 年，针对"动物磁力疗法"的专门委员会终于成立。为示公正，除前文提到的富兰克林、拉瓦锡这些科学巨擘外，梅斯梅尔本人也被邀请参与委员会的实验活动。有意思的是，与之前要与医学机构一较高下时的主动不同，这一次的梅尔维尔退缩了，经常以各种理由借故缺席（这自然是因为：主动挑衅的前提，是必须按梅斯梅尔设计的方式进行较量；而在专门委员会中，这一点做不到了）；反倒是他在催眠术方面的合作者蒙·德斯隆，因为真的相信存在"动物磁力"，从不缺席会议与实验。

在长达数月的时间里，委员会设计了多种实验。比如：

（1）从下层社会与上层社会分别挑选 7 人，比较两组实验的结果。最终仅有 3 名来自下层社会的受试者说自己感受到了磁疗效果。

（2）告诉受试者，会有治疗师通过一扇关闭的门对他们实施"动物磁力疗法"，实际上门后没有任何人。结果受试者报告说自己感受到了磁力治疗。蒙住受试者的眼睛，告诉他梅斯梅尔团队之人正在用磁力对她施加影响（其实没有人），结果受试者瘫倒在地。

（3）让受试者坐在屋子里，由梅斯梅尔团队之人隔着屏风对其实施磁化（受试者并不知道）长达半个小时，受试者一直在与人谈笑，毫无感觉。然后，治疗师走出屏风来到受试者的视野，对其实施磁化，短短几分钟内受试者就开始了痉挛。

（4）由梅斯梅尔团队之人将富兰克林花园中的一棵树磁化（梅斯梅尔开发的产品中，有将树磁化然后用树来做治疗这样一款），然后让不知道哪一棵树被磁化过的受试者在花园内自由走动，结果受试者瘫倒在未受磁化的树前。

基于这些实验，最后形成了一份长达百余页的《国王特派专员调查动物磁性的报告》（Report of the Commissioners Charged by the King to Examine Animal Magnetism）。报告认为，不必实施磁疗，仅出于心理暗示带给病人的想象，就可以使受试者产生抽搐；而没有心理暗示带来的想象，仅靠磁疗，则什么效果也没有。所以，结论是："没有任何证据证明'动物磁流'的存在。这种不存在的磁流是毫无用处的。"②

这是"盲法实验"中的"单盲实验"（对受试者实施了信息屏蔽或信息干扰），首次在科学中展示它的威力，它一举摧毁了梅斯维尔精心构筑起来的伪科学"动物磁力疗法"。

也许是意识到自己的骗局即将被揭穿，在委员会的实验开始前夕，梅斯梅尔回到了巴黎，开始运作一场敛财活动：号召粉丝给自己捐款，捐资到一定额度就可以获得"动物磁力疗法"的秘密。结果在几天之内就获得了十四万法郎。委员会的调查报告发布后，梅斯梅尔带着粉丝们捐助的三十余万法郎，离开巴黎前往瑞士安度晚年，于1815年以81岁高龄去世。

单盲试验在19世纪得到了推广。比如在1800年，约翰·海加斯（John Haygarth）用一种假装置——伪装成某种号称可以用"电物理作用力"治疗众多疾病且已申请专利的装置——做了一次单盲实验。他将已获得专利的真装置，与只具备相同外形的假装置，随机使用在患者身上，结果发现二者产生的效果是一样的，它们都只能起到一种安慰剂效应。

进入20世纪，单盲实验进化为了双盲实验。1910年代，德国医生阿道夫·宾格尔（Adolf Bingel）用双盲实验检验了"白喉抗毒素马血清"的真实疗效。他将900多名患者分成两组，一组使用"白喉抗毒素马血清"，一组使用"普通马血清"，除宾格尔自己，所有的患者与参与治疗的医生，均不知道分组与药物的具体情况。最终的结论是两种药物的疗效没有区别。1930 年代，德国医学家保罗·马提尼（Paul Martini)，终于将双盲实验的基本原则——设置对照组、双盲、安慰剂等，清晰提炼了出来。

如今，大样本随机双盲实验，已成为戳破巫医与庸医、戳破各类骗术的经典工具。

参考资料

①阿尔斐俄斯 . 超神奇的催眠术 [M]. 北京 : 新世界出版社 ,2012:6.

②舍默 . 怀疑论者 : 理性看世界 [M]. 北京 : 北京联合出版公司 ,2018:77.

本文还参考了 :

波特 . 剑桥科学史 (第 4 卷)18 世纪科学 [M]. 郑州 : 大象出版社 ,2010.

麦基 . 非同寻常的大众幻想与群众性癫狂 [M]. 北京 : 中国金融出版社 ,2000.

不诚实的智力测验

中文互联网多年来长期流传着一张“全球平均智商分布图”。图中，东亚人（包括中国人、日本人和朝鲜人等）拥有超过105的世界最高平均智商。许多人看到这张图，自豪感便油然而生。

图中数据，出自英国阿尔斯特大学退休教授理查德·林恩（Richard Lynn）2006年的著作《种族智力的差异：一种进化分析》（Race Differences in Intelligence:An Evolutionary Analysis）。

在这本书里，林恩“收集研究了130个国家的智商测试”，然后列出了一个“世界各大种族智商排行榜”。根据这个排行榜：“东亚人（包括中国人、日本人、朝鲜人）拥有全世界最高的平均智商，平均值（笔者注：其实应该叫中位值）为105。而之后排位是欧洲人（100），爱斯基摩人（91），东南亚人（87），美洲本土印第安人（87），太平洋诸岛土著居民（85），南亚及北非人（84），撒哈拉非洲人（67），澳大利亚原住民（62）。而人种智商最低地区是南非沙漠高原的丛林人和刚果雨林地区的俾格米人，平均智商为54。”①

这个排行榜，在中文媒体及中文互联网，被冠以“英国研究者称中国人是智商最高人种”之类的标题广泛传播——虽然在林恩的排行榜里，新加坡、朝鲜人和韩国人的智商数据，其实是高于中国人的。

可惜的是，林恩的研究，在处理材料时，并不诚实。

早已有人指出：“林恩号称在收集研究了130个国家的智商测试后加以统计而得出结论。但是他在收集别人的研究成果时，做了巧妙的取舍，只选用有利于自己的结论的数据，而舍去不利的数据。这在处理非洲黑人的数据时表现得最为明显。例如，有一篇研究报告报道了两项对非洲黑人的智力测试结果，一项低于白人，一项高于白人，林恩便只选取前一项。更有甚者，在6项有关非洲黑人的测试结果中，林恩只从中选符合自己的结论的1项。《科学美国人》在1995年2月发表的一篇书评曾尖锐地指出：'林恩对数据的歪曲构成了真正恶毒的种族主义行为，以及对科学客观性的可耻蔑视。'”②

这种结论先行、只选取对证实结论有利的材料的治学作风，贯穿了林恩的整个“智力研究”生涯。

2013年，林恩发布了一篇题为《中国三十一个地区的智力差异及其经济、人口关系》的论文，试图在“包括中国人在内的东亚人智商全球最高”的基础上，进一步证明“在中国境内汉族的智商最高”。为证成该结论，林恩引用了很多中国学术界八九十年代关于智力测验的学术成果。③

据笔者观察比对，林恩的引用非常不诚实。

比如，林恩在论文中提到：“有三份研究报告认为，汉族儿童平均智商高于蒙古族儿童。”

根据论文注释，这三份中文研究报告分别是：

（1）娜岱、欧尔兰的《新疆巴音郭楞蒙古自治州5—14岁蒙古族集体儿童瑞文测验》（1994）。

（2）杨蕴萍、龚耀先的《5-6岁蒙古族和汉族儿童智力的比较研究》（1994）。

（3）玉山的《汉、蒙、达斡尔、鄂温克等四个民族12—16岁青少年智力发展问题比较研究》（2008）。

简略对照一下林恩论文的引用，与“研究报告”原始表述之间的区别，就可以发现其中的问题。

对娜岱、欧尔兰的研究，林恩的总结是：“结果显示，汉族孩子的平均智力，比蒙古族孩子高出5.3个IQ点。”

娜岱、欧尔兰采用了非文字测验“CRT”来研究孩子的智力，这种测验被认为“可以较少受文化、经验的影响”。论文写道：

“5—14岁智商均值及标准差为96.32±11.08。与巴州同年调查的5—14岁3213例汉族儿童智商均值及标准差101.59±12.16比较，P < 0.001，在统计学上有极显著差异，但两者均属中等智力水平，无实际意义。”④

林恩取用了论文所提供的两个“智商均值”并将它们相减，但砍掉了原论文的后续结论：“两者均属中等智力水平，无实际意义。”

对杨蕴萍、龚耀先的研究，林恩的总结是：“两组孩子一起住在内蒙古。汉族孩子测验所得平均智商值为99.1，蒙古儿童所得平均智商值为94.9，汉族儿童高出4.2个智商点。”

杨蕴萍、龚耀先论文的原始表述，远比林恩的总结复杂：

（1）采用以汉文化为背景修订的“中国－韦氏幼儿智力量表（C-WYCSI）”进行测验时，汉族儿童具有优势：

“蒙族儿童平均总智商(FIQ)和言语智商（VIQ）低于汉族儿童分别达4.2和10.2个IQ值，差异极显著（P<0.01)。操作智商均值（PIQ）与汉族儿童无显著性差异。”“言语分测验中，蒙族儿童的知识、算术、图片概括、领悟四个分测验的成绩低于汉族儿童，差异有极显著性(P<0.01)。五项操作分测验中蒙族儿童成绩均略高于汉族儿童，但差异不够显著性水平。”

（2）采用“非文字智力测验”时，两族儿童的智商均值没有了显著差异，且换成了蒙古族儿童略具优势（总平均成绩，蒙古族儿童101.3，汉族儿童98.7）：

“（四个分测验中）图形补缺、图形排列和数字填充三个分测成绩蒙族儿童均高于汉族儿童，其中在图形补缺的差异显著(P<0.05)，只有图形分类分测验的成绩低于汉族儿童，但差异不显著。”

（3）论文的最终结论是：“不能认为，在本研究中观察到的蒙汉儿童的智商差异，就是他们的智力差异。”理由如下：

> C-WYCSI是以汉文化为背景来修订的，用于蒙古儿童时，虽然译成了蒙文，对其中一些明显不适合蒙族儿童的项目作了适当修改，就整体来说，它仍然有利于汉族儿童不利于蒙族儿童。众所周知，言语分测验受文化背景的影响胜于对操作测验的影响，在C-WYCSI言语量表中的知识、图词、图片概括和领悟等测验中的许多项目均反映一定的文化内容。在操作分量表中的一些分测验，则反映文化内容的项目少，主要是反映视知觉，定向能力和手眼配合能力，它们受文化的影响相对为少。在本研究中，正好是在那些受文化影响多的测验成绩是蒙族儿童低于汉族儿童，而受文化影响少的测验则二者无多差异。这里再次说明，测验工具的文化差异对结果产生了重要的作用。在我们采用以文化公平为宗旨的非文字智力测验时，两族儿童的成绩无明显差异，这也进一步说明，本研究出现的言语智商的民族差异是文化差异所致。⑤

显而易见，林恩在这里做了两个手脚：

（1）砍掉了原论文中的“非文字智力测验”部分的内容。保留该部分内容，将威胁到他对娜岱、欧尔兰论文数据的引用：二者同属“非文字智力测验”，但得出的结论却南辕北辙，互相冲突——娜岱、欧尔兰提供的数据显示汉族儿童的平均智力高出蒙古族儿童5.3个IQ点，杨蕴萍、龚耀先的研究得出的数据，却是蒙古族儿童的平均智力高出汉族儿童2.6个IQ点。

（2）完全不提及“文字智力测验”中的汉文化背景对测验数据造成的影响——尽管杨、龚二人的论文对此有明确的分析。

简言之，回避材料间的冲突，隐瞒关键要素，林恩舍弃了所有不利于证成其结论的材料。

林恩对玉山的论文的使用，也存在着类似的情况，限于篇幅从略。⑥

林恩之所以如此取舍材料，与他的带有种族歧视的优生学理念有直接关系。

一个不诚实的研究者，给出了一项不靠谱的荣誉——包括中国人在内的东亚人种，拥有全球最高的平均智商——在人类“百年智商测验史”上，只是一个微不足道的小插曲。

与优生学捆绑在一起的智商测验，留下了血腥的历史教训。

当代智力测验的诞生，至晚可以追溯到英国绅士弗朗西斯·高尔顿（Francis Galton，1822-1911）。

高尔顿认为，既然身体特征可以代代相传，那么智力的高低也应该同样可以。故此，他坚信遗传能够决定人的社会地位，进而主张应该只允许那些继承了前人的高等智商和勤劳品质且积累了相当数量财富的人生育后代。

但高尔顿没能找到“合适的工具”，来筛选究竟哪些人有资格生育后代。

1905 年，法国人埃尔弗雷德·宾尼特（Alfred Binet）与希奥多·西蒙（Theodore Simon）设计出了当代第一套智力测试题。

这种智力测验，迅速与“优生学”结合到了一起，成为一场漫长的噩梦。

1912 年，美国学者亨利·戈达德出版著作《卡里卡克家族：低能遗传之研究》，历数该家族的智力低下如何代代相传以至于祸害上千人。该书风行一时。如何阻断智力低下者生育，成了美国社会的热议话题。

戈达德主张把智力低下者“从每个角落找出来，把他们看管起来，以确保他们不再繁衍后代，不再使问题更加严重。”受此影响，美国移民局开始推行所谓的“智力测验”，拒绝智力低下者入境；有至少超过 6 万美国人在经过所谓的“智力测试”后——比如被问“水管结冰后为什么会破？”——被强制施以“合法”的绝育手术（另有许多“非法手术”，很多被送入收容所做手术的姑娘，并不知道她们做的是绝育手术）。

20 世纪 30 年代，纳粹掌握德国政权，智力测验与强制绝育的结合达到巅峰。

“从 1934 年到 1936 年间，提交到（德国遗传病）法庭的个案有 84%—92% 被判定为执行强制绝育，导致强制绝育判决总数令人震惊地达到了 38.8 万件。……法庭判决之快，令医生们费尽九牛二虎之力也跟不上趟。……多数走上法庭的被告和三分之二被判强制绝育的人，被诊断为智力缺失。”

诊断的办法正是智力测验——诸如“谁发现了美洲”这类问题，测的其实只是一个人的知识水平，答错者却会被定性为智力低下者。到二战结束时，约有 40 万德国人被强制绝育，大约 100 个生育人口（15—50 岁）里，就有一个被强制绝育。

尴尬的是，各式智力测验将“智力低下者”不断送往手术台乃至炼尸炉的同时，心理学家们百年来，对何谓“智力”仍在众说纷纭，对自己的智力测验究竟能测出什么也难有定论。

比如，“韦氏智力测验”的创制者大卫·韦克斯勒（David Wechsler）曾经说过：“测出的肯定不是某种单一因素能够表示清楚的东西，无论如何也不能用人们常说的词汇进行定义，例如智能、演绎能力、智慧因素等等，更不用说常规智力指数了。智力可能是这个东西，也可能是其他东西。”

再比如，试题长期不变的“瑞文测评”，作为一种非文字测验，避开了足够多的后天习得的文化因素，被认为可以有效地测试先天智力水准，但詹姆斯·弗林（James Flynn）等人的研究却证明：发达国家的瑞文测评分值一直在涨。1952 年，荷兰军队的入伍新兵，只有 31% 的人能在测试中及格，1962 年提升至 46%，1972 年是 63%，1982 年达到了 82%。

如果“瑞文测评”测出来的真是所谓的先天智力水准，这种提升比例，恐怕只能用荷兰人的遗传基因发生了突变来解释。[7]

迄今为止，尚没有任何智力测验，可以测出人的先天智力。

智力测验更多的是在测人对知识的掌握（如韦氏测验里的“谁发现了美洲”这类问题），以及解决问题的能力（如瑞文测评里的填补图片），这只是人的“智力”的一小部分，且多属于/能够后天习得。

林恩搜集的那些中国20世纪八九十年代的测验数据，很多都提到了后天环境对测验结果有着重要影响。只是林恩习惯性地没有将这些结论和相关数据纳入他的“研究”。

比如娜岱、欧尔兰的统计显示：在对1481例5—14岁蒙古族儿童的智商测验中，“将其填写家长职业、文化程度等清楚的1135份资料进行统计分析，其智商均值：科技家庭101.05±2.84、干部家庭97.11±2.91、工人家庭93.73±2.80、牧民家庭88.35±3.21。”[8]

显然，文化、物质条件更优越的家庭出生的孩子，在智商测验中拿到的分数更高（并不能等同于先天智力更高）。1989年唐彩虹等人利用韦氏测验法调查上海郊县儿童时，也发现“（郊县）各组小儿的量表分和智商均低于上海市区样组”。[9]

这方面最著名的实验，是20世纪70年代由桑德拉·斯卡尔（Sandra Scarr）和理查德·温伯格（Richard Weinberg）进行的一场跨种族收养研究。

他们的研究对象是115名白人孩子与176名非裔孩子。实验结果发现：由白人家庭抚养的非裔孩子所获得的智商测验分数（约110），高出了白人的平均智商（106）。斯卡尔和温伯格据此作出解释：智商测验无法测出人的先天智力，智商分数的高低不等于智力高低。非裔儿童智商测验分数提高，并不是白人或中产阶级的环境让非裔儿童变得更聪明，而是智商测验本身偏向白人文化背景，被白人抚养的非裔儿童，获得了回应智商测验的更好的外部环境。[10]

智商测验虽然测不出人的先天智力，但人的后天智力，却是“可控”的——它主要取决于两点：（1）信息获取能力；（2）逻辑思维能力。前者关系到原材料的多寡，后者关系到材料加工能力的强弱；前者需要让孩子看见更广阔的世界；后者需要给孩子提供正规的逻辑教育。

参考资料

①佚名 . 专访英国学者：中国人的智商全世界最高 [N]. 北京科技报，2006-4-6.

②方舟子 . 中国人是智商最高的人种？ [N]. 中国青年报 ,2006-4-14.

③ Richard Lynn,Helen Cheng.Differences in intelligence across thirty-one regions of China and their economic and demographic correlates,Intelligence 41 2013:553-559.

④娜岱 , 欧尔兰 . 新疆巴音郭楞蒙古自治州 5-14 岁蒙古族集体儿童瑞文测验 [J]. 内蒙古医学杂志 ,1994,(1).

⑤杨蕴萍 , 龚耀先 .5-6 岁蒙古族和汉族儿童智力的比较研究 [J]. 中国临床心理学杂志 ,1994,(2).

⑥玉山 . 汉、蒙、达斡尔、鄂温克等四个民族 12-16 岁青少年智力发展问题比较研究 [J]. 内蒙古社会科学 ,2008,(6).

⑦斯蒂芬 · 默多克 . 智商测试：一段闪光的历史，一个失色的点子 [M]. 上海 : 三联书店 ,2016.

⑧娜岱 , 欧尔兰 . 新疆巴音郭楞蒙古自治州 5-14 岁蒙古族集体儿童瑞文测验 [J]. 内蒙古医学杂志 ,1994,(1).

⑨唐彩虹 , 钱冬梅 , 卢世英 , 朱月妹 . 韦克斯勒学前儿童智力量表在上海郊县的应用 [J]. 心理科学通讯 ,1989,(1).

⑩赖特 . 基因的力量：人是天生的还是造就的 [M]. 南京 : 江苏人民出版社 ,2001:112.